JN080980

ギレルモ・デル・トロ

モンスターと結ばれた男

GUILLERMO DEL TORO
THE ICONIC FILMMAKER AND HIS WORK
by Ian Nathan

イアン・ネイサン＝著

阿部清美＝訳

FILM ART

フィルムアート社

Brimming with creative inspiration, how-to projects and useful information to enrich your everyday life, Quarto Knows is a favourite destination for those pursuing their interests and passions. Visit our site and dig deeper with our books into your area of interest: Quarto Creates, Quarto Cooks, Quarto Homes, Quarto Lives, Quarto Drives, Quarto Explores, Quarto Gifts, or Quarto Kids.

First published in 2021 by White Lion Publishing,
an imprint of The Quarto Group.
The Old Brewery, 6 Blundell Street
London, N7 9BH,
United Kingdom
T (0)20 7700 6700
www.QuartoKnows.com

GUILLERMO DEL TORO
by Ian Nathan
Copyright © 2021 Ian Nathan
Japanese translation published by arrangement with
Quatro Publishing plc through The English Agency
(Japan) Ltd.

Designed by Sue Pressley and Paul Turner, Stonecastle Graphics Ltd

PICTURE CREDITS

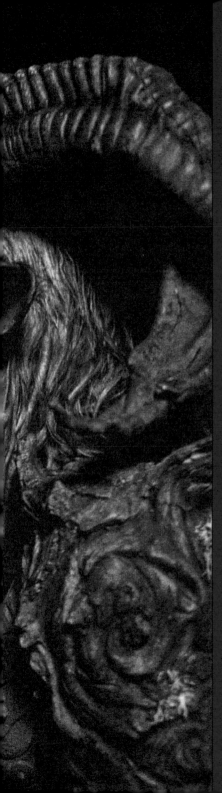

CONTENTS

【凡例】
• 訳者による補足は〔　〕で示した。
• 本文中で扱われている映画において未公開のもの、書籍で未邦訳のものは、基本的に原題のママ記載し(未)と示した。
• 映画、書籍、雑誌、戯曲は『』で示した。
• 本文中の引用について、邦訳のあるものも文脈に合わせ、訳者が新たに訳出した。
• 映画は初出時のみ続く()内に製作年を記した。

イントロダクション

monster 名詞

1 a：元来は、人間と他の動物の外見を合わせ持つ、あるいは動物の要素が2つ以上組み合わさった神話上の生き物。大型で、獰猛な外見を持つ場合が多い。やがて、大きくて醜悪な想像上の恐ろしい生き物を指すのがより一般的になる。

b：かつては、派生的、もしくは比喩的に、faultless monster、monster of perfection〔どちらも「完全無欠のモンスター」の意〕といった連語の形で、驚くべき、並外れた優秀さを示すのに使われていた。

2：〔廃〕異常、または奇怪な何か。信じられないような出来事や事件。神童。驚異。また、物事の並外れた例。[1]

——メリアム＝ウェブスター・ディクショナリーより

素晴らしきフィルムメーカー、ギレルモ・デル・トロの人生や作品を総括する術は数多ある。されど、基本的に彼は、フー・マンチュー博士——イギリス人作家サックス・ローマーの小説シリーズに登場する怪人——が企んだ数々の巧妙な罠のうち、何が自分のお気に入りかをさらりと挙げることができるようなアーティストなのだ。因みに、ローマーがハンガリー出身の奇術師ハリー・フーディーニの親しい友人だったことまで、デル・トロは付け加える。一方、フー・マンチューは中国人で、犯罪の首謀者。植物の蔓よろしく、へそまで届く長さの口髭を生やしているという。

そして、デル・トロお気に入りの罠とは、次のような内容だ。ドアの向こうにフー・マンチューの世にも恐ろしい装置があると知った善玉たちは、リボルバーを構え、勇気を振り絞って隣室に足を踏み入れる。ところが、部屋は空っぽで、何ひとつない。すると突然、ひとりの口にキノコが生え、パッと傘を開いた。ひとり、またひとりと同じ現象が続き、とうとう全員の鼻、口、目からキノコが顔を出す。そう、室内は胞子に満ち満ちていたのだ！

「あのトラップがたまらなく好きでね」[2]と、デル・トロは明かしている。

なるほど、デル・トロはフー・マンチューだ。空の部屋を使い、それを巧妙な罠に変える。つまり、思いがけないことを行う。物腰が柔らかで懐が広く、尽きることのない情熱を燃やし続けるこのメキシコ生まれの映画監督は、間違いなく魔術師だ。ホラー、おとぎ話、SF、ゴシック・ロマンス、ド派手なスーパーヒーロー、パペット、フィルムノワールといったものを魔術のように利用して、こちらのイマジネーションを罠に陥れようとし、我々はいつだって不意打ちを喰らう。

デル・トロとの初対面で、私たちは『パンズ・ラビリンス』(2006) について語り合った。彼の多彩なフィルモグラフィの中で、おそらく最高傑作と言ってもいい作品だろう。しかし、監督と同じように、私も『デビルズ・バックボーン』(2001) の亡霊を、彼の空想と感情の融合の象徴だと捉える日もあれば、

右：その瞳の奥にあるもの——淡い青色の目で世界を見上げるギレルモ・デル・トロには、魔法が見えている

『ヘルボーイ』（2004）の緋色のヒーローの世界にどっぷり浸かる以外何も切望しない日もある。

私たちは、彼の滞在ホテルの図書室と呼ばれる場所で腰を下ろした。室内にあった堅表紙（ハードカバー）の古典文学、オーク材のパネル、ヴィクトリア朝風の燭台（しょくだい）、革製の肘掛け椅子、そして魔法の鏡のごとく磨かれたアンティークのテーブルが目を引く。

ひょっとして、シャーロック・ホームズか、エドガー・アラン・ポー作品の探偵オーギュスト・デュパンがふらりとやってきて、デル・トロと握手してくれるのではないかと、私はどこかで期待していた。部屋は、彼のロサンゼルスの邸宅「荒涼館」の小さな別館といった趣だった。デル・トロが自宅を改造し、インスピレーションをもらった全ての品——彼のストーリーテリングに厚みと深みを与えた一般書物、映画、絵画、漫画、雑誌、さらには医学書といった蒐集物——の収納場所にしたその荒涼館には、フー・マンチュー博士シリーズも全巻揃っている。デル・トロは、監督した映画が生まれるきっかけになった作品などを明確にしており、そうした源泉は彼の誇りでもある。過去との対話を続け、巨大生物（や巨大ロボット）の肩の上に立つ。それが、デル・トロだ。

彼に質問をするのは、滝に足を踏み入れるようなものだった。

ためらいがちに訊ねた最初の問いで、時間が足りなくなってしまうのではないかと、私は不安に駆られた。彼の頭は膨大な知識の宝庫ゆえ話がどこに向かうかわからず、たちまち話題は、『パンズ・ラビリンス』の迷宮の番人である牧羊神パンの動きの複雑さからヒッチコックの隠れた名作（1969年の『トパーズ』や1976年の『ファミリー・プロット』）にまで及ぶ。あれもこれも聞いてほしいという熱意を帯びて、次から次へと考えが展開していき、彼はまるで自問自答しているかに思えた。

己の作品を文脈化、神話化するという点で、唯一クエンティン・タランティーノがデル・トロに近い。どんなインタビューも、革表紙の壮大な伝記本の新たな一章かと思えるほどだ。

デル・トロのアプローチは映画監督のそれだが、虚栄は微塵もない。学者や批評家に先駆け、彼は自身の映画を分析する。メキシコでの幼少期につながる様々な要素、あるいは特定の色彩設定で得られる心理効果を指摘したり、寓話的な家具——現実の家具であることも少なくない——の全てを挙げたりする。『パンズ・ラビリンス』で、病に伏す少女オフェリアの母親のベッドはどうして（パンの）角のモチーフがさり気なく刻まれているのか、といったことを語ってくれるのだ。

物の質感はとても重要だ。彼は精巧なセット、プロップ（小道具）、モンスターを人の手で形にする。CGI（コンピュータ生成画像）に頼るのは、手作りが不可能な場合のみ。

とはいえデル・トロ本人は、（作品の）ダークさとは正反対。心が広く、情熱的で、センチメンタル（まさにラテンの血！）ですらある。彼は笑うのが大好きで、いたずらやジョークに目がない。馬鹿げたことならなんでも、とりわけハリウッド、そしてその界隈の連中が誇らしげに見せる馬鹿さ加減にケラケラと笑い声を上げる。ヘルボーイの簡潔な受け返しは、デル・トロそのものだ。

「身近で感じる恐怖ほど恐ろしいものはない」と、彼はかつて発言している[3]。彼の基準では、下水道の壁にどれだけ血しぶきが飛び散っていようが、どの映画も個人的なものなのだ。

デル・トロが我が子同然に大切にしていたのに、未完のままで終わったプロジェクトがいくつか存在する。そしてハリウッドは、彼が何者なのかという謎の解読に少なからず苦しんでいる。アーティスト？　スリルの探求者？　あるいは血みどろ描写気狂いな

上：『パンズ・ラビリンス』のワンシーン。恐怖で凍りついたオフェリア（イヴァナ・バケロ）の視線の先には、衰弱した母親（アリアドナ・ヒル）の姿が──。
その背後のベッドフレームには、牧羊神パンの角のモチーフが彫られている

のか、詩人なのか。答えは、「全て当てはまる」だ。彼が敬愛してやまない作家H・P・ラヴクラフトの小説『狂気の山脈にて』の映画化が頓挫して受けた傷は、一生癒えるまい。だとしても、銀幕に映し出せなかった映画の1作1作は、今もデル・トロの中で息づいている。『ミミック』（1997）や『ヘルボーイ』の3作目、監督できなかった『ホビット』のために闘って刻まれた傷痕は、後続作品の偉大なアイデアの青写真となっているのだ。

デル・トロの生い立ちは、驚異に満ちている。メキシコ第2の都市グアダラハラ郊外の比較的裕福な家庭で、現実的な父、不思議な力を持つ母、熱心なキリスト教信者で怒りっぽい祖母のもと、彼はどのように成長したのか。あらゆる儀式に参加を強いられ、罪悪感を植えつけられつつ、今ひとつ敬虔さに欠けるカトリック教徒として成長。メキシコ人であることは、単に国籍というだけでなく、彼の大きな力となっている。制作した場所がどこであろうと、出資者が誰であろうと、生み出した作品は全て「メキシコ」映画だ。

（好きなものに対する）ひたむきさと、神から授かったか、あるいは後天的に備わった才能があった彼は、まず大学で映画を学んだ。準備なしに映画の知識で対決しても、マーティン・スコセッシに引けを取らないほどの博識となった彼は、大学卒業後、テレビ業界——そこで（文字通り）モンスター作りを始めた——へ進む。やがて、初の長編映画である現代版吸血鬼物語『クロノス』（1993）に着手。彼が監督した長編映画全12作には、それまでに手掛けた映画のエッセンスが注ぎ込まれ、デル・トロ特製のエキゾチック混成酒（カクテル）が作られているわけだが、本作がその最初の風味であった。

精神分析の創始者ジークムント・フロイトとアメコミ界の巨匠スタン・リー、スペイン出身の映画監督ルイス・ブニュエルとゴジラ、イギリスの小説家シャーロット・ブロンテと悪魔（サタン）、スペインの画家フランシスコ・デ・ゴヤとフー・マンチューを絡ませる者が他にいるだろうか。

あなたが手にしているのは、並外れた想像力の未知なる土地（テラ・インコグニタ）への賛美、手引書、索引、海図だ。そして、そこには確かにモンスターが存在する。映画1作ごと、美しい絵1点ごと、それぞれの世界の滝で身を浴する機会なのだ。

アーティスト（映画監督というだけでなく、画家、造形師、小説家、巧みな言葉づかいで魅了する詩人、ビデオゲームデザイナーでもあることを忘れてはいけない）としてのデル・トロには、もうひとつの秘密がある。彼は極めて真面目なのだ。そして、彼が愛してやまないハンス・クリスチャン・アンデルセン、グリム兄弟、シャルル・ペローといった偉大な童話の綴り手同様、世の中のルーツを掘り下げていく。人間をここまで摩訶不思議にしているものは何なのか。なぜ最悪の怪物は常に人間なのか、と。

彼はこう説明している。「人は自分が必要としている映画を作るのではない。自分を必要とする映画を作るんだ」[4]

上：『クリムゾン・ピーク』の雪に覆われたセットで誇らしげに佇むデル・トロ。メキシコが生んだこの偉大な映画監督による豪華なセットは、俳優たちと同じくらい多くを物語る

昔々、メキシコで

幼少期と『クロノス』(1993)

奇妙で早熟な子供時代がいかにして、モンスターと魔術への愛
を育み、内から外への視点で描く吸血鬼物語を生み出し、新た
なジャンルを創り出す映像作家になる旅の出発点となったのか

ギレルモ・デル・トロは5歳のとき、もらいたいクリ
スマスプレゼントのリストに、「マンドラゴラの根」
と真っ先に書いた。両親には、それが黒魔術のため
だときちんと伝えていたという。彼はマンドラゴラの根を赤ちゃ
んや人造人間（ホムンクルス）に変えたいと望んでいたのだ。母親のグアダルー
ペは冷静に対処した。おそらく息子を誇りに思い、黒い瞳を輝
かせていたであろう。彼女は詩人であり、タロット占い師の熱
心な弟子でもあった。父親は困惑した。父フェデリコは想像力
に富むとは到底言えない人物だったと、デル・トロは懐かしそ
うに思い返す。この心優しい父親を困らせてやろうという単純
な欲求が根底にあったからこそ、彼の風変わりかつ素晴らしい

左：あどけなさが残る、『クロノス』
を制作中だった1993年のギレル
モ・デル・トロ。なんとかメキシコ
の映画業界にジャンル作品の楽し
さを伝えようとしていた

右：ヴィダル大尉（セルジ・ロペ
ス）がベッドの下に隠し置かれて
いたマンドラゴラの根を見つけて
しまう『パンズ・ラビリンス』の1
シーン。デル・トロが幼少期に抱
いていた強い興味が、このシーク
エンスの原点だ

キャリアが築かれたのだろう。祖母は震え上がった。気位の高いカトリック信者の家長である彼女は、孫が精神的に「健康」であることにこだわっていた。しかも、15世紀のスペイン異端審問で数千人を焚刑に処したと言われる修道士トマス・デ・トルケマダの老婦人版と言わんばかりの執着ぶりであった。孫の青白い肌の下に罪が渦巻いていると頑なに信じるあまり、1日2回彼を聖水で祓い清めていただけでなく、ビンの蓋を逆さにして靴に入れ、聖痕のごとく足の裏から血が出るようにしていたのだ。これには、さすがに母のグアダルーペが間に入らなければならなくなった。

　長い歳月が経ち、デル・トロの黒魔術は『パンズ・ラビリンス』で見事に描かれる。同作の主人公で黒い瞳のヒロイン、オフェリアは、おとぎ話の言い伝えを強く信じ、病に伏した母親のベッドの下に、ミルクに浸したマンドラゴラの根を置く。大地の力を使って母を癒すのがオフェリアの意図だったのだ。横暴な継父に見つかり、マンドラゴラは火の中に放り込まれて赤子のように泣き叫ぶ。あれは「人間に

なることを夢見る植物なのだ」[1]と、オフェリアの救い主であり、悪魔的な存在でもあるパンはほのめかす。パンは知っているはずだ。自身が植物のようにも、動物のようにも見えることを。

　ギレルモ坊やの寝室には、すでにモンスターが潜んでいた。部屋に敷かれているのは、強烈なライムグリーンの毛足の長いカーペット。いかにもオースティン・パワーズ〔ジェイ・ローチが監督したコメディ映画シリーズの主人公で、イギリスのスパイ〕が所有していそうな代物だ。子供用ベッドから床をじっと見つめるうちに、それは一面にびっしりと生えた無数の緑色の指となり、自分を深淵へと引きずり込んでやろうと待ち構えているかに思えてくるのだった。
「だから、おねしょをしてしまい、母にお尻を叩かれてたよ」と、デル・トロは振り返る。「ある日、お尻を叩かれることにうんざりした僕は、目覚めるなりベッドから降り、モンスターたちに話しかけた。『おしっこをしに行かせてくれるんなら、一生君たちの友だちになるよ』ってね」[2]。以来、寝床で粗相をしなくなったそうだ。

苔むした触手を振り回す薄緑色の巨大精霊エレメンタルが『ヘルボーイ／ゴールデン・アーミー』(2008)に登場するように、毛足の長いカーペットという「古代神」への敬意はずっと払われ続けている。独自のやり方で、デル・トロがスクリーンに映し出す寓話はどれも、彼が少年時代に見た「明晰夢」³なるものの延長線上にある。彼は今でも当時の少年のままなのだ。

「ギレルモは、自身の内側にそういう子供心を持っているの。それが彼の素晴らしいところね」と、『クロノス』、『デビルズ・バックボーン』、『パンズ・ラビリンス』でデル・トロと組んだベテラン映画プロデューサーのベルサ・ナヴァロは称賛する。「子供の目で見るって、物ごとをとてもパワフルで、ユニークに捉えられる方法だと思う」⁴

別の言い方をすれば、彼はヘルボーイであり、オフェリアだ。木を彫刻して息子を創り出したゼペットでもある。

1964年10月9日に生を享け、メキシコはグアダラハラ市の中産階級が多く住む郊外の白亜の邸宅で快適に暮らすやや虚弱体質の子供が、複雑な性格で、豊かな想像力を持っているとわかっても、取り立てて驚くことではないだろう。宝くじに当選し、一家の生活はさらに向上。父親はクライスラー車の販売代理店を開き、息子の方は見世物小屋でも始めるのかと言わんばかりに複数のヘビやネズミ、反芻動物(はんすう)の牛1頭を飼い始める。ギレルモの寝室は、本や漫画雑誌、モンスターのフィギュアがずらりと並び、己が護られる「繭」のような空間と化した(今や世界的に有名な映画監督となった彼の暮らしぶりはますます良くなり、膨大な数の民間伝承や歴史の本、革装の小説、安売り店で売られていたペーパーバック、5000冊のコミックブック、映画用小道具、絵画、人体解剖模型、ゼンマイ仕掛けの自動人形(オートマトン)、多種多様なフィギュアなどの収容に、2軒の家を丸ごと使用。蒐集物の中には、偉大なメイクアップ・アーティスト、ジャック・P・

ピアースの手によって、孤独で寂しい怪物に変貌を遂げる途中の1931年の映画『フランケンシュタイン』での俳優ボリス・カーロフの等身大彫像も含まれている)。

その昔、ギレルモは箒のように華奢な体格で、モップを彷彿とさせるふさふさした白に近いブロンドの髪を持ち、キラキラ輝く青い目をした子供だった。「みんなからアルビノ〔先天的にメラニン色素が欠乏した人〕だと思われていたくらいだ」⁵と笑う彼は、アウトサイダーで集団に馴染まず、同世代の友人たちに無視されていたため、兄フェデリコや妹スサーナと一緒にいるか、棚を埋め尽くす本を読んで過ごして満足していたという。早熟な知性を有するギレルモは、マーベルコミック(主にホラー系のもの)やおとぎ話から、H・P・ラヴクラフト、エドガー・アラン・ポー、シャルル・ボードレール、チャールズ・ディケンズの小説の世界に至るまで、勇猛果敢に脳内冒険の旅に出かけ、ダークな空想物語に浸るのが常だった。

また、彼は絵を描いた。伝説の国アメリカから郵送で届くSFおよびファンタジー系コミック雑誌『Heavy Metal』には刺激的な描写もあり、巨乳の女性戦士の模写は、建築物のスケッチを描くのと同じくらい得意だった。ベビーシッターを怖がらせるため、水絆創膏コロディオンの肌が突っ張る特性を利用し、自分の丸々とした頬にニセの深い切り傷を作る技も、ギレルモ少年は身につけていた。父親の書棚の家庭用医学大全『The Family Health Guide and Medical Encyclopedia(未)』は、かなり参考になることが証明されたというわけだ。

「兄と僕は、粘土とプラスティシーン〔粘土に似た、いつまでも柔らかい工作材料の商品名〕で人間の全身像を再現したことがある。肝臓、腸、心臓といった内臓パーツにケチャップを詰め、屋根から放り投げてたよ」と、デル・トロは楽しそうに当時の様子を語っている。「だから僕は、芸術の才能がある一方、かなり病んでいた子供だったんだ」⁶

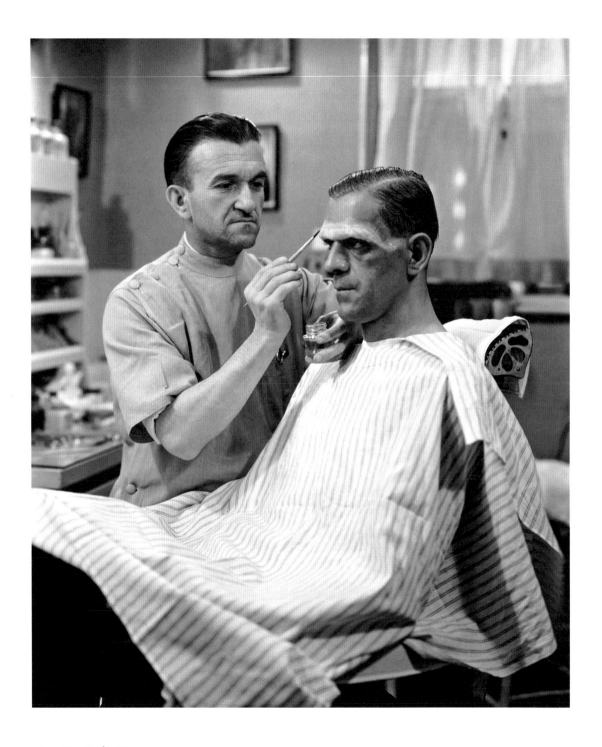

　彼の記憶にある映画の「素晴らしくダークな描写」で最も古いものは、両親と一緒に見た、マール・オベロン、ローレンス・オリヴィエ主演作『嵐が丘』（1939）に出てくる瞬間的なシーンの数々だ。まだ小さかったデル・トロは鑑賞中に何度も眠りに落ち、同作が夢そのもののような感覚になったという。そのとき心に刻みつけられた、彼が言う『嵐が丘』の「ゴシック精神」[7]は、ずっと消えていない。そしてすぐに、日曜の朝に放映されるモンスターもの、ホラー、SF作品を貪るように見始め、封切られた新作を求めてバスに飛び乗り、地元の決してきれいとは言えない映画館に出向くようになるのだった。流行に左右されやすいメキシコ人はアメリカ映画に心を奪われたが、デル・トロは、日本のゴジラ映画やアニメ、香港のカンフー映画、英国のゴーストストーリー、メキシコ人映像作家の様々な作品を求めた。とはいえ、2017年10月、フランスのリヨンで開催されたリュミエール映画祭で彼は、自身の「三位一体」は『フランケンシュタイン』と『大アマゾンの半魚人』（1954）とオオカミ人間で構成されていると述べている[8]。

　ギレルモ少年は、モンスターが大好きな子供だった。「メキシコがスペイン軍に征服されたとき、混合主義（シンクレティズム）と呼ばれる現象があった。征服者の宗教だったカトリックがメキシコ先住民の信仰と混ざり合ったんだ」と、デル・トロはいつものごとく、変化に富んだ例えで説明していく。「そして僕の場合は、カトリックとモンスターの融合が起きた。その2つが混ざり合ったんだ。幼い頃の僕は、本当にモンスターのフィギュアたちによって救われた。他の人々は恐怖を覚えるものに、美しさを見出したんだ」[9]

　デル・トロがメアリー・シェリーの小説『フランケンシュタイン』を読んだのは9歳の時分で、そのとき（に受けた衝撃）から未だ完全には回復していない。怖がるどころか、あの怪物を暴君的な父親の支配から逃れようとする10代の反逆者だと捉えたのだ。悪魔のごとき外見で誤解されてしまった存在——そのような怪物に魅了された彼は、生涯、心を寄せられる悲しきモンスターを追求することになる。

　ティーンエイジャーになると、目方が増え、これまでになく腹回りに文句を垂れるようなった。しかし、クマのような体型の方が、彼には似合っている。肉体的にも精神的にも満たされたいという欲求の恩恵に授かった、伝説的な人物なのだ。「僕が太ってるのは、自分を抑えることができないからだよ」と、彼は笑う。「トルティーヤが4つ運ばれてきたら、1つでは済まない。4つとも全部食べてしまう。ジャンル作品に関しても同じなんだ」[10]

　地元スーパーの書棚で『Famous Monsters of Filmland』なるアメリカのカルト雑誌を見つけたその日が、とある美しき友情の発端となる。彼が英語を覚えたのは、主に、その雑誌の陳腐な文章を読み解くためであった。同誌編集者のフォレスト・J・アッカーマンは、他人にはなかなか理解できないデル・トロのSFホラー信仰の守護聖人で、雑誌編集者の他、エージェント、作家、プロデューサー、俳優、モンスター愛好家の顔を持つ。どことなくホラー俳優ヴィンセント・プライスを思わせる広い額と細長いペンシル型の口髭を持つアッカーマンは映画グッズの蒐集家でもあり、ロサンゼルスの豪邸を占有する膨大なコレクションの中には、1931年の映画『魔人ドラキュラ』でドラキュラ伯爵役のベラ・ルゴシ〔ルゴシ・ベーラという表記もある〕が着用したマントや、フリッツ・ラング監督作『メトロポリス』（1927）の製作中にラング自身が使っていた単眼鏡も含まれる。

　そんなアッカーマンは、デル・トロに「君はひと

左：ローレンス・オリヴィエ、マール・オベロン主演の1939年の映画『嵐が丘』。デル・トロが初めてこの作品を見たときはまだ幼く、母の腕に抱かれながらだったという

前ページ：全身が鱗に覆われた怪物ギルマンの手から逃れるヒロイン役のジュリー・アダムスを写した『大アマゾンの半魚人』の販促用スチール写真。この作品も、ギレルモ・デル・トロの想像力に、種のように植え込まれたモンスター映画の古典のひとつ

「ぼっちじゃない」と示したのだ。

　幼かったギレルモ少年も、青年「デル・トロ」（スペイン語で「雄牛」の意）へと成長すると、単に映画を観賞したり、作品に関する本や雑誌を読んだりするだけでは満足しなくなった。ボリス・カーロフ出演の『悪魔の宴』（1968）のお粗末な短縮版をはじめ、様々なB級映画のスーパー8フィルムをレンタルしていた彼は、父親の映写機でセルロイドのフィルムを透過する光に、無限の可能性を感じ取る。家にあったスーパー8カメラをこっそり持ち出しては、自分のオモチャを戦わせ、巨大ロボットと大型危険動物の対決といったストップモーション作品の演出と撮影を始めた。

　「興奮醒めやらぬといった感じでフィルムを現像しに薬局に持っていってたよ」[11]〔諸外国では、薬局がフィルムの現像や焼き増しを扱う場合も少なくなかった〕と、振り返るデル・トロ。今日では数百万ドルを自由に使える身分になったが、まだあの頃と同じ刺激的な喜びを探し続けている。

　ほどなく、彼はさらなる野心を抱く。高校では、トイレから這い出してくるモンスターの短編映画を制作。初期の16ミリと35ミリの実験的作品では、自身の妖艶な母が主演を務めた。1987年の『Geometria（未）』では、彼女の目をえぐり、首に噛みつくゾンビにフロイト的な見解を採用。「その作品の前に、母は『Matilde（未）』というもっと奇妙な短編で演じていたんだ」と、彼はうれしそうに顔を輝かせる。「寝室の壁の亀裂に心理的執着を覚える女性の話で、壁の割れ目から巨大な盲目の胎児が出てきて、彼女の首を絞めるという内容だったよ」[12]

　デヴィッド・リンチの映画に出てきそうな超現実的な強迫観念は、デル・トロ作品の表面下に流れ続

けている。彼の描くイメージを性的に解釈したところで、「もちろん、僕は変態だよ！」という喜びに満ちた声が返ってくることになるだろう。[13]

　デル・トロを、ジャンルという茂みに隠れることに満足している、単なる成功したオタクだと勘違いすべきではない。彼が設立を手伝った映画学校「Centro de Investigación y Estudios Cinematográficos（映画研究センター）」がグアダラハラ大学のキャンパスに開校した際、同大学に通っていた彼は、映画というメディアの幅広さに夢中になった。1982年の大学年鑑には、タキシードとサングラスという悪役然とした格好のデル・トロの写真が掲載され、「友人たちを無理やり映画館に連れていった

根っからの映画好き」[14][15] と紹介されている。

　同世代のクエンティン・タランティーノのように、デル・トロは、インスピレーションをもらった様々な映画監督の名を嬉々として挙げる。インタビューでこの話題を振れば、黒澤明から、スタンリー・キューブリック、デヴィッド・リーン、イングマール・ベルイマン、スティーヴン・スピルバーグまで、次々と名前が飛び出し、話が盛り上がることになるはずだ。それから、息つく間もなく、テリー・ギリアムの贅の限りを尽くした風変わりな手法、ダリオ・アルジェントのどぎつい色使い、チリの巨匠アレハンドロ・ホドロフスキーの象徴主義（シンボリズム）に矛先が変わり、その分析を滔々（とうとう）と語っていくだろう。

左：ホラー映画のスーパースター、ヴィンセント・プライス（左）と映画雑誌『Famous Monsters of Filmland』の創設者フォレスト・J・アッカーマン（右）が、同誌のプライス出演作特集号に目を通す様子を写した1枚。独特の経歴を持つこのふたりも、ギレルモ・デル・トロのヒーローなのだ

次ページ：魔女狩り伝説を描く衝撃ホラー『悪魔の宴』は、デル・トロがスーパー8フィルムでレンタルしたB級映画。自宅で作品を映写する機会に、彼は胸を躍らせたという

弱冠23歳で、デル・トロは546ページにも及ぶアルフレッド・ヒッチコックについての本を出版。自らデザインも手掛けた表紙では、デル・トロ自身が偉大な監督の葉巻にとまる鳥に見立てられている〔写真家フィリップ・ハルスマンが撮影した、ヒッチコックがくわえた葉巻の先端に鳥がとまっている有名な写真へのオマージュだと思われる〕。ヒッチコックは神のごとく、感性を取り仕切るのだ。

「僕にとって、ヒッチコックの言葉はゴスペルなんだ」と、デル・トロは言う。「でも、彼がしたことを真似するつもりは微塵もない。その言葉はアドバイスとして、自己観察と知恵は指針として用いたりはするけどね」[16]。ふたりは似た者同士だ。ヒッチコックは恰幅が良く、堕落したカトリック教徒であり、腕の立つ製図者でもある。そして、まるで複雑な死の罠の設計図であるかのように映画を構築していた。

デル・トロの話に耳を傾けていると、人生で異なる道を選んでいれば、彼は素晴らしい映画批評家になっていたはずだとわかる。事実、彼はメキシコの小規模な新聞に10年間、映画の記事を書いていたし、地元のテレビやラジオの仕事もしていた。「僕は、他の人間が作った映画を解説していたんだ」[17]と、彼は笑う。デル・トロは、同業者たちの作品を喜んで語る稀有な監督なのだ。

映画作りにおいてデル・トロが崇める人物には他に、ルイス・ブニュエルがいる。スペイン出身の偉

大な超現実主義者ブニュエルは、ヒッチコックと様々な類似点を持つ。ともにブルジョアで、中産階級の暮らしをしていた。「だけど彼らは、自らの想像の世界では、無政府主義者だったんだ」[18]。デル・トロはそう語り、ブニュエルもヒッチコックも「相手に強迫観念を抱かせるというカトリックと同じやり方の残酷さに興味を抱いていた」[19]と、言及している。

ところが、映画のスタイルは正反対だ。不毛な時期〔画家サルバドール・ダリと共同監督した1928年の衝撃作『アンダルシアの犬』で話題をさらうも、その後、監督作の相次ぐ公開禁止、国辱映画を制作したかどでの指名手配、ダリの不用意な発言による失職などを経験〕を経て、メキシコに渡った後に再起を果たしたブニュエルは、己の潜在意識、偶然の出来事が起こす奇跡、そして運命を頼りにする。彼の映画は内容の説明がほとんどなく、観客に理解してもらおうとする作品ではない。デル・トロと同じくブニュエルも、何かを探るような大きな目といたずらっぽい微笑みの持ち主だった。

デル・トロにフィルムノワールや風変わりな空想世界に魅了される理由を訊ねると、どちらも尊敬に値するジャンルだと思われていないからだと答えた。芸術は全て、不服従。彼は仲間の映画監督たちの観客を前に、そう話したことがある。君たちは家族に逆らい、映画学校では教師に反抗しなければならない。既成概念に囚われるな、と。

そのため、デル・トロがハイカルチャー、ローカルチャーなどと文化に優劣をつけて区別することはまずない。アメコミアーティスト、ジャック・カービーが描くコミックのひとコマひとコマにも、ゴヤ、ピカソ、ドガ、マネ、クレーの絵画にも同様に惹か

上：ジャンル作品が好きでたまらないデル・トロは、一方で、スペイン出身のシュルレアリスムの映画監督ルイス・ブニュエルの作品に胸をときめかせていた。ブニュエルは、自身の潜在意識が（問題解決の）答えを出してくれると信じていたという

れる。彼が初めて本格的な芸術作品に触れたのは、父親が家族の文化的な見識を深めるべく揃えた全10巻の『How to Look at Art（未）』でだった。「僕はこうしたパラメーターの間を全く自由に行き来している」[20]と、デル・トロは認める。もちろんとの作品にも、嘘偽りのない情熱と誠実さを持って向き合う。デル・トロが貪るあらゆるもの——本、コミック、映画、テレビドラマ、雑誌、芸術品、音楽、そしてテレビゲーム——が、モザイクのピースとして彼の映画に散りばめられている。

人生もまた、その役割を果たしていると言えよう。自宅があったのは閑静な郊外だったとはいえ、メキシコで育てば暴力とは隣り合わせだ。流血の惨事を描く監督は多いが、本物の死体や人が死に至る様を目の当たりにしたり、拳で殴打される以上にひどい暴力を受けたりした体験があると主張する者はどれだけいるだろうか。

「僕の足は、刺されたときの傷痕が残ってる」と、

デル・トロは認める。「激しい殴り合いの渦中にいたことがあるんだ。僕とて、やられっ放しのへなちょこってわけじゃない」[21]。とはいえこれは、男らしさを誇張する自慢話とは違う。全くの逆だ。嫌悪に満ちた人間ほど孤独な存在はいないと、彼は自分で経験して知っている。

彼はストーリーテラーだ。大体の場合、思わぬ方向に進む寓話を語る。若い頃、グアダラハラの通りを歩いていた際、ある男がよろめきながら向かってくるのがわかったという。その男の頭はパックリと裂けており、流れ出す血で顔は血塗れになっている。精神的に不安定な状態であるのも明らかだったが、デル・トロはなんとか相手を最寄りの病院に連れていくことができた。翌日、容態を確認しに病院に行ったところ、男は精神病棟から逃げ出した後だったのだ。「ここは一体どんな病院なんだ？」[22]と、彼は問いただした。これがきっかけで、デル・トロはボランティア活動を始め、遺体安置所の遺体整復師（エンバーマー）と知り合う。安置所で彼は、山となった胎児の亡骸も目にした。

デル・トロはその瞬間、信仰を失ったと明かしている。善人であれ悪人であれ、人は皆、腐った生ゴミと化すというのが彼の結論だ。しかしながら、完全に教会から離れることはない。カトリックという宗教は常に内在している。脈々と血の中を流れ、彼

上：アルフレッド・ヒッチコックも、デル・トロに大きな影響を与えたひとり。ハリウッドのサスペンス映画の巨匠で、『裏窓』をはじめとする数々の傑作で映画というメディアを発展させた立役者だ

の映画に出てくる朽ちかけた礼拝堂や聖なる彫像の中にも宿っているのだ。彼はただ疎遠になっただけである。デル・トロはかつて、こう書いていた。「僕は2つのことを信じている。神と時間だ。どちらも無限で、絶対的な支配者。人間はどちらにも到底か

なわない」[23]と。

また、子供だった頃には、鉄条網にぶら下がった少年の首なし死体や、フォルクスワーゲン「ビートル」内にあった運転手の死体も見たそうだ。「人が撃たれた瞬間を目撃したこともある」と、デル・トロは振り返る。その言い方は、死や暴力に麻痺しているという感じではなかったが、少なくとも動じてはいなかった。「頭に銃を突きつけられた経験もあるよ。メキシコは今でもすごく物騒な場所だからね」[24]

この世のものとは思えない壮麗さとユーモアを持つとはいえ、デル・トロ作品は、激しい苦しみや深い悲しみを間近で見てきた者たちの物語だ。血が流れ、子供が死に、歯止めの効かない暴力ととめどない美しさが綯い混ぜになる。「死は人生の究極の目標だ」と、彼は主張する。「僕はメキシコ人で、メキシコ人であることをやめたりはしない」[25]

伝記作家で友人でもあるマーク・スコット・ジクリーも雄弁に語っている。「ギレルモの闇の心は本物だ」[26]と。

80年代初め、映画学校の学生だったデル・トロは、やがて長編監督デビュー作となる物語を思いつく。それは、ヴァンパイア映画に対する画期的な試みでもあった。当然ながら、吸血鬼ものは彼が精通しているサブジャンルであり、それゆえ、お決まりの展開をする神話であるのも十分承知していた。そこで彼は、「ヴァンパイア」という言葉が全く出てこないヴァンパイア映画を作ろうと決めたのだ。人生で最も重要な映画は、最初に見た1作と直近に見た1作である。デル・トロは山頂の賢人のごとき確信を持ってそう主張し、最初の1作は「自分がどんな世界に目を向けているのかをはっきりと見せて

上：デル・トロがヴァンパイアの常識を覆した長編監督デビュー作『クロノス』の初期のポスターデザイン。彼がペンとインクで描いたスケッチが盛り込まれている

くれる」[27]と、説く。

デル・トロはどの監督作にも「反時計回りの思考」で取り組んでいるのだが、その思考の真髄は1992年に撮影され、1993年に完成した『クロノス』に存在する。ジャンルの決まり切った慣例は、覆されようとしていた。「僕は物語の中心に『モンスター』を据え、最も悲しい登場人物にするんだ」と、彼は言う。「『クロノス』の主人公は、これまでで最も悲しいヴァンパイアだよ」[28]デル・トロはホラーとおとぎ話の境界に根づく数多くの映画を作っているが、『クロノス』はその最初の作品となった。

本当のところ、これは祖母との激しい対立関係を描いた「自叙伝だった」[29]と、デル・トロは述べている。とはいえ、「愛に満ちた作品だ」[30]とも断言。彼は単に、登場人物の性別を変えたのだ。『クロノス』では、少女アウロラの祖父ヘススに対する無条件の愛が綴られる。骨董店を営むヘススは、エジプトのスカラベを思わせる金メッキが施された円形の古物を手に入れるのだった。

この奇妙な品は、木彫りの天使像の中から見つかった。マトリョーシカのように「彫像や本、扉などを開けてみると、中から思いがけない秘密が出てくる」（メインストーリーにサブストーリーが隠されている）ことはデル・トロ作品にいくつも登場するのだが、これはその最初のもの。ゼンマイ仕掛けの虫型オブジェには予想もつかぬ特性があり、針状の長く細い爪を老人の手のひらに突き刺してはヒルよろしく血を喰らう。まさしく、テクノロジーと生物学と超自然現象のオカルト的な融合だ。そして、血が滲むヘススの手の傷は、聖痕を思わせる。

これがクロノス装置で、血を吸われた者は永遠の命を得る（もしくは生ける屍になる）と言われている。機械の中のどこかに不死の虫が潜んでいるという設

上：骨董品の中から見つけた物を観察するアウロラ（タマラ・サナス）と祖父ヘスス・グリス（フェデリコ・ルッピ）。それは、破滅を呼ぶクロノス装置であった

定なのだが、心なしか『エイリアン』(1979)のクリーチャーをデザインしたスイス人アーティスト、H・R・ギーガーの生物と機械を合わせたバイオメカニカルな造形を彷彿とさせる発想だ。あるいは、カフカの小説『変身』的とでも言おうか。次第にアウロラの祖父は、明らかにヴァンパイアだとわかる姿に変貌を遂げていく。加えて、血への渇望が決定的証拠となる。

　デル・トロは初期の監督作であるゴーストストーリー『デビルズ・バックボーン』と並行して、『Vampire of the Grey Dawn』という仮題を付け、

1910年のメキシコ革命下を舞台にした内容の脚本[スクリプト]を8年間、ほぼ毎日書いていた〔『クロノス』完成版のメインストーリーの設定は、主に1996年末から1997年初頭にかけて〕。依存、家族、そして歴史的には錬金術として共有されている不老不死への探究を主要テーマとして物語を練り続け、草稿を書き上げては書き直すという作業を続けた。さらには、ストーリーの骨組みに参考資料となるものを埋め込みつつ、インクを用いて様々なアイデアを美しい註釈付きのイラストとして描き始めた。

　改訂後のタイトルの由来は、はるかギリシア神話

上：1972年の映画『ドラキュラ'72』のポスター。主演のクリストファー・リーが演じたドラキュラ伯爵の姿は、デル・トロが手掛けた同ジャンルのビジュアルに大きな影響を与えた

まで遡る。クロノスとは、巨神族ティタンの神。己の子供たちを飲み込み、ヴァンパイアのごとく子供たちの歳月を吸収してしまう。このクロノス（Cronos）は「時」の擬人像クロノス（Chronos）と混同され、同一視されるようになっていく。

ヨーロッパにおけるヴァンパイアの古典的な概念に、メキシコ人監督の手で混ぜ合わされたカトリックと異教の独特の味つけが加えられることになる。小競り合いするカトリックと異教徒の神たちは、デル・トロの全作品で幅を利かせているのだ。聖別されたパンとワインをミサで口にするのは、キリストの肉と血を体内に取り入れることの象徴だが、デル・トロはそれをヴァンパイアの一形態だと捉え、『クロノス』を「異教徒による福音の再解釈」[31]と定義した。ゆえに、同作の年老いたヴァンパイアは「ヘスス・グリス（白髪のイエス）」と名づけられ、（一度死んで）3日後に復活するのだ。

予算の都合上、映画はメキシコの都市ベラクルスが舞台の現代の物語にしなければならなかった。当時、デル・トロは知る由もなかったのだが、これは生まれ故郷で作った唯一の長編作品となる。それでもなお、このメキシコで繰り広げられる物語は、1930年代初頭にユニバーサル・スタジオが製作していたホラー映画「ユニバーサル・モンスターズ」の作品群が内包する古典主義や、テレンス・フィッシャーが監督した英国ハマー・フィルムのホラー映画の鮮烈で、どことなくいかがわしさが滲むカラーに染まるのだった。

「テレンス・フィッシャーのフレーミングには非の打ちどころがない」[32]と、デル・トロは絶賛する。そして、『クロノス』で天井に開いた穴から射し込む日光がヘスス・グリスの肌を焼くシーンは、1972年のクリストファー・リー主演作『ドラキュラ'72』から直接引用したものだという。またデル・トロは、アメリカ映画風の活気あふれる出来事で「大

見得を切って」[33]から、家族のメロドラマに観客を引き込もうと決めたのだった。

冒頭で時を知らせる柱時計の鐘の音が響き、深みのあるナレーションの声（メキシコのテレビスター、ホルヘ・マルティネス・デ・オヨス）が被さって始まる本作は、「ギレルモ・デル・トロ　ワールド」への完璧な入り口だと言えよう。時は1536年。クロノス装置——この機械仕掛けのアイテムは、監督お気に入りの小道具となる——の起源を説明する導入部分で、古代の遺物や美術品で散らかった広い邸宅に住む錬金術師が登場し、観客は、彼こそが装置の生みの親だと知る。異端審問が進行し、錬金術師は装置を彫像の中に隠すのだが、カットが変わると400年が経過し、1937年に。不規則に広がった屋敷は崩壊し、瓦礫の下から錬金術師が発見されるも、彼は完璧な肉体を維持していた。ただし、肌は大理石かと見紛うほど硬く、青白くなっており、瓦礫の破片が杭のように心臓を貫いている。

インタビューの席でデル・トロと向き合うと、参考文献、ジョーク、企業秘密、豊富な逸話を交えた答えが怒涛のごとく彼の口から飛び出し、めまいがしそうになる。ところが少年時代の彼は、物言わぬ子供だった。頭の中では生き生きとしていたが、非常に無口だったのだ。それでも当時の写真には、密かな楽しみを抱えている雰囲気が漂っていた。そんな彼が、『クロノス』に登場する少女アウロラを作り出す。この幼きヒロインはデル・トロと同じく無口で、どんどん弱っていく祖父を穏やかに見守れるほど冷静だ。

「彼女は無知なのではなく、無垢なんだよ」[34]と、デル・トロは言う。アウロラは生きている人間と死んでいる人間の区別がつかない。

実際のところ、この少女の「abuelo」（スペイン語で「祖父」の意）への愛情は、こうした状況に陥ったからこそ深まったのだ。ふたりの役割は逆転する。

上：憂いに沈むヴァンパイア──ヘスス・グリス役のフェデリコ・ルッピが、不老不死がそこまで素晴らしいものではないと気づく『クロノス』のワンシーン。死体のように青白い衝撃的な顔は、ギレルモ・デル・トロが特殊メイク効果を学んできた経験から生み出された

子供が大人になり、大人がドラキュラになる。ドラキュラ伯爵の下僕レンフィールドの可憐な少女バージョンとでも言うべきアウロラは、ヘスス・グリスを棺ではなく、オモチャ箱で眠らせるのだ。デル・トロの説明によれば、吸血鬼と化したヘススは「ゾッとするような異形ではあるが、恐れられないどころか、愛され、大事にされる存在」[35]だという。

『クロノス』から24年後、デル・トロは『シェイプ・オブ・ウォーター』（2017）で発話障害を持つ清掃員の女性が水棲のクリーチャーと恋に落ちる物語を描く。同作はアカデミー賞作品賞、監督賞など4部門を受賞した他、様々な映画賞を総ナメにする。こういった彼の小規模で寓話的な作品では、無声映画の純粋さを追い求める傾向があるとも言えるだろう。「完璧な映画は台詞がない」[36]。彼はかつて、そう発言している。サイレント時代の喜劇王であるバス

ター・キートンとチャールズ・チャップリンのとてつもなく真摯な仕事ぶりも、デル・トロが受けた影響のひとつで、彼の映画作りに根ざしている。

デル・トロは子役との仕事に何の抵抗も感じない。子供の視点は彼の映画には不可欠なのだ。『デビルズ・バックボーン』の孤児院の少年たちや、『パンズ・ラビリンス』の迷える少女オフェリアを考えてみてほしい。『ヘルボーイ』、『ヘルボーイ／ゴールデン・アーミー』の主人公ヘルボーイとて、少年スーパーヒーローだ（その名前にヒントあり）。この監督は本能的に、若いスターから大人顔負けの演技を引き出す術を知っている。子役を大人の俳優として扱うのだ。「己の中に、演じるキャラクターと共通する何かを持っている子供を探さないといけない」[37]と、デル・トロは語っている。そして物言わぬアウロラ役のタマラ・サナスは、言葉にならないほどの静穏さを醸し

出す。

　死人のように蒼白な皮膚の下で、ヘスス・グリスは人間の血への凄まじい渇きに屈しまいと必死で耐え、人間性にしがみつく。「選択の力。それこそが人間の魂の本質だ」[38]と、デル・トロは明言している。ヴァンパイアであることにここまでおぞましく苦しむ姿を見せた映画は数少ない。『Los Angeles Times』紙のケネス・トゥーランは、これを「ヴァンパイアダム（吸血鬼という存在でいる状態）の傷み」[39]と呼んだ。

　一方で、『クロノス』には悪役がいる。しかも、間違いなく人間。それが、仄暗い映画全編を通じ、SF作品にありがちの目が眩むほど真っ白な無菌室然とした部屋に閉じこもっている大富豪デ・ラ・グァルディアだ。己の肉体を蝕む癌細胞を阻止すべくクロノス装置を探し求めているという設定で、彼は一風変わった腕っ節の強い甥アンヘル（どうやらアメリカ人らしい）を送り込み、切望の品を手っ取り早く獲得しようと目論む。

　こうしてデル・トロのストーリーテリングは、相反する何か——優しさと恐怖、空想と現実、奇抜な滑稽さと暴力、独自性と引用、芸術と商業——の見事な網渡りを始めていく。ちょうどそれはメキシコ料理のピリ辛な甘さと同じく、真逆のものの融合だった。

　実際のところ、彼は『クロノス』で、ハリウッドと張り合える特殊メイク効果をメキシコ映画でも生み出せることを、証明してやろうと意気込んだ。ところがメキシコには、ヘスス・グリスの羊皮紙のように青白い皮膚が剥がれて腐敗していく様を実現できるところが皆無だった。そこでデル・トロは、自身で特殊メイクアップ会社を立ち上げる必要に迫られる。『クロノス』で達成させるつもりだった野望以上に、この展開は現実的な意味を持っていた。特殊メイク効果はメキシコの映像業界で瞬く間に活路を見出し、将来的な収入の道筋も見込まれたため、ネクロピアという彼の会社は1985年、ついに創設された。

　地元で培った才能をハリウッドに通用する水準まで引き上げるため、怖いもの知らずのデル・トロは、「特殊メイクの神様」と称されるディック・スミスに一筆したためる。手紙には、ニューヨークまで出向くので、巨匠の弟子にしてほしいとの申し出が書かれていたという。多くの若き映画マニア同様、デル・トロは『エクソシスト』（1973）、『スキャナーズ』（1981）、『ハンガー』（1983）といった作品でスミスが生んだ革命的な（文字通り、特殊メイク業界の革命となった手法もある）グロテスクさに傾倒していた。スミスは、

右：肩を組む同志——映画カメラマンのギレルモ・ナヴァロと監督のギレルモ・デル・トロ（ロサンゼルスで開催された『ヘルボーイ／ゴールデン・アーミー』のプレミア上映会にて撮影された1枚）は、『クロノス』でも見事なコラボレーションを披露していた

超自然的な存在を触感がわかるほどの造形に仕上げたのだ。意外にもこの巨匠は、メキシコから届いた厚かましい嘆願の書状に心を動かされ、デル・トロを門下生として受け入れることにした。若きJ・J・エイブラムスが同期のクラスメートだ。とはいえ、クラスルームがあったわけではないが。ふたりはスミスの工房に配属され、そこで肉体の部位を本格的に造形する方法をマスターしつつ、接着剤と人工の血糊で才能を示さなければならなかった。

「ディック・スミスがいなければ、フィルムメーカーにならなかったと思う」と、デル・トロは打ち明ける。「『クロノス』制作に必要で、僕が利用できるツールを作るのに、彼は力を貸してくれたんだ」[40]

しかしそうなるには、1993年まで待つことになる。ニューヨークからの帰国後、デル・トロはテレビ業界に入った。携わったのは、『La Hora Marcada（未）』（スペイン語で「定刻」の意）というメキシコ版『トワイライト・ゾーン』とも言える番組で、毎週ブラックユーモアに満ちた不可思議な者たちの新たな話が披露される一話完結型のドラマだった。おかげで、ネクロピアが同番組のモンスターや小道具作りで活躍できただけでなく、さらに重要なことには、デル・トロが商業作品で初めて脚本や監督を務める機会が与えられたのだ。1988年製作の「Les Gourmets」（監督のみ担当）は、デル・トロが担当した悪魔的な小話5エピソードのうちの1話で、人肉メニューが提供されるレストランが登場する。彼が監督仲間のアルフォンソ・キュアロンと初コラボしたのは、実は『La Hora Marcada』の仕事だった。

当時の彼らはまだ知らなかったが、やがてはデル・トロ、キュアロン、そしてやはり同世代のアレハンドロ・ゴンサレス・イニャリトゥの3人が、「ハリウッド映画の価値」と「メキシコの情熱」という2つの要素を両立させる見事なバランスを開拓し、世界的に活躍するメキシコ人監督のニューウェーブの先陣

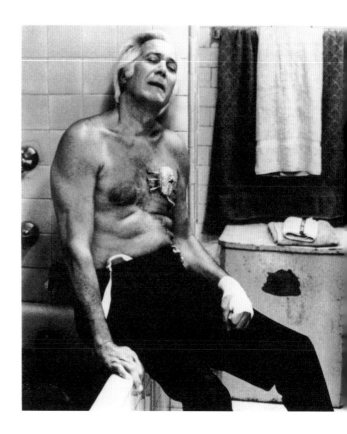

を切ることになるのだ。さらに、3人ともアカデミー賞監督賞を獲得するに至る。

それよりもずっと早く、デル・トロはプロデューサーのベルサ・ナヴァロと意気投合。彼女の兄でぶっきらぼうだが才能あふれる映画カメラマン、ギレルモ・ナヴァロも脚本の質の高さに納得し、『クロノス』に参加することになった。「『すごい！』って感じだったわ。まだ若いけど、とてもしっかりしてたの」[41]と、ベルサ・ナヴァロは思い返す。それでもなお、彼女が十分な資金を調達するのにさらに1年がかかった。予算は控えめに見積もって150万ドル。そこまで高額のメキシコ映画はまだ作られたことがなかった。ジャンル映画を見下していたメキシコの映画業界に

左：胸にクロノス装置を食い込ませたヘスス・グリスに扮するフェデリコ・ルッピ。麻薬中毒との類似性をはっきりと示した有名なショット

右：伝統的なヴァンパイアを思わせるポーズをとるルッピ。だが彼は、白髪と憂鬱そうな顔立ちで、人間性を失いつつある男の悲劇を体現した

は真っ向から反対されてしまう。ベルサは、頭がどうかしているとまで言われた。州政府の支援金は、芸術作品に使われることになっていた。ヴァンパイアや虫や気味の悪い子供が出てくるクレイジーなアイデアの映画化など問題外だ。確かに、作品のトーンは人を困惑させるものだった。これは家族愛の物語なのか？　それともホラーストーリーなのか？　さらにデル・トロは、尊敬されるアルゼンチン俳優フェデリコ・ルッピを主役に起用することも提案していた。

　そう、キャスティングもすぐに進める必要があったのだ。この映画は残酷描写が売りのホラー映画ではない。デル・トロの「変わった詩的な味わい」[42]

はキャラクターの中に息づいている。彼は、人生の意味を見失いかけた殺し屋を描くスリラー映画『Last Days of the Victim（未）』(1982) で主役を努めたルッピに惚れ込んでいた。同作のルッピは、最小限の台詞にもかかわらず力強い感情表現ができていたのだ。59歳ではあったが、この俳優はバスター・キートンと同等の豊かなボディランゲージが可能で、やはりキートンがそうだったように、生まれながらの憂鬱さも持ち合わせていた。デル・トロはこの「アルゼンチンのローレンス・オリヴィエ〔「20世紀で最も偉大な英国人俳優」と評されることのある名優。シェイクスピア作品を得意とした〕」[43]の起用にこだわるあまり、すでにルッピの主演を前提とした絵コンテも描いていた

という。しかも当時、映画の撮影でルッピがメキシコに滞在中だったという運命のめぐり合わせがあった。交渉して撮影現場に入れてもらったデル・トロはルッピの楽屋のドアをノックし、脚本を手渡す。

アルゼンチンのベテラン俳優はそれに目を通し、物語は闇に満ちているも、たびたび非常に面白いシーンが出てくることを見抜いた。大晦日のパーティのシークエンスでは、ルッピがオファーされた役どころ古物商のヘススが、鼻血を流すパーティ参加者の男性に目を留め、洗面所まで相手をつけていく。トイレはモノクロームのデザインで、タイル張りの床には真っ赤な血痕がぽつんと残されていた。『クロノス』のこの印象的な場面で、ヴァンパイアは葛藤しつつも血の欲求に屈し、とうとう猫のように床を舐めてしまうのだ。

「死後にこそ、彼に生きてほしいと思ったんだよ」[44]と、デル・トロは言う。クロノス装置に己の血を吸わせれば吸わせるほど、ヘスス・グリスは見た目が若返り、雰囲気も社交的になっていく。

ルッピ以上に重要なのは、デル・トロが大柄で冷酷な男アンヘルを演じるよう説得し、メキシコ入りさせたアメリカの個性派俳優である。

あるアメリカの投資家から、米国人をキャスティングすれば、予算に必要な60万ドルに貢献してもいいとの提案を受けた。もともとデル・トロは、アンヘルとその叔父をメキシコに逃げてきたナチスの

上：試練から生まれた友情——デル・トロとロン・パールマンの長年にわたる友情は、『クロノス』の予算問題の最中、このアメリカ人俳優が監督を支え続けたときから始まった

残党として考えており、配役に
はヨーロッパのイコン的俳優、
クラウス・マリア・ブランダウ
アーとマックス・フォン・シドー
を念頭に入れていた。しかしな
がら、デル・トロは妥協を厭わ
なかった。敵役を漫画に出てき
そうなアメリカ人にすれば、ア
メリカ映画に登場する悪党が決
まってメキシコ人であることへ
のリベンジとなる。

　少なくとも、アンヘルは心を
持った野獣だ。仕事をする上で、
うんざりするほど暴力が付いて
回る現実を受け入れている。こ
のキャラクターもまた、誤解さ
れている怪物であり、ひどく皮
肉な考え方をする。まさしく『ヘ
ルボーイ』のための予行演習だっ
たと言えるのかもしれない。ア
ンヘル役を通じてデル・トロは
このアメリカ人俳優に惹きつけ
られ、彼の百科事典的な頭脳に
「ロン・パールマン」という項
目が加わったのだ。コミックブッ
クのギャング然とした樽を思わ
せる分厚い胸周りとシャベルの
形に似た顎のライン、鋭くも繊
細な青い目をしたパールマンは、
ニューヨークにあるワシントン・
ハイツ出身。大学で演劇を学び、
舞台俳優としてキャリアを積んだ。その風貌から何
かと人目につきやすく、どこか相手を脅かすような
声の持ち主でもあった。俳優であるというだけでな
く、とにかく圧倒的な存在感を漂わす人物で、デル・

上：極悪非道なデ・ラ・グァルディアに扮したクラウディオ・ブルック。隠遁生活を送り、不老不死
を求めてやまないこの大富豪は、部分的にハワード・ヒューズに基づいたキャラクターだ。特徴的な
モチーフとして使われているカーテンにも注目してほしい

トロはそんな彼を単純に素晴らしいと感じたのだ。
また、『人類創世』（1981）の原始人、『薔薇の名前』
（1986）の乱心した修道士を演じた俳優としてのパー
ルマンも、デル・トロは絶賛していた。

アンヘル役を気に入ったパールマンだが、それ以上に脚本に魅了された。さらには、デル・トロからそれまでの演技を褒め称える手書きの「ラブレター」[45]をもらったことで心を鷲掴みにされる。「100万年経っても、ハリウッドじゃゴーサインが出ないだろうな。だからこそこの映画をやってやろうじゃないか」[46]と、パールマンは当時思ったという。

アンヘルの叔父デ・ラ・グァルディアは、潔癖症の億万長者ハワード・ヒューズに無情さを足したような人物だが、この配役も重要だった。そこでデル・トロは、ルイス・ブニュエルお気に入りのメキシコ人俳優で、『皆殺しの天使』(1962)や『砂漠のシモン』(1965)に出演したクラウディオ・ブルックを選ぶ。

1992年2月、メキシコシティで『クロノス』の制作が開始。8週間、忘れられないほど辛い思いをして作業が進められることになる。デル・トロは28歳だった。「どんな映画も作るのは大変だ」と、彼は振り返る。「最初の作品だって例外じゃない。ひどく過酷な試練だったよ。最高であり、最悪でもあった。8年間大事に温めてきた企画がようやく実を結ぼうとしている一方で、財政的には破綻していたからね」[47]

途中で資金が底をつく。自慢のアメリカ人投資家は、実はペテン師だったのだ。自分の映画を救うために、デル・トロは「クレイジーで死に物狂いの」[48]方法を試みたという。まず彼はパールマンと向き合い、「今はギャラを払えない。でも、絶対に払う。約束するよ」[49]と、懇願。アメリカ人スターを失ったら、『クロノス』の制作続行は絶望的だ。エージェントの意向に逆らい、パールマンは作品に留まると承諾した。こうして、生涯にわたる友情が決定的となったのだ。彼はのちにギャラを受け取り、さらにより多くの配当金も手に入ることになった。この童顔のメキシコ人は生まれながらの映画監督だと、パールマンは理解する。最初の日から、デル・トロは作

品に全人生を懸けてきたかのようだった。

家を担保に金を借り、愛車を手放し、持ち物を売り捌くなど、自分の風変わりな夢を終わらせずに済むならばと、デル・トロは何でもした。結局、50万ドルの利息を余計に払うことになり、持ち家を自分の名義に戻すのには4年かかった。次なる監督作として『ミミック』の契約を急いだのは、借金返済が理由だ。

「僕は映画をどんどん作らないといけない……」[50]。デル・トロは、中毒者あるいはヴァンパイアのごとくそう言い続けた。とはいえ、芸術が優先、金儲けは二の次で、彼は給料の半分を『ヘルボーイ』に注ぎ込み、『ミミック』や『ブレイド2』(2002)の特殊効果の費用に自腹を切り、『パンズ・ラビリンス』の自身の取り分を返上してさらなる映画作りへの欲を満たしたのだった。

ポストプロダクションの段階でも、問題が待ち構えていた。メキシコには、デジタル作業を行える場所がなかったのだ。そのため、デル・トロはロサンゼルスに飛んで現地の施設を利用することにしたのはいいが、ハリウッドの豪華な生活スタイルを念頭に置いていなかった。結局、1ヶ月300ドルという安宿に滞在するも、配管トラブルが発生。シャワーを浴びるのに、3日ごとに他のホテルに行かなければならなくなった。「シャワーを浴びない日は、(別のホテルの使用料が浮くから)人気店ピンクスでホットドッグが食べられるってわけだ」と、デル・トロは当時を回顧する。「シャワーかホットドッグか。それは僕の選択だった。シャワーを浴びた日は、ランチ抜きだったんだよ」[51]

デル・トロは自分の映画を理解するのに悪戦苦闘していた。最初のバージョンは冗長で、物語の本質を汲んだ流れができていなかったのだ。アルフォンソ・キュアロンは率直に、25分カットしろと指摘した。またデル・トロは、クロノス装置が

上：希少価値の高い、死を招くクロノス装置。本作のこの装置以降、デル・トロ作品には大小様々なからくり仕掛けのメカニズムが登場することになる

内部を覗き込むエフェクト撮影にも骨を折り、自身の創作ノートのデザインを基にした大きなスケールの模型を使用して、幻想的な映像を生み出した。そのシーンでは、装置の中で歯車や精密部品が回転する様子がクローズアップされ、中心部で蠢（うごめ）く不死の虫が垣間見られる（不死の虫について劇中で説明されることはない）。編集の余地を残しながら、彼は神に祈った。どんな神様でもいい。とにかく願いを聞いてください。時間通りに作業をやり切れますように、と。

　監督の必死な思いが『クロノス』に流れ込み、作品に命を与えた。完成した映画は、唯一無二の素晴らしさを持つ。控えめの予算であっても、ブニュエル作品に匹敵する映像となったのだ。「『クロノス』は、映画のディテールと見事に噛み合う色調のシンフォニーを嬉々として指揮する映像作家を象徴している」[52] と、映画批評家のグレン・ヒース・Jrは『Slant』で書いた。しかも、デザインとストーリーテリングもブドウの蔓のように絡み合っている。主人公ヘスス・グリスが骨董店オーナーで、稀少な古美術品を買い集めているという設定は打ってつけだった。と

いうのも、デル・トロが各シーンを隅から隅までぎっしりとシンボルや小道具——彼が想像し得るフェティシズム的な品々全て——で埋め尽くせたのだから。バロック風の奇妙な仕掛け装置、澱んだ液体（よど）に浸かった瓶詰めの標本、遺物や学術書が積まれたカビ臭い部屋。これぞ、デル・トロらしい多彩で緻密な蒐集物にあふれた空間の定番だ。彼の作品に繰り返し登場する特徴的なモチーフが、『クロノス』の随所ではっきりと見受けられる。彼は、自分のこだわりを作品の中に散りばめることを「韻を踏む（ライミング）」[53]と呼んだ。『クロノス』こそ、監督が敢えて目立つように劇中に残した「痕跡」を観客が最初に発見できる機会だ。考古学的な発掘のごとく、その「痕跡」から掘り出されるもの——デル・トロ映画で見聞きする様々な要素——は、彼の他の作品でも関連し、特定の意味を共有していることを伝えている。

例えば、本作のクロノス装置は卵のような形をしているが、これは永遠や不死を意味する。また、ヘスス・グリスの顔の皮膚が卵の殻のように剥がれ始め、その下から乳白色の新たな皮膚の表面が現れる点にも注目してほしい。クロノス装置の虫が彷彿とさせるスカラベは、古代エジプトの死後の世界の概念に大きく関わっている。金色の甲羅に刻まれているのは尻尾を食らう蛇の模様で、これも不死を表す。いかにもデル・トロらしい作風の、装置を囲むメビウスの帯は、無限性の象徴だ。

デル・トロは、こうした「象徴主義的な解釈」[54]は自分独自のものかもしれないと認めながらも、自分の映画に秘密の暗号が埋め込まれている事実に胸が躍るのだという。「映画を見直すたびに、新しい何かが見えてくればいいと思っている」[55]と、彼は語る。『クロノス』は、見る者の体内に浸透するのだ。

小規模公開後、全世界興収62万1000ドルだった本作は、徐々にカルト作品としての評価を得ることになるが、これは当然の結果であった（そして、少し

ずつ利益を捻り出していく）。喜ばしいことに、デル・トロと彼のチームは、メキシコ版アカデミー賞と言われるアリエル賞で、作品賞、監督賞、脚本賞など9部門を獲得。メキシコ国内での評価に留まらず、カンヌ国際映画際への出品も果たし、国際批評家週間メルセデス・ベンツ賞にも輝いた。これにより、デル・トロはアメリカ人プロデューサーの目に留まる。ところが、『クロノス』の英語版リメイク権について訊ねられ、デル・トロは困惑してしまう。「トイレの床を舐めるジャック・レモン〔ビリー・ワイルダー作品の常連俳優。世界三大映画祭の全てで男優賞に輝いた〕なんて誰も見たくないだろう？」[56]。こうして、英語版リメイクの話は即座に却下された。

映画の見識を一層深めたデル・トロだが、過去を振り返ると、『クロノス』の欠点がわかるという。「脚本の方が、映画自体よりずっとよくできていたんじゃないかな。今なら、いろいろと違うアプローチでやったはずだ。とはいえ、どの作品も、自分が手掛けた時期のポートレートになる。だから僕にとって、『クロノス』は、今でも多くの特性を備えた映画なんだよ」[57]

公開から数ヶ月後、デル・トロはスペインのマドリードに招かれる。うれしいことに、『クロノス』が、まだサルサ・プリンセサ映画館の深夜枠で上映されているのを知った。当然、彼はその晩に劇場に足を運んだ。行かずにはいられなかったのだ。映画そのものより、前から2列目に座っている男性客を観察した。なんとその客は、登場人物が口を開くよりも先に、台詞を囁いているではないか。明らかに『クロノス』中毒になっていたのだ。

次ページ：『クロノス』は様々な映画祭で称賛を受けた。メキシコを越え、世界を目にする機会を得て胸を躍らせる若きデル・トロ

トンネルビジョン

『ミミック』(1997)

ハリウッドでの初仕事はあまりに悲痛な経験で、デル・トロの
精神を潰しかねないほどだった。しかし最終的に、彼は己の
道を切り開くことを決意。こうして巨大昆虫映画は世に送り出
され、その評判は今も高まり続けている

難破船のようにジメジメして錆びついたニューヨークの
地下鉄の奥で、とてつもなく大きな昆虫が支配を企て
ている。ゼンマイ仕掛けの歯車を思わせるカチカチと
いう音を鳴らす奴らは、科学者の傲慢さの結果だ。モンスター映
画にありがちな展開の根底には、『フランケンシュタイン』と同
じテーマが流れている。「ユダの血統」は、通常のゴキブリを駆
除するため遺伝子操作で創造された新種の昆虫。ニューヨークの
子供たちだけが犠牲になっている致死性の病気は、ゴキブリを媒
介して感染することが冒頭で説明される。聖書に登場する人物の
名前に由来するユダの血統は、
短期間で死滅するようにプログ
ラムされたはずなのだが、3年後、
その虫たちは生き延びていただ
けでなく、進化を遂げていた。
シルエットが人間と見紛う奴ら
は、カチカチという強烈な音を
立てて通りをうろつく。その姿

左：デル・トロが多くの問題に直面した『ミ
ミック』のポスター。その推薦コメントで示
されている通り、同作はまずまずの評価を集
めた

右：ミラ・ソルヴィノ演じるスーザン・タイラ
ー博士は、「奴ら」が巣食うニューヨークの
地下鉄の奥へと進んでいく。この場所は、
デル・トロによる最初の大迷宮だ

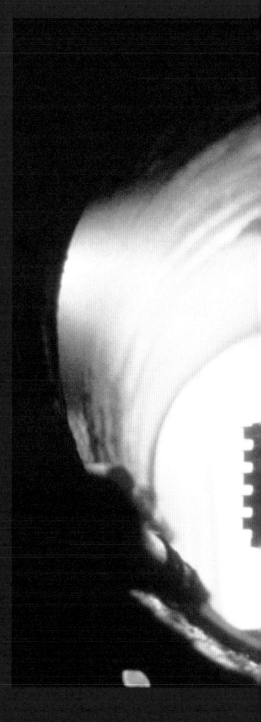

は、まるでポケットに手を入れ、コートの襟を立てて歩くフィルムノワールの悪党のようだ。人々が忽然と行方不明になり、街では何か不吉なことが起き始めていた——そして文字通り、カメラがゆっくりと明らかにするのは虫の排泄物に覆われた空間だった。一連の事態の責任者である、昆虫学者のスーザン・タイラー博士（ミラ・ソルヴィノ）と彼女の夫で疾病予防管理センター職員のピーター・マン博士（ジェレミー・ノーサム）は、自分たちが遺伝子操作した生物が引き起こした出来事の埋め合わせをすべく、暗がりの中へと進んでいく。

　これは、紛いもない悪夢の架空の背景である。ギレルモ・デル・トロ長編監督作第2弾は、クモの巣にかかるハエのごとく、彼がハリウッドの映画会社ミラマックスに引き寄せられてしまったという教訓物語だ。

　『ミミック』について語るとき、デル・トロは言葉を濁すことはない。「あれは本当に、とんでもなくひどい経験だった」[1]と言い放ち、気持ちを落ち着かせるために深く息を吐く。なんと、『ミミック』の撮影で楽かった日は1日たりとてなかったらしい。デル・トロは観客を惹きつけてやまない魅力的なビジョンを持っていたにもかかわらず、そこにどうにも動かすことができない壁——ボブ・ワインスタイン（以下「ボブ」）——が立ちはだかる。ボブは、悪名高きハーヴェイ・ワインスタイン〔ハリウッドの大物プロデューサーとして業界に君臨してきたが、2017年、長年のセクハラ行為や性的暴行の数々が明るみに出て逮捕され、失墜。多くの女優たちが自分も嫌がらせをされたと声を上げる「#MeToo運動」は社会現象となった〕の弟で、ミラマックス社のジャンル作品レーベル「ディメンション」を牛耳っていた。

　ボブは非常に気性が荒い人間で、彼が扱う映画監督——とりわけ、自分が寛大だから無名のおまえを雇ってやったんだと上から目線で見ていた監督たち

前ページ：ギレルモ・デル・トロは『ミミック』を、巨大アリが下水道から出現するゴードン・ダグラス監督作『放射能X』にオマージュを捧げる機会だと捉えていた

左：『放射能X』のポスターは、1950年代のSF作品によく見られたセンセーショナルな雰囲気──デル・トロがダークな物語にさりげなく吹き込むB級映画の「熱さ」──を誇張している

右：『ミミック』の悪夢のような撮影の最中でも、デル・トロは平然とした顔をしているが、毎日、己のビジョンを殺させまいと必死にもがいていたのだった

──は、会社が望むものをできるだけ安く作るために存在していると考えていたのだ。

　プロデューサーのB・J・ラックは、監督とスタジオの間を取り持とうとして非難されたが、彼女もやはり辛辣な物言いだ。「私はポール・ヴァーホーヴェンと仕事をしたし、ジェームズ・キャメロンの映画もプロデュースしたけれど、『ミミック』はプロとして一番厳しい経験だったと言える。まるで戦中の捕虜収容所にいるのかと感じたくらいだった」[2]

　そんな思いをしてまで、巨大昆虫映画を？　そう訊きたくなるかもしれないが、デル・トロにしてみれば、巨大な虫が出てくるだけの映画ではないのだ。『ミミック』は当初、これほどの大作として企画された作品ではなかった。ミラマックスは、『Light Years』というタイトルのSF映画3部作の1作として本作のプロジェクトを進めており、それぞれを、ゲイリー・フレダー、ダニー・ボイル、そしてデル・トロという期待の新人監督が担当する予定であった。デル・トロは、『クロノス』が複数の映画祭を賑わし、

高く評価されたことで、ワインスタイン兄弟の目に留まったのだ。アメリカのSF作家ドナルド・A・ウォルハイム短編小説を、脚本家で映画監督のマシュー・ロビンスが脚色したスクリプトは、デル・トロが監督に決まる前にでき上がっていた。3部作のうち、『ミミック』と、フレダーが監督したフィリップ・K・ディック原作の『クローン』（2001）は、すぐに単独の長編映画として扱う価値があると考えられた。ダニー・ボイルの『Alien Love Triangle（未）』は短編映画として制作されたものの、お蔵入りになってしまった〔2008年に英国のイベントで限定的に上映されてはいる〕。

　デル・トロの心を掴んだ『ミミック』の魅力は明らかだ。彼という人間の核を成す部分では、奇妙奇天烈な生き物が蠢いている。子供の頃、初めてのニューヨーク旅行で、彼はとても大きな虫のレプリカを買ってもらった。今でも額縁に入れて家に飾ってあるその虫は、『パンズ・ラビリンス』と『ヘルボーイ／ゴールデン・アーミー』に登場する昆虫型クリー

チャーのインスピレーションの素になったという。メキシコは虫が多い国で、現地の人々は虫と共存することを学んだ。デル・トロは、どうやれば昆虫が遺伝子操作されているように見えるのかという点にこだわるようになる。「虫は、まさしく生きた自然の自動人形(オートマトン)だ」[3]。機械と生命の不思議な相似性を喚起させる昆虫の姿に畏怖を感じた彼は、そう発言している。映画の死体解剖シーンで人体を観察し、変異した人間や機械化された人間、ヒト型ロボットなどを見かけるたび、彼はよく、人間とは何かと考え込む。人間が有機的な機械でないのなら、一体何なのか。何が我々を違うものにしているのか。我々が虫を怖がるのは、虫に「感情がないからだ」[4]と、彼は結論づけている。(例えば、ファシズムからハリウッドまで)指導者の力で集団が同じ意識を共有するようになる「集合精神(ハイブマインド)」は、個人の魂を破壊してしまう。

下水道に放たれる巨大アリという設定の『放射能X』(1954)は、史上最高の変異体昆虫映画。デル・トロはそう考えている。彼は、そういうお気に入りのミュータント昆虫映画がある人間だ。ニューヨークの地下で増殖する変異体ゴキブリという一般受けしないコンセプトの企画が実現するなど、夢のような話だった。ただし、メキシコ映画からハリウッド長編映画にアップグレードされたことにより、悪い意味で、状況はひと筋縄ではいかない方向に進んでしまう。

脚本を膨らませた結果、キャスティング、デザイン、予算で揉めた。ハリウッドの映画作りに不慣れなデル・トロは、この時点でもまだ、これがミラマックスのやり方だという現実を知らなかったのだ。ワインスタン兄弟は、ほぼ四六時中激怒している状態で、特にボブは、そうやって次第に監督を服従させていった。圧力をかけて脅し、それから怒りを少し緩める。そうして、監督に「自分が妥協すれば問題が解決するかもしれない」と錯覚させておいてから、望み通りになるまでスクリプトのリライトに次ぐリライトを要求するという手口だった。

彼は、11時間、12時間と続くストーリー会議を主宰。それはニューヨークにあるミラマックスのトライベッカ・オフィスの会議室で行われていたのだが、全面磨りガラスの壁と温室のような雰囲気から、大変な思いをさせられた参加者はその場を「スウェットボックス」と呼んでいた。ボブは脚本を1行1行分解し、独創的なアイデアや奇抜な要素を少しずつ、そして確実に削ぎ落としていった。

結果論になるが、映画史家ピーター・ビスキンドの著作『Down and Dirty Pictures(未)』で赤裸々に記されたミラマックスの歴史を参考にすれば、ボブの頭にあったのは、『エイリアン』の二番煎じ、B級映画、ニューヨークの通勤路でのショッキングでグロテスクなシーンというキーワードだったのかもしれない。デル・トロは確かに、『エイリアン』が何かの助けになるのではとリサーチをしていたのだが、どちらかと言えば、リドリー・スコットの監督作品の雰囲気の扱い方、ぎっしりと物が詰まった空間や粘着性の気持ち悪い質感といったデザインの方をもっと念頭に入れていたのだ。「僕が思うに、エイドリアン・ライン、アラン・パーカー、そして誰よりも偉大なリドリー・スコットといった1980年代のイギリス人映画監督たちは、作品の世界を切り取るのに、カメラのレンズがいかにクリーンでシャープな道具になるのかを示してくれる代表的な例だ」[5]と、デル・トロは落ち着いた口調でコメントしている。

「芸術映画でも作ってるつもりか?」[6]と、ボブに詰問されたデル・トロは、芸術と昆虫は全く同一のものになり得るという自身の主張を論理的に説いた。『ミミック』は視覚的な荘厳さと、感情を描出するセンスが必要だったのだ。

ところが、デル・トロの訴えは徒労に終わる。

上：脅威の生命体と化した虫たちを絶滅させるべく現場にやってきた面々は、打ち捨てられた地下鉄車両に追い詰められ、巨大化したゴキブリと対峙する。左からチャールズ・S・ダットン、ジャンカルロ・ジャンニーニ、ミラ・ソルヴィノ、ジェレミー・ノーサム

　おそらくボブが実際に望んでいたのは、『エイリアン』の「シュトルム・ウント・ドラング（疾風怒濤）」のスリルだったのだろう。『ミミック』の後半、科学者たちの他に、ベテラン警官レナード（チャールズ・S・ダットン）と、地下鉄の靴磨きマニー（ジャンカルロ・ジャンニーニ）が古い地下鉄車両の奥へと追い詰められていき、前半と同じようなテンポで全体としての起伏がなく物語が進んでいく。デル・トロは、最終的には『エイリアン3.5』[7]とでも言いたくなるような作品になったと皮肉っている。

　トロント（ニューヨークを舞台にした作品では、費用対効果が高いトロントで撮影するという懸命な策をとる場合が多い）で撮影を開始してからも、ボブの怒号はデル・トロの耳にまだ残っていた。1996年の冬、カルチャーショックとして、氷点下の気温というカナダの洗礼を受けていたとき、彼はまたもやボブからの電話を受け、いきなり怒鳴られた。この執拗なプロデューサーはラッシュ（撮影状況を確認する未編集のフィルム）を見ては連絡を寄こす、の繰り返しで、アクションを増やせ、追跡シーンが足りない、もっと爆発させろ！と要求するのだった。

　デル・トロは冷静さを保とうと努めた。映画に登場するモンスターをエレガントな甲虫にするつもりだったが、ミラマックスにゴキブリに変更するよう強制された際、固く誓ったそうだ。ブルーレイの特典映像で語っていたデル・トロ自身の言葉を借りれ

ば──できるだけのことをして最高の巨大ゴキブリ映画を作ってやろうじゃないか、という新しい目標の実現を。それでも彼は、次から次へと浴びせられる命令を理解することができず、頭がおかしくなりそうだと感じていた。自分でどんな映画にしたいのかはわかっていたし、そのイメージも視覚的、質感的に捉えていた。心の底から映画作りの可能性に胸を躍らせていたのだ。

このメキシコ人ストーリーテラーが勝利を勝ち取る見込みはかなり低かったとはいえ、ゼロではなかっ

た。幾度となく開かれた制作会議のある席で、ミラマックスから動物と子供に対する暴力描写は厳禁だと告げられたので、デル・トロは作業を進め、敢えて子供と犬が死ぬ場面を撮った。「これが大きな成果かどうかはわからないが、こいつはやってやったぜという気はしたね」[8]と、彼はささやかな幸運に感謝しつつ、振り返った。このシーンは、子供が剃刀のように鋭いハサミの餌食になるという残酷なもので、デル・トロが非常にダークな側面を持つフィルムメーカーだという警告でもある。

上：膨張した不快な死骸を調べるタイラー博士役のソルヴィノ。デル・トロが「夜間の様相」と述べる物語の展開部のこのショットでは、琥珀色を散りばめることで深みのあるインクブルーという青系カラーが強調されているのがわかる

小さなこだわりではあるけれど、彼は、ジェレミー・ノーサム扮する科学者に『蠅の王』の少年ピギーと同様、ひび割れたメガネをかけさせることができて本当に喜んだ。壊れたガラスは、人間の脆弱さを示す強烈なシンボルである。

　しかし、他のスリリングなアイデアは、ボブ・ワインスタインの踵で踏み潰されてしまった。デル・トロのもともとの構想の中心にあったのは、この超大型昆虫が神による世界刷新の先兵であるという黙示。旧約聖書に出てくる神の怒りの一幕と言うべきか、神は知覚力のある虫を前面に出し、全てを一掃して最初からやり直そうと計画しているのだ。

　「だから、僕が書いたスクリプトでは、真の悪役は神だったんだ」[9]と、デル・トロは強調する。彼の重要なテーマで残ったのは、いくつかのギミック的な意思表示だけ。冒頭のゴキブリによる牧師の殺害は、「神がお救いになる！」という大きな看板の下にある老朽化した教会で起きる。

　デル・トロは恐ろしい結末を用意していた。生き残ったユダの血統がソルヴィノ演じるタイラー博士の前に立ちはだかり、完璧に複製した人間の顔を露わにする。そして、これまた完璧に人間の指に見えるもので指差し、最後に「去れ！」[10]と言葉を発するという内容だ。昆虫が人間のような意識を持つようになったというアイデアに、デル・トロは自分でも骨の髄までゾッとしたという。だが、彼はその案をめぐる闘いにも負けた。

　「結局、あの映画で自分のオリジナルのアイデアで何が残ったのか。作品は、ハゲワシが食い散らかした後の残骸みたいになってしまっていたよ」[11]。そう放ち、デル・トロは顔をしかめた。

　キャストの決定もほとんど彼の管轄外となっていたが、大きなストレスを抱える中でも、ノーサムや、のちに重要な役割を果たすことになるソルヴィノと友情を育んだ話を監督は穏やかに語っている。『クロノス』で主演した旧友フェデリコ・ルッピを地下鉄の靴磨きマニー役に起用する計画は、英語の発音に無理があるとの理由で頓挫。代わりに、イタリア人俳優ジャンカルロ・ジャンニーニが選ばれた。ゴキブリたちに抵抗せずにその親玉を愛するようになった、モグラよろしく下水道暮らしをする人々に関するサブストーリーで唯一残ったのは、マニーの自閉症の孫チューイ（アレクサンダー・グッドウィン）の筋だけだった。

　リドリー・スコットと初期のデヴィッド・フィンチャー（1995年の監督作『セブン』はもうひとつの重要な試金石だ）の特徴を持ち、もの悲しさを湛え、緻密な描写と大掛かりな展開が両立したスリラー映画が形を成しつつあったにもかかわらず、ボブの心が動かされることはなかった。怒り心頭に発したこのプロデューサーは、自らセットに通い始め、カメラとデル・トロから5メートルほどのところに座るようになったのだ。もうひとりのプロデューサー、B・J・ラックが仲介役として場を取り持っていた。ほぼ全てのショットが疑問視され、ボブが大声で命じるたびにラックがデル・トロのもとに駆け寄り、すでに彼の耳にも間違いなく聞こえていたはずの指示を伝えなければならなかった。仕事や人間関係では超えるべきではない見えない境界線があるものだが、ボブにはその線引きの感覚が全くなかったのだ。デル・トロにできることは、ただひたすら仕事を続けることだった。

　「『ミミック』のときに、幽体離脱に近い状態を経験した瞬間があった。その場に確かに存在するんだけれど、嫌なことから魂が解放されて、どんな痛みも克服できると思えた完全に道教的な感覚だったよ」[12]

　まるで事態が『ヘルボーイ』の終わりなき殴り合いに（少なくとも比喩としては）似た様相を示し始めると、自分が望むような追加シーンを撮らせるため、ボブは第2班監督を送り込んできた。デル・トロが、自

身の目指す緻密な配色、ゆっくりと高潮していく雰囲気、レンズに収まる範囲の外でも微かに漂うホラーの気配といったものにこだわり、それと相反するボブ好みの派手なアクションを盛大に繰り広げる努力をほとんどしなかったからだ。そして、撮影されたフィルム映像を隈なくチェックしたボブは、さらなる怒りを爆発させ、デル・トロを解雇する時期だと判断した。

映画史家ビスキンドの前掲書によれば、後任として、デンマーク人のオーレ・ボールネダル（自身が監督した1994年の『モルグ』を1997年にディメンション・フィルムの『ナイトウォッチ』としてリメイクしている）が候補に挙げられたが、ロバート・ロドリゲスの可能性もあっ

た。ボールネダルは『ミミック』の製作者に名を連ねているので、ボブが追加シーン撮影の権限を与えた第2班を動かしていたのは彼だったのではないかと、推測できる。

監督と絶大な権力を持つこの大御所は、ホテルの一室で会った。「おまえは適任者ではない」[13]と告げられ、デル・トロはその晩最初の便に乗ることになる。ショックに打ちのめされた彼は、自分のキャリアを案じた。しかし、事はまだ終わっていなかった。ソルヴィノは監督を失ったとも知らず、ロビーで待っていたのだ。

この女優は、ミラマックス製作の『誘惑のアフロディーテ』（1995）でアカデミー賞を受賞したばかり

上：1958年の映画『ハエ男の恐怖』をリメイクしたデヴィッド・クローネンバーグ版。その現代的な昆虫の突然変異体が持つ精巧さをデル・トロは求めていた。プロダクションデザイナーのキャロル・スピアは、クローネンバーグ監督作の『ザ・フライ』とデル・トロの『ミミック』の両方に参加している

で、高く評価されていたにもかかわらず、怖いもの知らずのパワーで君臨していたワインスタイン兄弟に立ち向かうには、代償が大きかった。「業界で、あの頃のふたりは一種の全盛期を迎えていたんだな」。デル・トロはそう語り、あのようなやり方でも許されていた事実を理解しようとした。「だから、ミラマックス作品で何かがうまくいかなかったりすると、監督とかのせいになるんだ。彼らのせいじゃなくてね」[14]

ソルヴィノの永遠の功績は、あと先考えずに行動したことだ。顔面蒼白のデル・トロをひと目見て、彼女は何が起きているのかをすぐに察したという。ボブが口を開く前に、罵詈雑言を吐き、デル・トロが復帰しない限り撮影現場には戻らないと宣言。ソルヴィノには秘密兵器があったのだ。当時、彼女はミラマックスの黄金時代を築いた映画監督クエンティン・タランティーノと付き合っていた。彼は何度も『ミミック』の撮影に足を運び、デル・トロとの親交を楽しんでいた。そんな彼は、デル・トロに慰めの電話をかけた。『クロノス』がなければ、ソルヴィノは出演を引き受けなかった。そして彼女はデル・トロのビジョンを支持していた。ボブは最終的に折れて、デル・トロに『ミミック』を終わらせる許可を出さざるを得なくなった。ただし、ファイナルカット権はボブが保持したままであったが。

『クロノス』のときの試練は乗り越えたものの、今回の経験でデル・トロの精神は打ち砕かれた。彼は弱冠32歳だったが、写真を見ると、その青白い顔はティーンエイジャーかと思うほど若く、その堕落していない心はハリウッドという怪物に対する心構えができていないように思える。自分が映画作りに向いているのかどうか、と夜な夜な悩んだこともあった。このようなことが起きるのであれば、ダメかもしれないと。

「ハリウッドは波とは違う。自分が立ったまま全身

で受け止められるものではないし、純粋な心の人間なら、なおさら無理だ」と、デル・トロは語る。「ハリウッドは、いわば白カビ。ゆっくりと壁に広がって壁が腐り出し、自分の上に降りかかってきて初めて、それが何かを理解する。こちらの思い通りにはならない。ゆっくりと進行し、意図的に浸潤していくものなんだ」[15]

とはいうものの、つまりこれは逆境におけるデル・トロの眼力の強さの揺るぎない証である。監督の意図がとことん阻止されたオリジナル版『ミミック』でも、まずまずのホラー映画になっていると言えよう。『Entertainment Weekly』誌で映画評論家のオーウェン・グレイバーマンは、お決まりの展開が騒がしく進んでいくものの、観客は「運動感覚が常に不安な状態」[16]に置かれたままになる、とコメントしている。

そうなのだ。本作は、ストーリーの論理的展開の大きな逸脱で不規則に揺れ動くものの、目に見えるスタイルが存在する。数少ない幸運のひとつは、デル・トロがプロダクションデザイナーのキャロル・スピアと仕事ができたことだろう。当時の彼女はすでに、デヴィッド・クローネンバーグ監督作10タイトルを担当（うち4作は美術監督として参加）。知的なボディ（肉体変異）ホラーを多く手掛けてきたクローネンバーグだが、彼もまたデル・トロがインスパイアされたひとりで、よく比較される対象になってきた。「クローネンバーグは実存的で、一方、僕は空想的だと思う」[17]と、デル・トロは相違点を述べるが、『ミミック』には、クローネンバーグの『ザ・フライ』(1986)の影響が全編に漂っている。

スタジオからの要求の重さに耐え、息を切らして映画完成までの坂道をふらふらと登っていきながらも、デル・トロは、彼のトレードマークだとわかるジメジメとした、示唆に富む雰囲気を創造した。映画評論家のロジャー・エバートは、作り手側の騒動

上：ソルヴィノ扮する昆虫学者は、自分が自然に手を加えた結果、破滅的な種を誕生させたという事実に向き合う。それは、デル・トロが『フランケンシュタイン』から直接抽出したテーマだ

ではなく映画そのものを批評して、「観客をストーリーに引き込み、ショットの見た目と質感で雰囲気を醸し出す術を持つ監督」[18] だと見抜いた。色彩面では、漆黒と青を湛えた場所に、琥珀色がハイライトとして惜しげなく使われている。また、ポリエチレンシートで覆われた朽ちかけた礼拝堂同様、地下鉄通路の連結部、土砂降りの雨、ゴシック様式の彫像など、デル・トロ作品に繰り返し登場するモチーフが『ミミック』で初お目見えしているのだ。

そして、デル・トロが初めてモンスターの創造において他者を寄せつけない才があるかを見せつけたのも、本作だった。人間の姿を擬態する2メート

ル近い虫というジャンルを超えたコンセプトには、デル・トロならではの独創性が感じられる。虫たちには個性があるのだ。

苦労の末に誕生した作品だったが、興行成績（2500万ドル）は振るわなかった。それでも、映画の人気は高まってきている。『ミミック』は、ひと癖ある子供、デル・トロのカルト作品として考えることが可能だ。驚くなかれ、なんと続編が2作も作られており、テレビシリーズも始動している。ただし、そのいずれにもデル・トロは一切関わっていない。

さらに貴重なことに、ワインスタイン兄弟と離れて久しい2011年、デル・トロの映画監督としての

評判は急上昇し、彼は本作を再編集する機会を与えられる。いわば『ミミック ディレクターズカット版』なるものに仕上げたのだが、それでもデル・トロがもともと作ろうとしていた映画ではない。第2班監督が手掛けた場面やアクションを「パワーアップ」するための愚かな試みは全て削り、ようやく第1班監督——デル・トロは皮肉めいてそう呼ぶ——による映像だけとなり、さらに彼が撮った7分の追加映像を盛り込んだ形となった。このバージョンがお気に召さないのなら、それはデル・トロのせいだ。醜いさなぎの中から価値のある作品が生まれ、DVD特典の中で、彼に誤解を解く機会が与えられた。

複数のテーマが息を吹き返す。そこにあるのは、あの『フランケンシュタイン』の物語であり、デル・トロがあまり文学的ではない物言いで表現しているように、「若い都会派エリートのカップルが自然にちょっかいを出し、数年後にこっぴどい目に遭う」[19]というアイデアだ。

ディレクターズカット版の冒頭の病院のシーンは、デル・トロの歪んだおとぎ話の「言語」で語られる。病室は大聖堂かと思うような雰囲気で、病気の子供が寝ているベッドはそれぞれ半透明の天蓋で覆われ、金色の光が降り注ぐ。不気味な暗闇の中で、ベッドはまるで繭のように見える。じっくりと観察する観客なら、『クロノス』に登場するデ・ラ・グァルディアの密室との類似点に気づくだろう。ボブが、この「デル・トロ ワールド」の賛同者でなかったのは確かだ。ミラマックスの奇妙なパラドックスは、活気ある新しい才能を売り出す革新者として見られたがっていたのに、ひとたび新人監督たちが仕事にかかれば、彼らの個性を鈍らせるために最大限の努力をしていただけだったということだ。ボブは怒ることしかできないだろうが、デル・トロが描き出すのは、現実の病院とは違う空間なのだ。

ディレクターズカット版では、他にも『クロノス』と共通する要素が顕著である。『ミミック』に登場する靴磨きの男性とそのおとなしい孫は、『クロノス』のヘスス・グリスと言葉を発しない孫娘を彷彿とさせるし、おそらくデル・トロが最初に予定していたほどではないだろうが、宗教という亡霊が『ミミック』にも漂う。さらにディレクターズカット版では、辛辣なユーモアのセンスが戻ってきている。主人公のカップルがなかなか妊娠せずに苦しんでいるという家族ドラマが展開されていくのだが、それが示唆するのは因果応報だ。英国のSF雑誌『Starburst』誌では、「シーンを追加したおかげで、この映画はテンポが良くなり、駆け足で慌てて進んでいく感じが緩和されたように思える」[20]と、解説された。

デル・トロの素晴らしい創作ノートが初めて明らかになったのは、『ミミック』のプロモーション活動中だった。ソルヴィノとテレビ番組でインタビューを受けていた際、彼はいつも持ち歩いている創作ノートに言及したのだ。革表紙のノートのページに、ペンとインクで思いついたアイデアを儀式のごとく書き綴っていると説明したデル・トロに、「見せてあげたら？」[21]とソルヴィノが迫ると、渋々と当時最新版だったノートを司会者に手渡した。彼はなんでも、ノートを汚されるのではないかと心配でたまらなかったのだという。

閃いたアイデアを記録するというデル・トロの習慣は、彼が駆け出しの頃に師として仰いでいたメキシコ人脚本家のハイメ・ウンベルト・エルモシージョにメモを取れと何度も言われたときに始まった。最初はテープレコーダーに吹き込んでいたが、スパイラルノートに書き込むようになり、最終的には、高級なノートを鞄や上着のポケットに入れて携帯する形に落ち着く。

今では数百冊となったノートだが（書き終えた帳面は大事に保管されている）、それらは初期の段階から、彼の映画に用いられた思考プロセスを物理的に表現

上：『ミミック ディレクターズカット版』の病院のシークエンスは、デル・トロのおとぎ話的イメージが鮮烈に映し出される。カーテンに覆われた各ベッドは、さながら繭のようだ

した記録だ。レオナルド・ダ・ヴィンチが残した『レスター手稿』のごとく、どのページも美しく綴られており、デル・トロがインスピレーションの火花を散らし、問題点を探り出し、ショットやシーンの着想を練り、新しい何かを創り出すためのアイデアをあれこれ混ぜ合わせているのが、手に取るようにわかる。全てのモチーフ、見掛け倒しのメカニズム、不気味な触手、膨れ上がった口、気味の悪い目が、ページをめくるたびに現れ、やがてそれらが映画という映画に登場するのだ。ノートを構成するのはランダムな記憶であったり、何行か続く台詞だったり、余白部分のちょっとした絶品イラストだったりする。デル・トロの表現を借りれば、それらは「好奇心の

証」[22] なのだ。

さらに創作ノートは、俳優やデザイナーとコミュニケーションを取るのに実に効果的な手段である。「美術演出や照明のために、最初の色彩計画もここで行うんだ」[23] と、デル・トロは明かす。こうしたノートは、それ自体がアートプロジェクトだと言えるだろう。彼は、羽根ペンのタッチを似せた筆跡を精密に作り出し、表現力豊かに素晴らしい絵を描いている。そしてどれもこれもが、小道具と同じく色褪せていくのだ。実際、彼の映画では、キャラクターたちが似たような冊子を手にしているシーンをよく目にする。デル・トロは、いつかこれらを自身の娘たちに遺産として手渡すつもりだ。

左：証拠を調べるジェレミー・ノーサムとミラ・ソルヴィノ演じる科学者たち。証拠からは、突然変異したゴキブリが人間の姿を擬態するほどに進化している事実が判明。ギレルモ・デル・トロのもともとのアイデアは、最終的にクリーチャーが意識を持ったことを明らかにするというものだった

下：性格俳優F・マーリー・エイブラハムが演じるゲイツ博士は、ソルヴィノ扮するタイラー博士の恩師。物語の中で、ヒロインと観客に科学の道徳性について極めて重要な真実を伝える役どころだ

前ページ：ギレルモ・デル・トロによる美しい創作ノートのクローズアップ。このページには、『パンズ・ラビリンス』のための緻密なデザインやメモが記されており、子供を食べる魔物ペイルマンやマンドラゴラの根の赤ん坊のスケッチも見てとれる

左：胎児を思わせる巨大昆虫の幼虫の死骸から、変異体が人間の姿に似つつあるという実態が明らかに。若い頃にメキシコの病院を訪れたときの影響で、デル・トロの映画には、胎児が繰り返し登場する

「僕は、ノートをそのままの形で残しておきたいと考えている。そうすれば、娘たちがノートをやがてその子供たちに手渡すことができるからね」と、彼は思いを馳せる。「そうじゃなくても、ノートを眺めてみて、自分の父親がいかに頭がおかしかったかを見てくれればいい」[24]

映画監督のジェームズ・キャメロンは、デル・トロが『クロノス』のポストプロダクションに取り掛かっていた頃からの知り合いで、この若者がハリウッドの荒波に揉まれて苛立ちを徐々に募らせていく様も、最終的には堂々と顔を上げて世の中に姿を見せるようになった過程も見つめてきた。「彼は、魚にとっての微積分学と同様に、名誉というものが異質で抽象的だと思われている業界で、旧世界のラテン系民族の名誉を適用させようとしたんだ」[25]と、キャメロンは語る。彼がデル・トロについて手放しで称賛することのひとつが、何を差し置いても、デル・トロがそうした行動規範に忠実であり続けたことだった。

『ミミック』の決着がついて久しいが、デル・トロは自身が耐えた苦難とその末に生み出された1作（ディレクターズカット版を含めれば複数になるが）に対して、今では、「苦労した分、強くなれる」という哲学的な態度をとるようになった。正直なところ、彼はより良いフィルムメーカーになったと言えよう。

「僕は自分のカメラをもっと流れるように動かし、ストーリーをより物語るキャラクターを生み出す術を学んだ。そのおかげで、『シェイプ・オブ・ウォーター』では、自分が練磨していた（視覚）言語を展開できるようになった。『ミミック』ではクビになるだろうと常に考えていたので、編集は（後回しにせずに）毎日行うということも教えてもらった。だから僕は、撮影終了後6日目には映画のカットができ上がっている。そう思うと、逆境も悪くはないかな……」

彼は一瞬口をつぐみ、それから破顔した。「それって、僕にしてみれば、すごくカトリック的だな」[26]

未完の仕事

『デビルズ・バックボーン』(2001)

ギレルモ・デル・トロ長編監督作第3弾は、スペイン内戦の最中、人里離れた場所に建つ孤児院で展開する「親密な」——見ているうちにゴーストとの距離が次第に縮まり、親近感を覚えるほどの——ゴーストストーリーだ。いかにして本作は、デル・トロのスタイルを特徴づけ、その評価を高め、彼がジャンルを利用して世の中を探求するフィルムメーカーであることを明らかにしたのか

下：孤児院の院長のカルメン（マリサ・パレデス）と子供たちから嫌われている孤児院の職員のハチント（エドゥアルド・ノリエガ）には秘密があった。彼らの背後には、不発弾が象徴的に佇んでいる

右：幽霊となった少年サンティ（フニオ・ヴァルヴェルデ）は文字通り、ぼやけた窓ガラスの向こうにいる（あるいは、閉じ込められているとも言える）

ギレルモ・デル・トロは、『デビルズ・バックボーン』で映画監督としての成長ぶりを知らしめた。この映画では、彼のストーリーテリングに対する文学的観点、人間の邪悪な側面の探求、暴力と神話の並列といったテーマが初めて完全に表現されている。多くのファン、とりわけ初期作品からの信奉者は今でも、本作はデル・トロの才能が最も見事に証明されていると考えるのだ。本人とて同意するだろう。「その都度考えは変わるけれど、『パンズ・ラビリンス』と同じかそれ以上に好きだなと思う週もある。それ以下ってことはない」[1]と、彼は語っている。

乾燥した荒野が広がる中にぽつんと建つ孤児院が舞台の『デビルズ・バックボーン』は、スペイン内戦を背景に描かれる政治色の強いゴーストストーリーだ。映画は美しさと悲哀に満ち、デル・トロの想像力から生み出された映像が、見る者の心に永遠に焼きつけられる。一瞬姿を見せる幽霊の少年。その囁きは廊下に響き渡り、頭部の傷口からは、まるで水に浸かっているかのように鮮血が泡立ちながら噴き出ている。溺れる男のショット。ベルトに括りつけた金塊が重りとなり、その身体を沈めていく。形成異常で背骨がねじれた胎児は、炭酸オレンジジュースを思わせる鮮やかな色の液体が満ちた瓶に保存されている。中でもことさら目を引くのは、孤児院の中庭の真ん中に佇む大きな不発弾。鼻先を地面に突き刺したその姿は、記念碑的なオブジェかと見紛うほどだ。

映画評論家のマット・ゾラー・サイツはある記事の中で、「爆弾は、この映画における『爆発を秘めた力』の巨大な象徴で、劇中の会話では豊穣の女神に例えられている」[2]と書いたが、デル・トロによれば、あれは孤児たちの母親的存在らしい。孤児たちは不発弾を崇めているのだ。『蠅の王』に出てくる豚の頭のようにね」[3]と、彼は語っている。こうして

我々は、あっという間にその意味深長なシンボリズムに引き込まれてしまう。というのも、これは「未完の仕事」についての映画で、デル・トロの人生最大の危機の真っ只中で書かれた物語だったのだ。

『ミミック』で辛酸をなめた彼は、故郷のグアダラハラに戻って傷を癒しつつも、自分の将来はどうなるのか——将来などないのではないか——と不安を抱える日々を過ごす。なんとかして己が自立したフィルムメーカーであることを再確認しなければならない。とはいえ、ほとんど一からやり直す必要があった。『クロノス』は十分な成果を上げたものの、資金繰り（とうほんせいそう）のために東奔西走する日々はデル・トロを疲弊させた。『ミミック』は予算こそあったが、ハリウッドのミラマックスという（本来なら自分を守ってくれるはずの）砦で罠にハマり、創造性には枷が掛けられて十分発揮できなかった。そして、その昆虫映画が興行的にうまくいった後でも、映画会社は軒並み彼と距離を置いてしまっていた。

「是が非でも現場に戻り、やりたい題材を自分で完全にコントロールできる映画作りをしなければ、と必死だったよ」と、彼は回顧する。「それに、僕にしか生み出せない物語を僕が作れるってことを自分自身に証明したかったんだ」[4]

その答えは、ある脚本の中に転がっていた。それを執筆したのはデル・トロの学生時代にまで遡る（論文の一部だった時期もあったという）のだが、全くの偶然から新たな命が吹き込まれることになる。

1997年10月、アントニオ・トラショラス、ダヴィッド・ムニョスというふたりの若きスペイン人評論家が、シッチェス・カタロニア国際映画祭でデル・トロの姿を探した。この映画祭は、バルセロナ中心部から西に数十キロ、カタルーニャのビーチリゾート、シッチェスで毎年開催されている、ファンタジー、SF、ホラー、アニメーションといったジャンル映画に特化した映画祭だ。コミックと映画を愛するという共通点がある彼らは、すぐに意気投合。ふたりのスペイン人は、このメキシコ人監督の情熱と懐の広さに自然と引き込まれたのだ。彼らは5本の脚本

を持ってきており、デル・トロの感想を聞く機会を得た。著名になることの「副作用」にデル・トロは怯えた。自分のひと言で、脚本が台無しになるかもしれない。「困った。なんと言えばいいんだろう」[5]と、彼は考え込んでしまったという。

　予想していた通り、5作中4作は、全く気に入らなかった。しかし『The Bomb（爆弾）』というタイトルの5作目には、空から降ってきた不発弾がある孤立した孤児院という描写があり、デル・トロは心を鷲掴みにされる。彼は瞬時に、そのイメージを頭の中で描くことができたのだ。2ヶ月後、監督は脚本の権利を買い、ふたりの物語を『デビルズ・バックボーン』という映画版にすべく共同作業をしようと彼らに提案した。

　トラショラスとムニョスの脚本には手が加えられ、薄ら寒くて荒涼とした、アンドレイ・タルコフスキー監督作『ストーカー』（1979）に登場するような曖昧な地域が舞台となった。孤児院の壁は中世風で、爆弾には、よりはっきりと超自然現象をもたらす何かだという存在感が与えられる。デル・トロは、20世紀前半の歴史の特異な要素を作品に盛り込んだ。彼は最初メキシコ革命を想定していたのだが、あまりに複雑で、複数の派閥の対立を簡潔に描写するのが難しかった。「僕は戦争を、家族の中で起きる争い、兄弟が互いに殺し合う身近な戦いにしたいと思ったんだ」[6]。そのアイデアを実現するには、スペイン内戦一択だったということになる。

　もちろん、メキシコはスペインの「産物」だ。スペインの征服者たちは、この新しい国に旧世界の文化と言語を持ち込んだ。大海を隔てた母なる国の集合記憶であるそのつながりは、決して切れることはない。メキシコは、スペイン内戦からの難民――フ

ランコ独裁政権から逃げた知識人、芸術家、学校教師なども含まれる——を受け入れた数少ない国のひとつ。デル・トロは、そうした国外逃亡者たちの声をスペインに送り返すのだ。

時は1939年。遠くで激しい戦いが繰り広げられる最中、華奢で繊細な少年カルロス（フェルナンド・ティエルヴ）が、スペイン南東部のタベルナス砂漠にぽつんと建つサンタ・ルシア孤児院に到着する。中庭には、ドイツ軍飛行隊が落とした爆弾が地面に突き刺さり、トーテムの像よろしくそびえていた。孤児院は戦地と離れているため紛争下にあることを忘れがちだが、この爆弾を見るたび、孤児は戦を思い出すのだ。

デル・トロがリサーチしたところ、ドイツ軍がこの時期に絨毯爆撃のテストを行なっていた事実がわかった。彼の不発弾は実物より大きかったものの、スタンリー・キューブリック監督の『博士の異常な愛情 または私は如何にして心配するのを止めて水爆を愛するようになったか』(1964) の狂気が滲むシュールな台詞の数々に従って考え、「知るもんか。あれは視覚的に素晴らしいんだから」[7]と、彼は己に言い聞かせたという。雲と雨の中を降下する爆弾のパノラマ的なショット——後続のデル・トロ作品でも似たような荒天が空を覆う映像が登場することになる——により、この戦闘用兵器は、運命を暗示する存在へと変化するのだ。

カルロスは、悪ガキグループと、いつもひとり離れている幽霊の少年サンティ（フニオ・ヴァルヴェルデ）——あるいは「ため息をつく者」——と出会う。白身魚のような生白い肌をした不気味な外見のサンティは、孤児院にカルロスが到着したその晩に姿を見せるのだ。インタビューでデル・トロは、自身の幼少期は「青ざめた顔で、自分の内面ばかりを見つめ、影に潜んで生きていた子供」[8]だったと過去を振り返っている。

『デビルス・バックボーン』では、大人のキャラクターも登場する。孤児院の経営者である老医師カザレス（『クロノス』の主演男優フェデリコ・ルッピ）は思いやりに満ちた人物だが、性的不能に陥り、胎児の液浸標本にラム酒を混ぜ、強壮剤として売っている。孤児院の院長カルメン（マリサ・パレデス）は、戦争で片脚と夫を失い、共和国派の大義のため義足の中に金の延べ棒を隠す。さらに、ハンサムだが冷淡な孤児院の管理人ハチント（エドゥアルド・ノリエガ）は、のちに全てを焼き払い、どこかに隠された宝を持ち逃げしようと目論むことになる。

デル・トロと共同脚本家たちが新しいアイデアの融合に真剣に取り組み始めたとき、最悪の事態が起こる。1997年、デル・トロの父親が誘拐されたのだ。非情にも、拘束期間は72日にも及ぶ。

これが個人的なことで、家族の問題だったとしても、デル・トロの映画作りに大きな影響を与えることは避けられない。デル・トロは早くから注目を集めており、誘拐犯の目には実際よりずっと裕福な人物に見えていたのだろう。ところが、彼は『クロノス』の借金をほとんど返済できていなかったのである。映画監督同士という職業上の結びつきをはるかに超えた固い友情を築いていたジェームズ・キャメロンは、交渉の専門家を雇う金を払ったそうだ。

その後の出来事について驚くほど隠し立てしないデル・トロは、ベテランストーリーテラーらしい巧妙な語り口で状況を伝えている。「1日目は、死ぬことになるんだろうなと考えた」と、彼は言う。「2日目、絶対に生きて帰れないと確信。3日目、これは地獄だと思い、ふとした拍子に涙に暮れる……自分は人質事件の人質なんだ、と」[9]

デル・トロが体験した試練の要約を読んでも、我々は、巻き込まれた当事者である彼の長引く耐え難い苦しみを完全には理解できない。事件の奇妙さについてもだ。例えば、身代金は実際に、5ドル札と1

ドル札で用意された。グアダラハラの銀行の金庫室にあったのが、それだけだったからだ。50万ドル分の5ドル札と1ドル札は警察が記録として取っておくため、1枚1枚、コピーされたという。身代金の受け渡し役に雇われた最初の男性は怖気づき、デル・トロは自分で金を運ばざるを得なくなる。しかも、警察のマークがデカデカと描かれた飛行機に乗って。また、誘拐犯から座標を示されたはいいが、パイロットが座標の数字によって航行する方法を知らないことが判明。電話をかけ直された誘拐犯は、山脈の方へ向かえと指示しなければならなくなる。ところがその後、濃霧で飛行機が着陸できなかったため、デル・トロは激昂する誘拐犯にもう一度電話を入れ、変更の懇願を余儀なくされた。

　犯人といくら話しても相手は罵詈雑言を怒鳴り散らすばかりで、デル・トロを混乱と絶望に陥れて、まともに判断できない状態にさせておこうという意図が感じられた。着陸したら車を手に入れろと言わ

れたものの、それは無理だった。車で出向けば、彼まで誘拐されてしまうだろう。誘拐犯との会話では、ほんの数秒でも回線が乱れれば、何か大事な指示を聞き逃して生死を分けてしまうのではないかと思われた。結局、緊張をはらんだ電話がさらに何度か続いた後、説得されて重い腰を上げたもともとの運び屋が金を指定場所で下ろし、デル・トロの父は無事に解放されたのだった。

　絶望的な状況下にあったデル・トロだが、彼は持ち前のブラックユーモアで、人生を変えるほどの2つのトラウマのうち、『ミミック』の方がやはり最悪だと今でも思っていると明かす。「誘拐事件の方が理にかなっていた。犯人の望みが何か、僕にはわかったからね」[10]

　こうした事態の最中でも、交渉人はデル・トロに仕事をし続けろとアドバイスをした。普段通りの生活をしつつ、自身が標的として狙われないように、と。偶然にも（あるいはまさしく象徴的に、と言うべきか）

右：ハチント（エドゥアルド・ノリエガ）は、少年たち、とりわけ感受性の強いハイメ（イニゴ・ガルセス）にとっては残酷な人間の見本となっている

彼は、『モンテ・クリスト伯』——過去に書かれた中で最も有名な監禁物語——の映画化を依頼されていた。奇しくも、それは父親のお気に入りの小説。人生と芸術が互いに混じり合い始めたような感覚であった。

デル・トロは入念に己の時間を分けた。午前中に、彼は『モンテ・クリスト伯』のスクリプトを（アメリカ人脚本家のキット・カーソンと共同で）執筆。アレクサンドル・デュマによる小説のフランス復古王政を背景とした叙情詩的な物語に、1960～70年代のイタリア製西部劇「マカロニ・ウェスタン」の趣を添えたという。タイトルは『The Left Hand of Darkness』（内容は無関係だが、題名はアーシュラ・K・ル＝グウィンの著作『闇の左手』からの引用）で、伯爵には、『クロノス』の例の装置と同じくらい凝った装飾の機械の手が与えられた。父親の誘拐という困難な事態に直面したとき、犯人たちはデル・トロに身代金をちゃんと持ってこいと怒号を上げ、「そうしないと、帰宅したおまえが、戸口で親父の手を見つけることになるからな」[11]と脅したそうだ。

『The Left Hand of Darkness』は、報われなかった恋心のように、彼の胸に引っ掛かったままの未完プロジェクトのひとつだ。こうした幽霊映画のレガシーについてはのちの章で触れることにして、今のところは、『デビルズ・バックボーン』の少年カルロスが、読み古したデュマの小説を持っていたのは注目すべき点だとし、『ヘルボーイ』のブルッテンホルム教授の書斎にはデュマの美しい革装版が置かれていたと明記しておくに留めよう。

午後になるとデル・トロは、『デビルズ・バックボーン』に専念した。「ゴーストに関する1本の映画が、僕の過去から亡霊という亡霊を全て浄化させてくれたんだ」[12]と彼は語っている。

映画監督として負ったトラウマと個人的なトラウマが重なった状況を、どうにか正気を保ったまま克服したことで、彼は将来への基盤を築いていく。『デビルズ・バックボーン』は、ハリウッドで手荒い歓迎を受けて故郷に戻った後、父親の誘拐という厳しい試練を体験したアーティストの威厳に満ちた作品だ。

ゴーストストーリーと同じくらい馴染みがある形式を借り、デル・トロは自ら選んだジャンルをそのテーマの根源と再び結びつけ、新しい何かを創り出そうとした。「僕の作品では、ヴァンパイアもの、ゴーストストーリー、おとぎ話は、再現や再模倣するんじゃなくて、入念に再構築してるんだ」[13]と、彼は説明している。

「幽霊とは何か？」と、老医師カザレスがナレーションで問いかける。「幾度となく繰り返されることが運命づけられた悲劇？ 痛みのひとつの例なのか。あるいは、まだ生きているかに見える亡者。時の空間で宙ぶらりんになった感情。ぶれた写真のような、琥珀に閉じ込められた昆虫のような何か——」[14]

舞台をスペインに変えたことで、『デビルズ・バックボーン』は赤裸々な政治的側面を持つようになる。ファシズムは、無邪気さ——本作では「子供時代」がそれを象徴——を究極に捻じ曲げたものだ、とデル・トロは説く。それは彼の作品に繰り返し登場するテーマだ。『ヘルボーイ』、『パンズ・ラビリンス』、『シェイプ・オブ・ウォーター』のいずれも、ファシズムという毒液が浸透した時代や思想が関わってくる。

文明から隔絶された無人島で暮らすうち、大昔なら当たり前だった残虐性が目覚め、野蛮化する少年たちが描かれるウィリアム・ゴールディングの小説『蠅の王』が、ある意味、お手本だった。当時のスペインは無人島と同等の場所になっていた、とデル・トロは認める。映画に出てくる孤児院も然り。世の中から隔離されているのだ。終盤には、孤児院の少年たちは自衛のため、木の棒を削って槍を作るよう

になる。

デル・トロは、これはメジャーな映画会社とは絶対に作れない作品だと言われなくともわかっていた。子供たちによる暴力、子供たちに向けられる暴力と聞いただけで、大きなスタジオなら尻込みしただろう。「だけど、それがこの作品の核なんだ」と、デル・トロは主張。「子供たちを死ぬ運命にある存在として描かないといけないんだよ」[15]。さらに彼は、れっきとしたスペイン語映画として撮るつもりでもいた。

そこで当然ながら、どうやって予算を確保するのかという問題が持ち上がる。地元の財政支援は、これまた行き詰まった。『クロノス』は数々の映画賞を受賞したものの、メキシコ映画協会は、デル・トロの奇妙な物語には懐疑的な態度を崩さなかったのだ。さらには、「映画の規模が大きすぎる」[16]と告げられたという。ところが、予算額が400万ドルに確定したタイミングで、思わぬところから援助の申し出があったことを彼は思い出した。

時は、『クロノス』で各地の映画祭をめぐっていた蒸し暑い日々に遡る。主演男優のルッピとともにマイアミ国際映画祭に参加していたデル・トロは、静かなプールサイドでダイエットコーラをすすっていた。突然、魅惑的な声がスペイン語で彼に呼びかけた。「君がギレルモ・デル・トロかい?」[17]と。「僕が振り返ったら、声の主がいた。なんと、ペドロ・アルモドヴァルだったんだ!」[18]と、彼は思い返す。アルモドヴァルは、『欲望の法則』(1987)や『アタメ』

下:カルロス(フェルナンド・ティエルヴ)は、闇夜に現れた得体の知れない存在——少年サンティ(フニオ・ヴァルヴェルデ)の幽霊——と遭遇し、恐怖に怯える

左：冷笑するハチント（エドゥアルド・ノリエガ）の視線の先には、少年ハイメ（イニゴ・ガルセス）と孤児院で働く美しい娘コンチータ（イレーネ・ヴィセド）の姿が。ハイメは淡い想いを託した指輪を彼女に渡す

下：しかしながら、コンチータはすでにハチントに心を寄せていた──ファシズムの影響を受けるスペインの屈折した日常がここでも描かれている

次ページ：孤児院に来たばかりのカルロス（フェルナンド・ティエルヴ）は、古株の少年グループから仲間外れにされる──デル・トロ作品に欠かせない「疎外された主人公」の典型的な代表例だ

（1990）といった大胆なメロドラマを手掛けた、エネルギッシュで世才に長けたフィルムメーカーだ。そんなスペインの一流監督に、無名も同然の自分が声をかけられた事実が信じられなかった。

握手と形式だけの自己紹介をした後、アルモドヴァルはどれだけ『クロノス』が気に入ったかを説明した。そして、「スペインに来るなら、私と弟で君の映画をプロデュースしたい」[19]と、真剣な申し出をしてきたのだ。

1986年以来、ペドロとアグスティンのアルモドヴァル兄弟は、映画制作会社 EL Deseo（「The Desire（願望）」の意）の経営をマドリードで首尾よく続けている。残念ながらデル・トロは、ワインスタインというあまり友好的ではない兄弟との仕事の方に最初に関わってしまった。マイアミのプールサイドで申し出を受けてから4年後、ようやくアルモドヴァルに電話をする機会を得た彼は、「あのときの会話、覚えてますか？」[20]と、告げたという。

アルモドヴァルはボブ・ワインスタインとはまるで正反対の人物で、常に熱意をもって、全力で映画制作をサポートする。彼は、デル・トロの準備の完璧さに感心したという。なぜなら、アルモドヴァル

はもっと柔軟に即興的なアプローチを行うことが多かったからだ。そして、デル・トロが慇懃（いんぎん）に、公開用最終編集版となるファイナルカットをさせてもらえるかと訊いてきたときはさすがに驚いたらしい。なぜファイナルカットの権限がない？　君は監督なのに、と。

資金については最終的に、スペインのアルモドヴァル兄弟と、メキシコ人映画監督アルフォンソ・キュアロンが億万長者のパートナーと創設した映画制作会社で折半することになった。『デビルズ・バックボーン』がスペインとメキシコの合作映画として分類されるとは、打ってつけじゃないかとデル・トロは考えたそうだ。

意義深いことに、同作の舞台をメキシコからスペインに変えたデル・トロは、実生活でも、家族を（テキサス州オースティンでの短い暮らしの後）カリフォルニアに移住させ、祖国に蔓延する脅威から距離を置いた。彼は骨の髄までメキシコ人であることに変わりはないし、どの監督作も本質的にはメキシコ映画だ。それでも、生まれ故郷から物理的にも芸術的にも離れて暮らす選択をしたのだ。

「日ごと、週ごとに、自分はやむを得ず国を捨てた人間だと思い出させる何かが起きるんだよ」[21]と、デル・トロは寂しそうに語っている。

移住（による環境の変化）と帰属意識は、彼の作品の重要なテーマになってきた。のちに作られる映画では、社会からのけ者扱いされる人々が登場するようになるのだが、『デビルズ・バックボーン』では、少年カルロスが、「新居」となる途方もなく遠い孤児院に連れてこられる場面で幕を開ける。

2000年の夏、灼熱の太陽が照りつける中、マドリード北部タラマンカの乾燥した高原で撮影を敢行。物

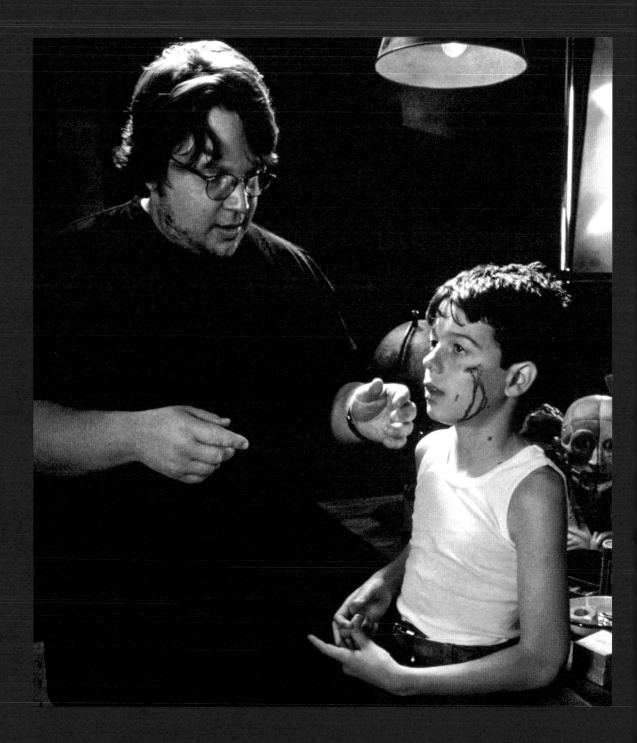

上：ギレルモ・デル・トロは、「隠し
ごと」の雰囲気を作り上げるのが大
好きだ。しかも、重要な行動を背景
に挿入する形で展開させることがある。
この写真では、コンチータ（イレーネ・
ヴィセド）が雑用をしているその奥で、
カザレス医師（フェデリコ・ルッピ）
とカルメン（マリサ・パレデス）が話
し合っている

前ページ：子供が登場する映画で才
能を発揮するデル・トロの秘密は、
子役も大人の俳優も同じように扱うこ
と。自分自身の記憶を利用して役作
りをするように仕向けるという

右：形態異常の胎児の標本など、カ
ザレス医師の奇妙な蒐集物同様に、
カルメンの義足は、作品に少しだけ
スチームパンク的な趣を与えている

語の舞台となる孤児院は、気味の悪い外観も陰鬱な内装も全て一から作られており、まるで時が止まったかのような建物となっている。デル・トロは、スペイン人の漫画家カルロス・ヒメネスに絵コンテの作製を依頼した。ヒメネスは、自伝的コミック『Paracuellos（未）』（スペイン内戦時、マドリードの戦いで起きたパラクエジョス虐殺が名前の由来）で知られており、その作品では、フランコ政権下、国が経営する耐えがたい状況の孤児院で過ごした自身の子供時代が描かれる。彼は、壊れた古い建物を強制収容所に喩えていた。

　日没後、暗く薄気味悪い廊下を足早に進む少年たちを描いたその物語の大ファンだったデル・トロは、コミックが持つ複雑なトーンをどうにか映画でも醸し出したいと考えたのだ。『デビルズ・バックボーン』では琴線に触れる脇筋も描かれており、いじめっ子だと誤解されていたハイメ（イニゴ・ガルセス）が、いつの日か漫画家になる夢を抱いていたことが明かされている。

　またデル・トロは、カメラマンのギレルモ・ナヴァロと再びタッグを組むという賢明な判断を下す。彼らは、ずいぶん前、映画『Cabeza de Vaca（未）』（1991）のときに出会っていた。ナヴァロが撮影監督として参加したその作品は、16世紀のフロリダを過酷な状況下で苦しみながら探検した

コンキスタドール〔15〜17世紀、南北アメリカ大陸を征服、侵略したスペイン人のこと〕の物語で、デル・トロは原住民の精巧な特殊メイクを提供。ナヴァロはそのときすでに、デル・トロがいかに独創的で、野心にあふれているかを理解していたのだ。

　『クロノス』で一緒に作業したナヴァロは神経質で、忌憚なく意見を言うタイプだ。常に些細なことにも目を光らせ、何かにつけて誰かを不快にさせることが多かったのだが、全ては映画のためだった。一方、『ミミック』で独自のアイデアや才能をさんざん否定され続けたデル・トロは、創作活動におけるスタッフとの調和が不可欠だったのだが、彼とナヴァロはあたかもすでに申し合わせていたかのように、『デビルズ・バックボーン』ではセピア色の写真を思わせる彩度の低いビジュアルを選択。デル・トロはそ

前ページ下：瀕死の重傷を負った
カザレス医師（フェデリコ・ルッピ）
は、ハイメ（イニゴ・ガルセス）
を安心させようとする。ギレルモ・
デル・トロは、本格的な監督デビ
ュー作となった『クロノス』で大役
を務めてくれたこのアルゼンチン俳
優と再び仕事をする機会に胸を躍
らせた

右：ハイメは、夜空から真っ逆さま
に落下してくる不吉な爆弾に気づく

下：爆弾は地面に突き刺さったも
のの、爆発しなかった。デル・トロ
にとって、この不発弾は「未完の
仕事」を象徴するメタファーで、本
作の根幹をなすイメージとなった

の雰囲気を西部劇とゴシック作品のブレンドだと見なす。そして、オリーブ色、ダスティブラウンといったアースカラー〔土や砂、草木など自然物をイメージした色〕にこだわり、琥珀に閉じ込められた昆虫よろしく、登場人物の周囲が黄土色になるように配色した。

「映画作りとなると、僕はがむしゃらに仕事をするんだよ」と、デル・トロは明かす。「魅力的な作品にしようとするし、壮大な世界観を築こうとする。予算内でね。でもそれには、制作スタッフとのコミュニケーションがどうしても不可欠。で、僕は使いたい色を説明した膨大なメモを作り上げるんだ」[22]

昼間のシーンはマカロニ・ウェスタンの焼けつく熱さを感じさせ、夜の場面になると、深みのある濃い青でホラーらしい世界観に切り替える。その際デル・トロは、『ミミック』でも目指したように、青みがかったシーンにはゴールドをアクセントに入れた。ボブ・ワインスタインなら、『デビルズ・バックボーン』の叙情性——淡々と進むペース、謎めいた要素の積み重ね、象徴主義、説明がつかない物事——をさぞかし忌み嫌っただろう。何せ皮肉にも、デル・トロは『ミミック』で学んだカメラスタイルを新作に採用したのだから。「これは、ミラマックススタジオが『カメラを動かせ』と僕に言ってくれた必然的な結果だよ」[23]と、彼は認める。流れるように動くカメラは、登場人物たちの暮らしを覗き見る目となるのだ。

撮影は過酷だったものの、映画会社との確執で精神的に鞭打たれることはなく、どんなに疲労困憊でも作品への熱意が彼を突き動かした（しかも、すでに次回作『ブレイド2』の企画も始動させており、進行の遅れは避けなければならなかったのだ）。デル・トロは（プロデューサーの存在に怯えることなく）、自分が監督する映画に対してのみ責任があるという「怖さ」に胸を躍らせる。『サンタ・サングレ／聖なる血』(1989)を手掛けたチリ出身の監督、アレハンドロ・ホドロフスキーは、

『パニック・メソッド』と自らが命名した手法を唱えていた。自分が何をしようとしているかを理性的に考えていても、行動に移して熱中し始めると、本能のまま行う状態になるというプロセスだ。もはや映画にチャネリング〔別次元の存在などとの潜在意識を通じた交信〕しているようなものなんだよ」[24]

意識など持たない無機質な何かが、映画制作の最中で突然、命を宿したように存在感を主張することがある。それはカメラが亡霊を捉え、心霊写真となるのと同様、予期せぬ結果として起こるのだ。キッチンで大爆発が起こり、孤児院を破壊するクライマックスのシークエンスの撮影では、中庭の不発弾が暴発するのではなく、キッチンに撒かれた燃料に引火して爆発が引き起こされることが監督の巧妙な計画には不可欠であった。デル・トロはのちに、「運命」が大きな役割を果たしたのだと気づく。問題のシーンでは、ルッピ扮する血だらけのカザレスが、爆発で頭がクラクラしたまま現場となったキッチンに近づき、おぼつかない足取りで被害状況を確認する。夕暮れ時で薄暗くなっていく中、デル・トロは意を決し、手持ちカメラのワンショット撮影を敢行。あたかもカメラそのものが眩暈を起こしているかのようにその場面を撮った。最初のテイクが完璧だった。合図と同時に少年たちが泣きじゃくり、太陽光が理想的な90度の角度で煙に当たる。厨房の扉を吹き飛ばすことで、水平になった煙突を思わせる真空状態が自然に作り出され、建物自体が苦しそうに喘いでいるのごとく、場面後方の扉で煙が出たり入ったりしたのだ。実際にそうした現象が起こるなど全くの想定外であった。何年も経ってから、デル・トロは『クリムゾン・ピーク』(2015)で、このエフェクトを再現している。偶然の産物が、繰り返し使われる特殊効果のモチーフとなったわけだ。

この『デビルズ・バックボーン』から、デル・トロは主要キャラクターのプロフィールを書くように

右：行き場をなくした少年たち──
本作に影響を与えた作品のひとつ
は小説『蠅の王』だが、ギレルモ・
デル・トロは、力を合わせて行動
する子供たちの中に希望を見出す
展開にしている

なる。脚本以上に俳優が役柄にリアリティを与える
助けになればと、生まれたときから最近の誕生日ま
での簡潔な生い立ちをまとめ、以後、それが習慣に
なった。登場人物が実際に映画の世界で生きており、
過去にいろいろあったのだと観客に感じてもらう必
要があるのだ。

『クロノス』で幼い孫娘を演じたタマラ・サナスと
同じく、子供ゆえの無邪気さを不気味な形で表現し
たいというデル・トロの直感は確かだった。彼は孤
児院の少年たちを「7人の小人たち」[25]と命名し、
すぐに彼らを見分けるようになる。主人公カルロス
を演じたフェルナンド・ティエルヴは、オーディショ
ンではエキストラ役だったが、かのビートルズの一
員、ポール・マッカートニーばりの大きくて悲しげ
な目が特徴だ。ハイメ役のイニゴ・ガルセスは、思
春期の入り口に差し掛かった少年らしいひょろりと
した体躯をしている。骨がむず痒くなるような感覚
……とでも言おうか、大人になり切れていない自分
をもどかしく感じている気配が伝わってくる。セッ

トでは、デル・トロは子役も大人の俳優も同様に扱
う。年齢に関係なくどの役者もキャラクターになり
切らねばならない。人生で一番悲しかった思い出を
頭に浮かべ、それを利用してほしい、とデル・トロ
は指導した。結局のところ、監督自身も同じことを
しているのではないだろうか。アントニオ・トラショ
ラスとダヴィッド・ムニョスによるオリジナル脚本
では、爆弾を繊細な花のように手入れする幽霊的な
世話人が物語の中心人物であった。デル・トロの創
作ノートには初期のスケッチとして、この世話人の
姿が描かれているが、お化け一家の生活が描かれる
人気ホラーコメディ『アダムス・ファミリー』〔1938
年のひとコマ漫画から始まり、1964年にはテレビドラマ化され、
90年代以降は映画版やミュージカル版も繰り返し制作されてい
るアメリカの国民的作品〕の執事ラーチ風──フランケン
シュタインの怪物に扮した俳優ボリス・カーロフ
の雰囲気を漂わせる容姿──の干からびたゴースト
像となっている。

しかしながら、『クロノス』のヴァンパイア同様、

デル・トロは本能に従って定説を覆す。『デビルズ・バックボーン』の幽霊は、外見は恐ろしいのに観る者が間違いなく共感を覚える存在である一方、管理人のハチントは端正な顔立ちとは裏腹に恐ろしい邪心の塊なのだ。この溺死した少年サンティには「やり残した仕事」がある。幽霊となった彼は、『クロノス』のヘスス・グリスに引けを取らないほど強烈な印象を与える見た目を持つ。何よりも、ゾンビみたいにならないことが極めて重要であった。白っぽい象牙色の肌をした彼は、陶器製の人形を彷彿とさせる。そこでデル・トロは、天使のような面持ちのフニオ・ヴァルヴェルデを抜擢。サンティの涙は、落涙する彫像よろしく赤茶けた染みを残すのだが、映画では酸化した物や箇所があちこちで見られる。あたかも錆びた爆弾の表面が、感染症のごとく孤児院の壁の中にまで広がってしまったかのようだ。

幽霊の皮膚が透けて骨が見えているという印象を与えるため、初期のCGI（コンピュータ生成画像）が使われた。粒子の動きを再現したパーティクル効果のおかげで、サンティの周囲の空気がぼやけ、まだ水に浸かっているのかと錯覚しそうになる。それだけではない。額にパックリと開いた傷からは、赤い血が煙のごとく絶え間なく噴き出しているのだ。似たようなひずみを生むエフェクトは、『パシフィック・リム』(2013)の巨大ロボットのスケール感を出すのにも採用された。

夜になると、サンティは孤児院の通路に出没し、カルロスを大きな貯水槽がある円天井の地下室へと誘う。デル・トロ作品の世界では、水は最も重要な要素だ。ここはサンティが殺害された場所なのだが、彼は脅威ではなく、メッセンジャー的な存在である。とはいえ確かに、その姿にはギョッとしてしまう。卵（これもデル・トロ作品のモチーフの定番）のように頭が割れた少年は、すなわち恐ろしい運命の前触れ。監督は超常現象を用い、政治的な立場を表明してい

る。「観客は、ゴーストを生み出した連中を恐れるべきなんだ」[26]と。

サンティは、ファシストたちに溺死させられた共和国政府なのだ。

「スペイン内戦の全ては、今も亡霊のごとくスペインに取り憑いている」[27]と、デル・トロは訴える。本作で彼は、政治的なスタンスを個人的な物語に包んで語っている。

この映画の本当の悪役であるハチントは、自分に全く愛情をかけてくれなかった父親との関係をずっと引きずって生きてきた。孤児院に捨てられた彼は、ファシズムがスペイン人の魂をどのように蝕んでいったのかを体現している。だから彼は、冷酷なのに悲哀を湛えているのだ。エドゥアルド・ノリエガがハチントを見事に演じているが、彼はこのキャラクターに必要な二枚目俳優らしい容貌と役柄に成り切るひたむきさを完璧に持ち合わせていた。デル・トロはノリエガに、憎しみを抱えた人間ほど孤独な者はいないと伝えたという。ハチントは、己の運命を決定づける金塊と同じくらい重い痛みを背負っている。マイケル・シャノン扮する『シェイプ・オブ・ウォーター』のリチャード・ストリックランドや『ナイトメア・アリー』(2021)でブラッドリー・クーパーが演じるスタントン・“スタン”・カーライルへと受け継がれる「堕ちた王子」の系譜の最初のひとりなのだ。悪は姿形を変えて何度でもやってくる。特に、こうした「傷ついた子供（の自分）を内側に抱えた男たち」[28]の形で現れることが非常に多いと、デル・トロは繰り返し語っている。

本作の物語で一番悲痛な要素は、紛れもなくコンチータ（イレーネ・ヴィセド）に関する展開だ。美しい調理係の彼女はハチントにぞっこんで、自分の愛情で彼を変えられるかもしれないという希望を持っている。

『デビルズ・バックボーン』は、デル・トロの監督

作の中で最も質素な映画だが、見る者の心に多くを訴える力強さを持つ。派手さが何もない時代設定。戦火の音は遠くで轟くだけ。観客の胸に突き刺さるといっても、暴力シーンも限定的。登場人物たちの問題解決の経緯を描くのに使われるのは、なんと超常現象だ。『Los Angeles Times』紙のケヴィン・トーマスはこうした要素に触れ、「ひとつひとつは地味なビジョンだが、全てが集結すると非常に説得力がある。展開が予測不可能で、独創性も豊かなので、『デビルズ・バックボーン』では見事に功を奏していた」[29]と記事にしたためている。

2001年、9・11アメリカ同時多発テロが暗い影を落とす中で公開された、感動的で挑発的、そして微かに楽観的なこのゴーストストーリーは、発生したばかりの国家的悲劇に抑え込まれた形になってしまう。登場人物の苦難に己を重ねてカタルシスを感じる暗い世界観の映画など、誰もまだ鑑賞できる状況ではなかったのだ。最終的に、全世界の興行収入は650万ドルという冴えない結果に終わったものの、本作を通して存在感があった不発弾のように、今や、デル・トロのキャリアを語る上で欠かせない1作となっている。これを見れば、人として、映画監督として

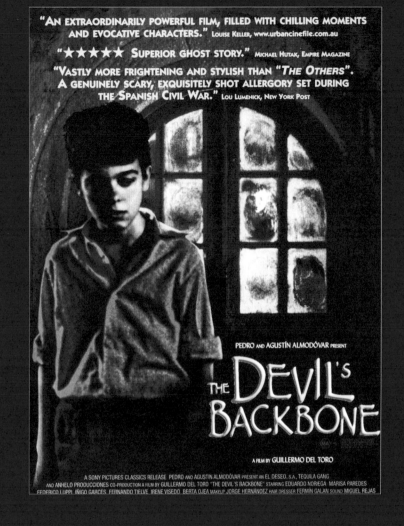

"AN EXTRAORDINARILY POWERFUL FILM, FILLED WITH CHILLING MOMENTS AND EVOCATIVE CHARACTERS." Louise Keller, www.urbancinefile.com.au

"★★★★★ SUPERIOR GHOST STORY." Michael Hutak, Empire Magazine

"VASTLY MORE FRIGHTENING AND STYLISH THAN "THE OTHERS". A GENUINELY SCARY, EXQUISITELY SHOT ALLERGORY SET DURING THE SPANISH CIVIL WAR." Lou Lumenick, New York Post

PEDRO AND AGUSTÍN ALMODÓVAR PRESENT

THE DEVIL'S BACKBONE

A FILM BY GUILLERMO DEL TORO

A SONY PICTURES CLASSICS RELEASE PEDRO AND AGUSTIN ALMODÓVAR PRESENT AN EL DESEO, S.A., TEQUILA GANG AND ANHELO PRODUCCIONES CO-PRODUCTION A FILM BY GUILLERMO DEL TORO "THE DEVIL'S BACKBONE" STARRING EDUARDO NORIEGA MARISA PAREDES FEDERICO LUPPI IÑIGO GARCÉS FERNANDO TIELVE IRENE VISEDO BERTA OJEA MAKEUP JORGE HERNÁNDEZ HAIR DRESSER FERMIN GALAN SOUND MIGUEL REJAS

の彼の哲学の根幹がわかるはずだ。ラストでは、様々な権利が侵害された挙句、大人たちは物別れしたままこの世を去ってしまう。一方、少年たちは生き延びる。彼らは団結することを選んだからだ。

デル・トロはこう訴える。「僕らはみんな、同じ孤児院にいるようなものだ。他の違う場所に属している人間なんて誰もいない。それを理解さえできればいいんだけどね」[30]

血の滾り

『ブレイド2』（2002）

デル・トロは嬉々として周囲の予想を裏切った。クールなヴァンパイア映画の続編に飛びついた上、
初めてメジャー映画でヒットを飛ばし、典型的なハリウッド作品にもメキシコ風の趣を漂わせること
が可能だと証明したのだ

眼 鏡の奥で淡いブルーの瞳を輝かせ、ギレルモ・デル・トロは、次なる作品は前作と大きく異なるモンスターが登場することを明らかにする。『デビルズ・バックボーン』は、登場人物を視覚的には抑え気味に、だが深みを与えて描いた瞑想的で寓話的な映画だった。スペイン語で撮影されており、いわば個人的な旅のようなもの。批評家は芸術作品と称した。一方、『ブレイド2』は「ただ楽しくて、グロカッコイイ映画だよ」[1]と、監督は断言し、うれしそうに微笑む。これは、彼が初めて作った「政治的には全くもって正しくない映

画」[2]だ。

『ブレイド2』におけるスーパーヒーローとホラーの原則の融合は、熱烈なデル・トロファンの間でも賛否が分かれがちである。一例を挙げれば、メキシコ人映画監督アレハンドロ・ゴンサレス・イニャリトゥは、なぜ同胞の「戦友」がこのような安っぽい作品に魂を売ったのか理解できなかったという。『『ブレイド2』を作ったことで、彼から2時間以上もお叱りを受けたよ」と、デル・トロは懐かしげに語る。「高速道路を降りて駐車場に車を停めなきゃならないほどだった。で、最終的にこう言ったんだ。『なぁ、

左：一気に押し寄せる敵の大群――ウェズリー・スナイプスは、スーパーヒーローのヴァンパイアハンター、ブレイドとして、地下道で「リーパーズ（死神族）」に正義の鉄槌を下す

次ページ：スーパーヒーロー映画のシリーズものは、今でこそ圧倒的人気を誇るが、『ブレイド2』は同ジャンルの先駆け的作品であったと言えよう

上：泣く子も黙る『ブレイド2』3人衆。左から、主演俳優ウェズリー・スナイプス、監督ギレルモ・デル・トロ、脚本家兼製作総指揮のデヴィッド・S・ゴイヤー

聞いてくれ。昼飯を食べないと。あの映画を作ったことは謝るからさ』ってね」[3]

物議を醸したとはいえ、それでもこのアメコミ映画の続編は、彼のキャリアの中で最も大事な位置づけにあり、デル・トロ印のジャンル映画の寄せ集めでも間違いなく肝要な1作だということでファンの意見は一致している。これは、彼がハリウッドの映画システムでも働け、しかもいい仕事ができると証明する機会、『ミミック』を頭から払拭する機会、そしてヴァンパイアを完全に打ち負かす方法はひとつではないことを示す機会であった。

とはいえ、デル・トロに迷いがなかったわけではない。オファーを承諾する前に3回も断っていたのだ。「使徒ペテロのようにね」[4]〔弟子ペテロがイエスを知って

いることを3度否定したという新約聖書の物語を示唆〕と、彼は冗談めかして言っている。『ブレイド』シリーズのプロデューサー、ピーター・フランクフルトも、デル・トロに負けず劣らず1万3000冊を超えるコミック本を収集している脚本家のデヴィッド・S・ゴイヤーも『クロノス』の大ファンであった。ふたりは、同作のきめ細かく調整された雰囲気が『ブレイド』(1998)の世界観に近似していると気づき、1作目を監督してほしいと申し入れていたが、正式なオファーには発展しなかった。だが、製作会社ニュー・ライン・シネマ（ワーナー・ブラザースの系列会社）が続編の製作に非常に前向きになったため、フランクフルトとゴイヤーは、自分たちのお気に入りのメキシコ人監督に再び話を持ちかける。しかし、デル・トロは「ノー」

という返事を繰り返した。同じアメコミ原作の映画化でも、彼の心は、毛色の異なる『ヘルボーイ』に奪われていたのだ。

　機転の利くゴイヤーは、そこで逆ハリウッド心理学とも言える小技を用いる。「『ヘルボーイ』をやりたいんですよね？」[5]と、彼は言葉巧みに持ちかけた。「『クロノス』と『デビルズ・バックボーン』を見ただけで、スタジオが出資してくれるでしょうかね？」。この業界は、デル・トロを派手さの全くないゴシック・ストーリーに専心するタイプの監督だと考えていると、彼は訴えた。デル・トロは、「いや、違う」とゴイヤーをさえぎるように答えた。「僕は、コミックブックのアクションを映像化したくてたまらないクレイジーなオタクだよ」[6]

　デル・トロにダークな一面があるのではなく、彼そのものがダークなのだ。批評家の認識をよそに、彼の個性には、低俗でB級映画寄りの側面があり、当人も「いつだって、僕には安っぽいパルプ雑誌みたいになる部分がある」[7]と認めている。『ブレイド2』は、ビールやピザを片手に気楽に鑑賞できる映画だ。『ミミック』のように監督の野心が妨害されることはなく、観客が目にするのは、デル・トロが映画会社のため、また10代の自分自身のために作ろうとした作品である。

　それが、イニャリトゥとの活発な議論の根底にあったのだ。「あの映画は、人間の感情の最も卑しむべき部分に訴えかける」[8]という友人イニャリトゥの諫めの言葉に対し、デル・トロは天使のような笑顔を浮かべてこう告げた。「なあ、あれはアニメの『トムとジェリー』だよ」[9]

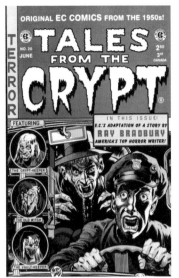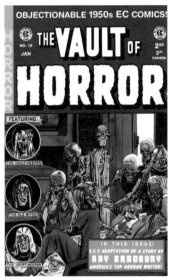

上：デル・トロが初めてコミックの世界に足を踏み入れた当初、身の毛もよだつ恐怖がテーマの作品を好む傾向にあったが、『ブレイド2』では、そうした主流から外れた風変わりな感覚を映画に取り入れている

　彼は、直近で監督した作品とは鏡で反転した世界のごとく真逆の内容を大いに楽しんだ。なにしろR指定の『ブレイド2』が若者向けで、行き場を失った少年たちを描く『デビルズ・バックボーン』の方が「ずっと大人びていた」[10]のだから。だからといって、この新作がデル・トロにとって価値がずっと劣るという意味ではない。しかし、脚本はすでに決まっていた。事実、『ブレイド2』は、デル・トロの長編監督作の中でも、自身が脚本を務めなかった唯一の作品として異彩を放っている。デル・トロは、ゴイヤーと組んで5500万ドルのホラー映画を構築しつつも、粘液で表面がヌメヌメした壁に何層もの意味を埋め込み、本能的に危険を察する脳の最も原始的な部分を刺激するスプラッターの魅力を十分に活用したのだ。

「音がうるさいと感じたなら、歳を取りすぎてるってことだね」[11]と、彼はぺろりと舌を出し、これか

ら見る人々に注意を促した。

主人公のブレイドは、ヴァンパイアと人間の混血種。東欧やロシアの伝説では「ダンピール」と呼ばれる存在だ。母親が出産時にヴァンパイアに襲われ、彼は吸血鬼と同様、人間の血がないと生きていられないという災難を受け継ぐが、非常にクールな人間として周囲に認識されている。暗視ゴーグルを覗くのに、ブレイドはわざわざサングラスを外す必要がない。己に流れるヴァンパイアの血によって感覚が研ぎ澄まされ、武術に長けている一方、人間であるがゆえに日光に対する免疫を持っている。そんな彼の使命は、夜行性である生粋のヴァンパイアを退治すること。『ミミック』のように、街から害虫を駆除していく。彼はまた、マーベルコミックでは珍しいアフリカ系アメリカ人のスーパーヒーローで、1973年にコミックに初登場し、人間として、そして吸血鬼としての人生を歩み始めた。

コミック原作者マーヴ・ウルフマンとコミックアーティストのジーン・コーランが創り出したブレイドは、『Tomb of Dracula（未）』の脇役ヒーローで、弾薬帯よろしく複数の刃物を収納した帯を身体に巻き、バイク乗りの革ジャンを纏い、サングラスをかけ、ロックスター然とした涼しい顔で行動して称賛を得た。アメリカンフットボールの花形選手であり、「黒人初のアクションスター」[12]となったジム・ブラウンがそのモデルだ。やがて自らがコミックの呼び物となったブレイドは、ヴァンパイアハンターであると同時に、政治色が強い公民権運動のメッセンジャーでもあるのだ。

そして今、ブレイドと聞けば、ウェズリー・スナイプスの姿が思い浮かぶ。

デル・トロが心を動かされるコミックは、得てして主流のスーパーヒーローものではなく、ホラーやミステリー系で、例えば、1950年代のホラー・アンソロジー『Tales from the Crypt（未）』や『The Vault of Horror（未）』といったゴシック調のタイトルで出版されていたようなものだ。彼は善悪の判断が曖昧な物語を気に入っており、とにかくモンスターが好きだった。『デビルズ・バックボーン』でカルロス・ヒメネスの才能を活かしたように、『ブレイド2』の絵コンテは『ヘルボーイ』の原作者マイク・ミニョーラに依頼。映画の根幹となるコンセプトを漫画のコマ割り感覚で描いてもらっている。

有名なアメコミブランドから生まれたものの、『ブレイド』の映画シリーズは、大ヒットした『アイアンマン』（2008）に始まり、急速に増殖した『アベンジャーズ』シリーズなどを含むマーベル・シネマティック・ユニバースよりも前の作品で、前衛的な『ヘルボーイ』同様にスーパーヒーロー・ムーブメントの中でも異端児的存在だ。雰囲気は、圧倒的にホラーのそれである。

ゴイヤーが考案したプロットは、ヴァンパイア精鋭部隊「ブラッドパック」の使者2人が、陰鬱なところのあるヒーロー、ブレイドのもとに突然訪れるところから物語が進んでいく。ロン・パールマンが扮する嫌味なラインハルトを筆頭に、複数のメンバーで構成されるブラッドパックは、「打倒ブレイド」を誓った凄腕ヴァンパイアのチームだ。フェティシズムのテイストを持ち合わせたファシストという感じを漂わせる漆黒のコスチューム（全てデル・トロがデザインしている）に身を包んだ彼らは、映画『エイリアン2』（1986）に出てくる捨て駒部隊にどことなく似ている。実はブラッドパックのメンバーは、ブレイドどころじゃない問題を抱えているのだ。ヴァンパイアの間で新種ウイルスによるパンデミックが発

次ページ：敵対していた者同士──ブラッドパックのニッサ（レオノア・ヴァレラ）とヴァンパイアハンターのブレイド（ウェズリー・スナイプス）──が休戦協定を結ぶ。隣でふたりに怪訝そうな目を向けるのは、ブレイドの新たな相棒で機械類担当のスカッド（ノーマン・リーダス）

生し、感染すると「リーパーズ（死神族）」と呼ばれる極端な変異体になってしまうという。ニンニク、十字架、杭などの従来の弱点が根こそぎ取り除かれたリーパーズは、感染していないヴァンパイアの濃い血を渇望する。己の謎めいた計画を明かさぬまま（デル・トロ作品には熱い想いを体現するキャラクターが多い中で、ブレイドは、珍しく飄々としている）、このヴァンパイアハンターは宿敵であったはずのヴァンパイアと休戦協定を結び、協力してノーマック（ルーク・ゴス）というリーパーズのひとりを探し出すべく行動を開始。ノーマックはアウトブレイクの感染者第1号であり、ウイルスの発生の秘密を握っているはずなのだ。ブ

レイドとブラッドパックのメンバーたちの信頼関係は不安定であったが、どんどん事は進んでいく。

デル・トロにとってこの作品は、戦略を深く考えすぎたり、背景を長々と説明したりするのではなく、とにかく物事をシンプルに描く練習となった。続編は、前作からのルールに従わなければならない。「自分がスポットライトを浴びるのを控えつつも、映画作りに思いの丈をぶつけるという素晴らしい訓練だった」[13]と、彼は述べている。

1作目の撮影フィルム全てを見ることが許された彼は、『ブレイド』という作品を1テイクごと分析していった。「この映画は、『てめえ、ふざけんじゃねえ！』

上：マーシャルアーツのスーパースター、ドニー・イェンはブラッドパックのひとりスノーマンを演じると同時に、アクション指導も担当。東洋映画の異国情緒をアクションに加味した

というクールなバッドガイたちの世界なんだ」[14]と、デル・トロは評価しているが、それは同時に懸念要素でもあった。自分がそこまでカッコよく振る舞える人間ではないことを知っていた上、ラッパーたちのミュージックビデオを作ったこともなく、クラブで踊るより映画館の暗がりを好む質だったからだ。ニュー・ライン・シネマは、全てはスナイプスがカバーしてくれるだろうとデル・トロを安心させた。映画会社側が求めていたのは、デル・トロが「自分はカッコよくなくてもカッコいいものを作れる」達人だと証明することだった。

シリーズ前作のルールに従ってはいたものの、デル・トロだからこそ可能で、彼だけが繰り返し行っている演出がある。テレビゲーム世代のデル・トロは、ゲーム特有の強烈で、なおかつ細切れなライティングを採用した。『不思議の国のアリス』のルイス・キャロル風の趣を持つ一方で、『DOOM』といった悪魔やゾンビ化した人間を撃ちまくるアクションゲームの雰囲気を継承した『ブレイド2』は、定番のFPS（一人称視点）シューティングゲームを思わせ

上：黒いパンツとブーツという出で立ちで決めたヴァンパイアの精鋭部隊ブラッドパックの面々。左から、チュパ（マット・シュルツ）、ニッサ（レオノア・ヴァレラ）、アサド（SFコメディテレビドラマ『宇宙船レッド・ドワーフ号』のダニー・ジョン＝ジュールズ）、ヴェルレーヌ（マリット・ヴェラ・キール）、ラインハルト（『クロノス』のロン・パールマン）、スノーマン（ドニー・イェン）

る怒涛の勢いで展開し前進していく。それと同時に、迷路に迷い込んだかのような閉塞感が全編を貫いているのだ。デル・トロは、「ゲームは正真正銘、ストーリーを伝えるひとつの形だ」[15] と断言。さらには、いずれ映画とゲームが芸術的に融合し始める時期が来ることを見据え、「ゲームにおけるアートの方向性、サウンドスケープ（音風景）、没入環境は、ほとんどの映画と同等か、それ以上に優れている」[16] と認めている。不都合な点があるとしたら、ゲームは作るのがより難しいことであろう。

2019年までに、デル・トロ絡みのテレビゲームの企画は複数生まれていた。いずれも野心的で夢があるだけでなく、プレイしやすい作品を目指しており、高層ビルの建設と同じくらい骨の折れるゲーム作りの現実とは相反するものだった。未完で終わった2006年のゾンビシューティングゲーム『Sundown』は、映画やテレビを含むマルチメディア展開を目論んでいた。2012年に製作中止となったラヴクラフト的世界でのサバイバルホラー『InSane』は、いなくなった家族を探す探偵の物語として始まり、山

かと思うほどの巨大宇宙怪物が登場して終わる予定だったという。2015年には、戦術諜報アクションゲーム『メタルギア』シリーズの伝説的クリエイター小島秀夫と組み、呪われた町が舞台のサイコホラーアドベンチャー『サイレントヒル』シリーズの新作を計画していた。ラスベガスで開催されたゲームコンベンションにて、デル・トロは、ふたりとも企画の「メランコリックなアイデア」[17]に惹かれていたと聴衆に向けて明かし、「金を持った連中」[18]とは全く波長が合わなかった旨を吐露している。このプロジェクトも中止となった。

デル・トロと小島はその後も連絡を取り合った。2019年に発売された、小島の新会社コジマプロダクションによる初めてのゲーム『DEATH STRANDING』では、デル・トロはモーション・キャプチャー・スーツを着用し、ゲームのキャラクターを演じたのだ。彼の役「デッドマン」は回収された死体の臓器（多能性幹細胞）でできている人造人間で、まさしく「フランケンシュタインの怪物」[19]を彷彿とさせる。

もちろん、これらのゲームは『ブレイド2』の後に起こる話だ。とりあえずは、このヴァンパイア映画の続編にコミックとゲームの美学を統合させようと、デル・トロは試みていた。また、自身のアニメ愛、とりわけ、数ある有名な漫画のアニメ化作品にもインスパイアされている。撮影中、彼はスナイプスに時代劇冒険譚『獣兵衛忍風帖』(1993)やサイバーパンク系の『GHOST IN THE SHELL／攻殻機動隊』(1995)、『AKIRA』(1988)のDVDを渡し、自分が入念に練った構想がどのようなものか事前体験しておいてもらおうとした。

2001年、スナイプスは興行収入が見込めるドル箱スターとして最高潮であった。『ジャングル・フィーバー』(1991)、『ワン・ナイト・スタンド』(1997)といった恋愛ドラマや『ハード・プレイ』(1992)などのハイテンション・コメディから黒人文化が色濃

い犯罪スリラー『ニュー・ジャック・シティ』(1991)に至るまで、幅広いジャンルの作品に出演してきた彼は、『ブレイド』によって、良くも悪くも主要アクション俳優へと変貌を遂げる。3部作の3作目『ブレイド3』(2004)は前の2作には興収的に劣るものの、彼のギャラは1300万ドルに達していた。憂いを帯びた表情をしているこのフロリダ出身の俳優は、映画プロデューサーでもあり、松濤館空手5段の腕前で、扱いにくいことで有名だった。

ハリウッドスターの中には感情にムラがある者もいることを承知していたデル・トロは、その主役の男優にある取引を持ちかける。ブレイドをきちんと演じてくれるのなら、という前置きで、「僕は見栄え良く映画を撮るし、他の全てに対処しよう」[20]と、約束したのだ。いくつか些細な意見の相違はあったものの、スナイプスは己の仕事をこなし、キャラクターの揺るがない冷静さを損ねることなく戦闘シーンをやり遂げた。

「ブレイドは不変のキャラクターだ」。デル・トロはそう言って肩をすくめる。「変わらないからこそ、いいのさ。彼は最後まで、イギリスの詩人T.S.エリオットの本を読んで泣いたりしないんだよ」[21]

撮影は、2001年の3月から7月にかけ、チェコ共和国のおとぎ話のような街プラハのバランドフ撮影所を拠点に行われた。デル・トロはこれまでの作品の中で、最も未来的（ただし、2013年の『パシフィック・リム』の誕生まで）でありながらも、豊かなゴシック要素を備えた物語の制作に着手。ヴァンパイアたちは最先端の兵器で武装しているが、古い下水道を歩き回って太陽光を避けている。

次ページ：珍しくサングラスなしでポーズを決めるクールなヒーロー。ウェズリー・スナイプスは扱いが難しい俳優との評判だったが、デル・トロはヴァンパイアたちの描写は全て自分が進めるからと、スナイプスにはブレイドを演じ切ることだけを託した

　少年の頃、勇敢なデル・トロは、故郷グアダラハラの下水道を徒歩で探索していたという。まるで下水道は別世界のようだった。地表の下を走る迷宮であり、姿を見られずに通過する方法でもあり、プロットの筋道に対するメタファーだと、彼は認識している。スティーヴン・キング（『IT』）やヴィクトル・ユーゴー（『レ・ミゼラブル』）といった様々な作家が、こうした地下水路での物語の可能性を追求してきた。『ティーンエイジ・ミュータント・ニンジャ・タートルズ』の亀の主人公たちはニューヨークの下水道で暮らし、『ミミック』の昆虫の変異種も然りだ。

　そしてデル・トロは、他ではあまり見聞きしないものとして、白い粘液が固まってできた大きな鍾乳石、基本的にはバクテリアが垂れ下がり形作った巨大な培養物を挙げている。『ブレイド2』でプラハの下水道を見学した彼は、このレンガ造りの地下世界がフィルムメーカーたちにほとんど利用されていない事実に驚いた。そこでは、似たような粘液で満たされた壁の窪みが複数見つかり、古くなったヨーグルトのような匂いを漂わせていたそうだ。デル・トロは本領を発揮した。地下のジメジメした通路が、ブレイドとブラッドパックの残ったメンバーを悪者のハイテク隠れ家へと導いていく。モノクロに見えるよう撮影されたそのシーンでは、襲い来るリーパーズの群れを目にすることになるのだが、『第三の男』（1949）で登場人物のハリー・ライム（オーソン・ウェルズ）が最期を遂げた場所と同じく、地下トンネルはキラキラと光が揺らめく空間になっている。

前ページ：重力をものともしないリーパーズは、ウェズリー・スナイプス扮するブレイドに徐々に近づいていく。淡青色に染まるレンガ造りのトンネルと誇張された影は、いかにもギレルモ・デル・トロらしい演出だ

下：宙を舞う撮影中のスナイプス。『ブレイド2』では、彼の運動能力の高さを強調する武術の動きを用い、独特の音楽の使い方をすることで、ホラー、スーパーヒーロー、アクション映画という複数のジャンルが巧みに綯い交ぜにされている

やがて舞台は、古代の地下墓地（カタコンベ）を思わせる下水道から、アンデッドたちのチョコレート工場とでも言いたくなるような巨大スチールパイプ製の風変わりで未来的な建造物に移る。どうやらデル・トロはこの続編を、不変のヒーローと己の力を過信した巨悪が、『007』シリーズのプロダクションデザイナー、ケン・アダム風のセットでぶつかり合う「疑似ジェームズ・ボンド映画」だと考えたかったようだ。また本作には、ブーメラン型ナイフやUVグレネードなど独特のガジェットも登場。劇中でこれらを準備するのは、ノーマン・リーダスが演じる変わり者の相棒スカッドだが、彼は、デル・トロの創作ノートから生まれたキャラクターである。

　前作同様、2作目も格闘シーンでは武術を取り入れた。香港映画の俳優であり、アクション監督のドニー・イェンが、ブラッドパックの一員で滑らかな動きの格闘術を駆使する無口なスノーマンに扮すると同時に、戦闘シーンの振り付けを担当。当時の彼が得意とした、バレエを彷彿とさせる流麗なバイオレンスに仕上げている。香港映画のエッセンスとイェンの才能を学ぶべく、デル・トロは傑作を見まくり、その独特の世界に浸った。そして、『ワンス・アポン・ア・タイム・イン・チャイナ外伝／アイアンモンキー』(1993) といった作品でのイェンの演技をじっくりと観察し、彼のアクションに合わせたカメラの巧妙な動きの中で、いかにしてリアリティが磨き上げられるかを掴んだのだった。

　デル・トロはアクションを、「もはや暴力のミュージカル」[22]と言えるような領域にまで高めたいと考える。そこで、ヴァンパイアを破裂させて派手な血しぶきを撒き散らしたり、日光を浴びせて灰と化

左：プラハの下水道で撮影されたシーン。ブレイドと分かれて行動するヴァンパイアのニッサ（レオノア・ヴァレラ）。レンガの壁に反射する光は、『第三の男』終盤の地下での追跡劇を意識したものである

左：ギレルモ・デル・トロとチャック・ホーガンの共著『ザ・ストレイン』3部作が原作の2014年のテレビシリーズ『ストレイン 沈黙のエクリプス』にも、『ブレイド2』のリーパーズの見た目と、感染によってヴァンパイア（ストリゴイ）になってしまう「ヴァンパイア化は病気」というテーマが継承されている（ただし、両作に直接のつながりはない）。写真は、『ストレイン』で感染した変成者たちの集団を率いるトマス・アイヒホルスト役のリチャード・サメル

すまで焦がしたり、CGI（コンピュータ生成画像）と物理的なエフェクトを混ぜ合わせつつ、『ウエスト・サイド物語』(1961)の熱気を再現しようとした。

この狂気じみた二面性が最も鮮明に表現されているのは、ヴァンパイアのアジト「ハウス・オブ・ペイン」内の描写だろう。ヴァンパイアたちが所狭しと集うナイトクラブの中を縫うように進むカメラが、「痛みの館」という名前の通り、生々しい過激な倒錯的行為（ファスナーを開けるがごとく背中を切り開いて脊髄を露わにする、カミソリの刃を口に入れた男女がキスをするなど）があちこちで行われている様を映し出す。ストロボとネオンの光に満ちたフロアを含む地下全体のシーンには、『ブレードランナー』(1982)の頽廃的なエッセンスが漂うのだ。レイヴ〔一晩中ダンス音楽を流し続けるイベント〕が盛り上がる最中、ブラッドパックはリーパーズの偵察者と戦うのだが、デル・トロは、ほぼ同時に発生する複数の1対1の戦いを、ものの見事にヴァンパイアたちのダンスの熱狂に重ね合わせていく。この箇所の編集はまさしく名人芸で、

おそらくデル・トロがそれまで手がけた中で最も奇抜なシークエンスだった。

「一連の流血場面は全部気に入ってた」[23]と熱く語る彼からすると、これは本物の暴力ではない。『デビルズ・バックボーン』の鋭く胸に突き刺さるような野蛮さと比べれば、「作品をヒットさせるための暴力の有効利用」[24]ということらしい。

キャリアの幅を広げるという目的とは別に、デル・トロは、リーパーズを好きなようにデザインしていいという条件で『ブレイド2』の監督を引き受けた。「だから、興奮したよ」[25]と、彼は明かす。工房に戻り、モンスター作りに精を出したのだ。リーパーズは従来のヴァンパイアとは全く異なるが、映画や文学に登場する吸血鬼の伝統に敬意を表した存在となっている。このリーパーズの創造こそが、『ブレイド2』で己に本気で課した仕事であった。

メキシコでの好奇心旺盛な子供時代、デル・トロはヴァンパイア映画を片っ端から鑑賞し、コミックはもとより、吸血鬼小説──ブラム・ストーカーに

よる古典『吸血鬼ドラキュラ』から、映画『インタビュー・ウィズ・ヴァンパイア』(1994) の原作となったアン・ライスの『夜明けのヴァンパイア』をはじめとするヴァンパイア・クロニクルズに至るまで――も隅から隅まで読み漁った。どんどんヴァンパイアの世界にのめり込んで頭の中は伝説や民話でいっぱいになり、吸血鬼の概念が国によってどう違うのかも知るようになる。こうした知識は、早い段階で『クロノス』の吸血鬼らしからぬ吸血鬼の誕生に拍車をかけ、ドラキュラの洗練された顔立ちを、クロノス装置の中毒に陥る奇妙な老人のそれに変えた。ヴァンパイアの行為に生物学的なリアリティを与えようと考え始めた彼は、このアクション映画のナイトクラブのシーンに、蔓延るエイズ危機のメタファーを取り入れたのだ。

　何世紀にもわたり、架空のモンスターを創造する伝統は、肉体の欠損や変形、および病気の儀式化を通じて己の脆弱さを検討する方法であった。『Dissertations Upon the Apparitions of Angels,Daemons,and Ghosts,and Concerning Vampires of Hungary,Bohemia,Moravia,and Silesia（天使、悪魔、幽霊の出現および、ハンガリー、ボヘミア、モラヴィア、シレジアの吸血鬼に関して／未）』という題名の、1750年代に書かれたデル・トロお気に入りの論文があるのだが、その中で、吸血鬼になるのは伝染病だと証明されている。ルーマニアで伝承される吸血鬼は血によって蘇る不死の霊で、血液に寄生するというコンセプトに基づいているのだ。

　「『ブレイド2』のヴァンパイアたちは、『クロノス』のためにヴァンパイアの生態を考えているときに生まれた」[26]。デル・トロはそう説明するも、進む方向性は大きく変わっていく。「彼らはもっと動物的なヴァンパイアになる予定だった」[27]と、彼は言葉を添える。

　リチャード・マシスンの小説『地球最後の男』〔2007年に、公開された映画に合わせて現在は『アイ・アム・レジェンド』の邦題になっている〕の映画化作品用に描いておいた一連のスケッチに回帰したのだ。当時、まだ『クロノス』しか監督作がなく、若かったデル・トロだったが、アーノルド・シュワルツェネッガーを地球で最後に生き残った男として主役に据えるワーナー・ブラザースの大予算脚色作品を打診されていた。世界滅亡後の世界を舞台にしたマシスンの同小説のファンだったデル・トロは、人類がヴァンパイアのような化け物に変わっていくという複雑なコンセプトをスタジオ側に伝える。しかしながら、「メキシコ出身の28歳の浅はかな若造」が「アーノルド」[28]は絶対に「ごく普通の男」という存在にはなり得ないと力説してしまったと、彼は悔やむ。ワーナーから返事が来ることはなかった。

　素晴らしいモンスターは、何層にも重なった皮を剥くように、次から次へと驚愕の要素を徐々に明かすべき――デル・トロはそう断言する。

　リーパーズの一番外側の層は、彼自身の『地球最後の男』の吸血鬼のプロトタイプと、『吸血鬼ノスフェラトゥ』(1922) やスティーヴン・キングの小説『呪われた町』の映画版『死霊伝説』(1979) に出てきた古典的な造形――毛がなく、青ざめた肌の下の血管が透けて見え、虹彩は白くて白目が充血――を掛け合わせたものとなった。そして、リーパーズの下顎はパックリと割れて大きく開き、内側に鋭い牙が生えた口内が露わになる。意図的に、『プレデター』(1987) の地球外生命体と口の感じを似せたらしい。そして口の奥から、エイリアンを思わせる伸びる舌が飛び出して獲物を捕らえるのだが、その舌にも牙と細い触手が生えている。

　映画評論家ロジャー・エバートは「この映画で最も見事な点は、リーパーズだ」[29]と、嬉々としてその3段階で展開する口を絶賛する記事を書いた。ところが、内容はそれでは終わらず、デル・トロの科

学と超常現象の融合が完全に分析されている。『クロノス』の滑稽な葬儀屋のシーン、『ミミック』での昆虫の解剖、『デビルズ・バックボーン』のカザレス医師の液体漬け胎児のエキスなど、死体の解剖や標本は、デル・トロ作品の決まりごと、もしくは彼の映画の常連をニヤリとさせる要素になっており、様々な過程にあるモンスターの外観がビジュアル化されているのだ。

リーパーズの生態は、『クロノス』の構想中に思いついていたが、予算が足りずに実現できなかった理論が土台になっている。このアイデアは、デル・トロとチャック・ホーガンの共著『ザ・ストレイン』3部作が原作の2014年のテレビシリーズ『ストレイン 沈黙のエクリプス』で大きな実を結ぶ。リーパーズの心臓は骨に包まれており、それゆえ杭を打ち込むことができない。より強く咬むために「二股に分かれた咀嚼筋」[30]が存在。棘を彷彿とさせる尖った歯からは神経毒が出て、獲物を麻痺させる——といったものだ。また吸血行為に関してデル・トロは、脇の下でヒルを見つけるようなものだと冷静に解説している。リーパーズの新陳代謝は非常に活発で、12時間以内に栄養を補充しない場合、燃え尽きてしまうという。だが、その代謝の良さがゆえに、リーパーズは豹並みに敏捷で堅強なのだ。『ブレイド2』をシリーズで最も優れた作品にしているのは、こうした身の毛がよだつリーパーズの複雑な生物学的詳細だろう。エバートは本作を「映画監督の想像力という恐ろしき大釜で蒸し焼きにされた映画」[31]だと、作品にふさわしい悪魔的な言葉で称賛を表現した。

迷宮を思わせる宮殿の中心にいるのは、魅力あふれるドイツ人俳優トーマス・クレッチマン（1993年の『スターリングラード』、2000年の『U-571』などに出演）扮するヴァンパイアの大君主ダマスキノスだ。悪霊かと見紛うほどの特殊メイクが施された彼は、明らかにはるか昔から生き続けてきたと思わせる姿になっ

ている。吸血鬼版フランケンシュタイン博士とでも言おうか、ダマスキノスは遺伝子の脆弱な部分を取り除き、種族を強化させようと強く望んでいる。その強化した種こそが、リーパーズなのだ。しかし、実験台にした息子ノーマックが父ダマスキノスに反旗を翻す。ルーク・ゴス扮する絶望的なノーマックこそ、本作のドラマ部分を盛り上げるキャラクターだ。アクションから「父と息子の絆と対立というヴァンパイア王家の悲劇」[32]へと巧妙に本作の軸をシフトさせていく展開に、観客は、ストーリテリングの舵取りをするデル・トロの手腕を感じ取るであろう。そしてここにもまた、登場人物の老いへの恐怖が描かれている。『クロノス』から続く、不老不死という呪いと執着だ。

誇張されたバイオレンスの下には、エンタメ系ウェブマガジン『Slant』が「デル・トロの精神的、昆虫学的なとてつもない異常性」[33]と呼ぶ何かが潜んでいる。

驚くべきことに、撮影の進行中、ニュー・ライン・シネマはデル・トロを事実上放置していた。映画会社は『ロード・オブ・ザ・リング』（2001）で手一杯だったのだ。完成した映画を見たニュー・ライン・シネマ側の人間は衝撃で沈黙したが、何も手を加えなかった。彼らが目にしたのは、芸術と大衆文化のパルプ雑誌的な融合だ。彼らの神経質なまでの信頼関係は、公開週末の興行収入3200万ドルという大ヒットによって正しかったことが判明。やがて米国内で8200万ドル、全世界で1億5500万ドルの収益を上げ、前作の記録を追い抜いた。

「『ブレイド2』は、僕の人生において、計り知れない価値のある作品なんだ」[34]と、デル・トロは認めている。この映画を機に、彼のキャリアは一気に軌道に乗ってハリウッドでの仕事が舞い込んでくるようになり、テキサスからロサンゼルスに引越しをして、気取ったビバリーヒルズから適度に距離を置

右：クリス・クリストファーソンは前作に引き続き、ブレイドの助言者ウィスラー役で参加。彼のような父親的な存在は、デル・トロの作品に数多く登場する

下：ヴァンパイアの大君主ダマスキノス（トーマス・クレッチマン）もまた、永遠の命を求めて堕落した黒幕である

左：2019年に行われた展覧会
「Guillermo del Toro: At
Home with Monsters」で展
示されたリーパーズの彫像。リ
ーパーズの特異な顔つきを自分
でデザインできることが、『ブレ
イド2』をデル・トロが引き受け
た理由のひとつだった

右：うれしそうなデル・トロの隣でポー
ズをとる、悲劇の中心人物リーパーズ
のノーマックを演じたルーク・ゴス。セ
ンセーショナルなアメコミ原作映画の続
編を監督すると決めたデル・トロを嘲笑
する者もいたが、彼は後悔していない。『ブ
レイド2』とて、『パンズ・ラビリンス』
と同じくらい個人的な思い入れのある映
画だと本人は考えている

いたサンフェルナンド・バレーに居を構えたのだ。さらに、この成功のおかげで、ウェストレイク・ビレッジ内の自宅から3分離れたところに、自身の蒐集物の宝物庫としての役目を果たす邸宅を購入することができた。その家は、敬愛するチャールズ・ディケンズの小説から取って「荒涼館」という名前が付けられている。

チューダー様式の建築デザインを真似、着色ガラスの窓を持つ館にはドラゴンを象ったがっちりした造りの風向計も設置されており、デル・トロは、これは「壮大なスケールの秘密基地」[35]だとジョークを飛ばす。もっと仰々しい言い方をすれば、中世のドイツ人が「Wunderkammer」と呼んでいたもので、裕福な貴族たちが奇妙奇天烈で素晴らしい珍品を収納した「驚異の部屋」である。

荒涼館は、デル・トロが子供の頃から集めてきたほとんど全ての物の象徴だ。積み上げた膨大な宝の上で過ごしていた竜のスマウグよろしく、彼はここで、祖国から運んできたたくさんの蒐集物に囲まれている。「これまで読んだあらゆる本、自分で買ったほとんど全てのオモチャ」[36]があると誇らしげに認めるデル・トロは、シェビオット・ヒルズに建つSF界の第一人者で作家のレイ・ブラッドベリの家を訪ねた際、思い出の品が山ほど置かれていたことをヒントにしたという。ブラッドベリは、「気に入った物は絶対に捨ててはいけない」[37]と、この若きメキシコ人信奉者を諭したのだ。

「幼少期の僕は、秘密の抜け道や24時間雨が降る部屋のある家を持つことを夢見ていたんだ」と、デル・トロは回想する。「40代になる意味とは、7歳からずっと抱いていた夢を叶えることだ」[38]

荒涼館は、テーマ別、目的別に細かく分かれたいくつもの部屋で構成された王国である。玄関広間には、ロシア人画家ヴィクトール・サフォンキンの絵画『聖ゲオルギオスと竜』が飾られているが、この絵は、もしも彼が『ホビット』シリーズを監督していたならば登場させたはずのドラゴン、スマウグのヒントになっていた。さらには、フランケンシュタインの怪物に扮したボリス・カーロフの巨大な顔の影像が、上階から見下ろしている。板張りの床は鏡のごとくピカピカに磨かれ、まるで英国摂政時代の舞踏室のようだ。そして、壁の色は深紅。この様子を見て、ある映画を思い出した人もいるかもしれない。そう、1941年の『市民ケーン』だ。新聞王チャールズ・フォスター・ケーンの大邸宅「ザナドゥ城」も、物にあふれていた。あるいは、『ブレードランナー』の遺伝子学者J・F・セバスチャンが住む、奇妙なオモチャが散らかった自宅マンション、『薔薇の名前』のエッシャーの騙し絵を彷彿とさせる修道院の迷宮図書館だろうか。

荒涼館は、オタクの夢、アーティストの活動拠点だ。どの部屋も、個人博物館並みにきちんと展示物がまとまっている。『クロノス』以前を含め、彼の作品の絵コンテ、スクリプト、模型、マケット〔彫刻用の雛型〕全てがここにあり、それぞれの品が、デル・トロがいかに手作業による映画作りに没頭していたかを物語っている。あたかも礼拝堂のように、彼は映画制作で忙しいとき以外はここに足を運び、少なくとも1日2時間は滞在するという。

下の階のホラー・ライブラリーには、ヴァンパイアに関する書籍——現実に基づいたもの、架空の内容のものの両方——が分類されて書棚に収まっている。吸血鬼ノスフェラトゥの人形がいくつもあり、等身大のH・P・ラヴクラフトの彫像も佇む。「素晴らしいホラー小説だけど——」と、デル・トロはアルファベット順に本が並ぶ書棚に視線を向け、「ラムジー・キャンベル、アルジャーノン・ブラックウッド、アーサー・マッケン、ジョセフ・シェリダン・レ・ファニュ、M・R・ジェイムズ、スティーヴン・キング、ウィリアム・H・ホジスン、H・P・ラヴク

Once upon a time . . .

左・デル・トロの自宅兼蒐集物の保管場所である「荒涼館」の玄関広間は、まさに目の保養。フランケンシュタインの怪物に扮した俳優ボリス・カーロフの巨大な顔がこちらを見下ろす空間では、『ヘルボーイ』のモンスター、サマエルの彫像が中央に置かれ、左の壁には、ロシアの幻想画家ヴィクトール・サフォンキンの絵画『聖ゲオルギオスと竜』が飾られている。この絵画は、彼がメガホンをとる予定だった『ホビット』シリーズの邪悪なドラゴン、スマウグの外見に影響を与えていたという

ラフト、ロバート・W・チェンバーズの作品ならどれもいい」[39]と、お気に入りの作家の名前を列挙した。

製図台が置かれたコミックブック・ライブラリーの他、サン・ルーム、マンガ・ルーム、シアター・ルーム（同室の壁に掛けられたヒッチコックのブロンズマスクが偉そうに睨みつけてくる）、スチームパンク・ルームおよびスタジオ（デル・トロ作品において初期の段階で作業をするコンセプトアーティストはこのスタジオに招かれる）といった部屋が荒涼館には存在する。しかも1ブロック先には、こちらに入りきれなかった物のための別館があるのだ。

本棚の後ろに隠された秘密の扉は、奥にある「神聖な場所」に通じている。暖炉、柔らかい革製のソファ、大きなオーク材の机が据えられたその空間は、デル・トロ家の偉大な先祖の屋根裏部屋を思わせるアンティークな雰囲気が漂う。そこでは、エドガー・アラン・ポー、ディケンズ、マッケン、ジェイムズが紙に文章をしたためている姿が目に浮かぶようだ。壁に貼られた作り物の窓は真っ暗になっているが、スイッチを入れた途端に変貌する。稲光が閃き、雷鳴が鳴り響き、雨粒が窓を叩くなど、エミリー・ブロンテの小説『嵐が丘』さながらに、多様な気象現象が生き生きと再現されるのだ。なるほど、メキシコからやってきた少年は、天気までも意のままに操れるようになっていたのだ。そ

上：『ヘルボーイ／ゴールデン・アーミー』に出てくる死の天使の見事な彫像も、荒涼館に保存されている。この死の天使は、広げた翼にいくつも目が付いているが、『パンズ・ラビリンス』のペイルマンのビジュアルを進化させたものだという

次ページ：ホラー・ライブラリーの特徴は、この堂々としたH・P・ラヴクラフト像であろう。読書の最中に邪魔されて本から顔を上げた瞬間を再現したようなこの彫像は、受賞歴のあるアメリカ人彫刻家トーマス・キューブラーの作。彼は、荒涼館にある実物大のシリコン製人物像を全て手掛けた

して、この部屋はレイン・ルームとして知られている。

　フランケンシュタインの怪物のメイクを施されているボリス・カーロフの彫像を横目に、まるで「ゴシック様式の子宮」とでも言いたくなる、安心かつ快適な密閉空間のレイン・ルームで、デル・トロはスクリプトを執筆する。壁に飾ってあるのは、故郷グアダラハラの絵画。彼によれば、その絵は「午後に降り注ぐ光を正確に捉えている……」[40]そうだ。

　荒涼館は蒐集物の保管庫以上の存在である。デル・トロの頭の中を覗いているようなものなのだ。スティーヴン・キングは、自身の小説『ドリームキャッチャー』(2003年に映画化されたが、興行的には不発)の中で、自分の脳内の「記憶の倉庫」に隠れる能力を持つ男を登場させるが、当の倉庫は、ファイルボックスで埋め尽くされた巨大な埃っぽい物置として表現されている。19世紀末の高級ホテルの洗練された雰囲気を持つ荒涼館は、デル・トロの想像力の静かな安息所であり、彼にインスピレーションをずっと与えてきた、そしてこれからも与え続ける全てのものの完璧な保管庫だ。

　「芸術家は神みたいなものだ」と、彼は言う。「本当にただひたすら、自分がアレンジした世界を作る。監督は、アレンジする人間だと思う。僕は、この家を演出した。あらゆる物がどこに収まっているかも、その理由も説明することもできる。テーマに合わせて組み合わせた箇所や、青一色の壁もある。偶然の産物は何ひとつない。そして僕の映画も、この家と同じだ」[41]

　荒涼館は隠れ家であり、聖域であり、創造力を充電する場であり、デル・トロの芸術作品である。彼の神々の無数の目に囲まれながら、新しいモンスターを夢見るのだ。

　階段途中の踊り場には、トッド・ブラウニング監督作『フリークス』(1932)の小頭症のキャラクター、

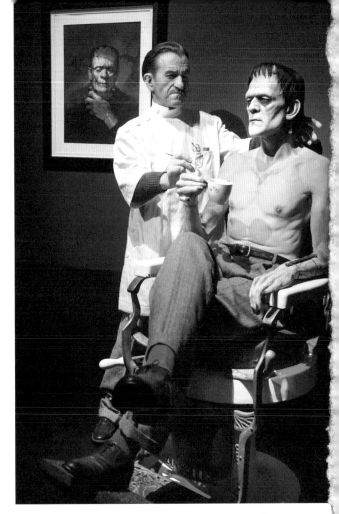

シュリッツの等身大の彫像、H・R・ギーガーのオリジナルアートとともに、ケチャップ色をした胸像やフィギュア、マケットが飾られている。ヒーロー然とした様々なポーズをとっているその深紅の姿は、アヌン・ウン・ラーマという悪魔。「ヘルボーイ」の名前の方でよく知られており、デル・トロの架空の親友でもあるのだ。

ギレルモ・デル・トロノミコン

ギレルモ・デル・トロというメキシコ人奇術師の力が注がれた
数々の映画やテレビ作品を年代順に紹介

〔「トロノミコン」とは H・P・ラヴクラフト の作品に登場する架空の書物「ネクロノミコン」にかけた表現〕

1984
『El corazón de la noche（未）』（長編映画）
制作アシスタント（クレジットなし）

1988-1990
『La Hora Marcada（未）』（テレビシリーズ）
監督、脚本、特殊メイク

1986
『Doña Lupe（未）』（短編映画）
監督、製作、脚本、
編集助手、キャスティング

1987
『Geometria（未）』（短編映画）
監督、製作、脚本

1993
『クロノス』（長編映画）
監督、脚本、
出演（クレジットなし）

2008
『ヘルボーイ／ゴールデン・アーミー』（長編映画）
監督、脚本、モンスターの声（クレジットなし）

2009
『スプライス』（長編映画）
製作総指揮

2011
『カンフー・パンダ2』
（長編CGアニメーション映画）
クリエイティブ・コンサルタント

2010
『メガマインド』
（長編CGアニメーション映画）
クリエイティブ・コンサルタント

2011
『長ぐつをはいたネコ』
（長編CGアニメーション映画）
製作総指揮、
コマンダンテと髭の男の声

2010
『ダーク・フェアリー』（長編映画）
製作、脚本、クリーチャーの声

2004
『ヘルボーイ』（長編映画）
監督、脚本、格闘シーン振付師、
モンスターの声（クレジットなし）

2006
『パンズ・ラビリンス』（長編映画）
監督、製作、脚本

2007
『永遠のこどもたち』（長編映画）
製作総指揮

1997
『ミミック』（長編映画）
監督、脚本

2001
『デビルズ・バックボーン』（長編映画）
監督、製作総指揮、脚本

2002
『ブレイド2』（長編映画）
監督

2016-2018
『トロールハンターズ：アルカディア物語』
（3DCGアニメーションシリーズ）
監督、製作総指揮、脚本

2017
『シェイプ・オブ・ウォーター』（長編映画）
監督、製作、脚本、
水陸両生の生物の声（クレジットなし）

THE SHAPE OF WATER

2018
『パシフィック・リム：アップライジング』
（長編映画）
製作、ビジュアル・コンサルタント

2018-2019
『ミッシング・スリー：アルカディア物語』
（3DCGアニメーションシリーズ）
監督、製作総指揮、脚本、ドクター・ムエラスの声

2019
『スケアリーストーリーズ　怖い本』（長編映画）
製作、脚本

2020
『ウィザード：アルカディア物語』
（3DCGアニメーションシリーズ）
製作総指揮、脚本

2014
『ブック・オブ・ライフ〜マノロの数奇な冒険〜』
（長編CGアニメーション映画）
製作、思い出の国の隊長の妻の声

2014
『ホビット　決戦のゆくえ』（長編映画）
脚本、プロジェクト・コンサルト

2014-2017
『ストレイン　沈黙のエクリプス』
（テレビシリーズ）
監督、製作総指揮、脚本

2015
『クリムゾン・ピーク』（長編映画）
監督、製作、脚本

2016
『カンフー・パンダ3』
（長編CGアニメーション映画）
製作総指揮

2012
『ガーディアンズ　伝説の勇者たち』
（長編CGアニメーション映画）
製作総指揮

2013
『パシフィック・リム』（長編映画）
監督、製作、脚本

2012
『ホビット　思いがけない冒険』（長編映画）
脚本、プロジェクト・コンサルタント

2013
『ホビット　竜に奪われた王国』
（長編映画）
脚本、プロジェクト・コンサルタント

2013
『MAMA』（長編映画）
製作総指揮

2014
『オール・ユー・ニード・イズ・キル』
（長編映画）
スペシャル・ビジュアル・コンサルタント

2020
『魔女がいっぱい』（長編映画）
製作、脚本

2021
『アントラーズ』（長編映画）
製作

2021
『ナイトメア・アリー』（長編映画）
監督、製作、脚本

2022
『ギレルモ・デル・トロのピノッキオ』
（長編ストップモーションアニメーション映画）
監督、製作、脚本

スリー・アミーゴス

メキシコ人の同志、映画監督、そして親友──ギレルモ・デル・トロ、アルフォンソ・キュアロン、アレハンドロ・ゴンサレス・イニャリトゥの3人は、同じ感性を共有する

上：華麗なるメキシコ人監督たち。左から、アレハンドロ・ゴンサレス・イニャリトゥ、ギレルモ・デル・トロ、アルフォンソ・キュアロン

　メキシコで最も有名な映画監督たちがライバルではなく、固い絆で結ばれた友人で、頻繁にコラボレーションを行っている事実を知ると、なぜかホッとした気持ちになる。デル・トロ、キュアロン、イニャリトゥは、3人とも母国のインディペンデント映画で頭角を現し、国籍に縛られずに、大胆で革新的なフィルムメーカーとして世界を舞台に活躍するようになった。とはいえ、彼らはメキシコ人というアイデンティティを捨てたわけではない。彼らの成功にも友情にも、それは欠かせない要素となっている。

　「僕たちの世代は、メキシコ映画が抑圧されていた80年代の厳しい時期の影響を受けてきた」[1]と、デル・トロは振り返る。彼の説明によれば、メキシコ政府は基本的に、メキシコ映画の独創性には反対の姿勢だったという。そのため、彼らは独立プロダクションに進み、年配の監督の下で働かざるを得なかった。3人の人生は必然的に交わるようになるも、それぞれが悪戦苦闘し、野心を燃やしながら追い求める何かを持っていた。

　「僕らは、異なるタイプの芸術を形にしようとしていたんだ」と、デル・トロは語る。「そしたら、何かが起こった。組合が開放され、プロフェッショナルなレベルで映画が作れるようになったんだ。もちろん、みんなそれを受け入れて映画作りに取り組むようになった」[2]

　彼らは、スティーヴ・マーティン主演の映画『サボテン・ブラザーズ』(1986)の原題(¡Three Amigos!)にちなんで「スリー・アミーゴス」という愛称を付けられたが、『The three amigos: The transnational filmmaking of Guillermo del Toro, Alejandro González Iñárritu, Alfonso Cuarón（スリー・アミーゴス：ギレルモ・デル・トロ、アレハンドロ・

ゴンサレス・イニャリトゥ、アルフォンソ・キュアロンの国境を越えたフィルムメイキング／未)』という学術的な書籍があることからも、もはや正式な呼称となっている。映画スタイルは明らかに異なるものの、3人の結びつきは密接だ。

　イニャリトゥは放埒とした青年時代に世界を旅して過ごし、その後、短い期間だがラジオのロック音楽番組の司会をしていた。やがて、作曲の仕事をするようになり、脚本家、CM監督とキャリアを積んでいく。彼がブレイクしたのは、メキシコ・シティが舞台の映画『アモーレス・ペロス』(2000)。クエンティン・タランティーノ作品の構成を彷彿とさせる、複数のストーリーが同時進行していくコメディ・スリラーだ。彼は登場人物の人生が交差する人間ドラマが得意だが、気骨ある内容と哲学的な側面を持つ『21グラム』(2003)や『バベル』(2006)、デル・トロ作品寄りのシュールリアルかつ叙事詩的な『バードマン あるいは（無知がもたらす予期せぬ奇跡)』(2014)や『レヴェナント：蘇りし者』(2015)といったテイストが違う作品が混在する。

　一番年長のキュアロンのスタイルは、ややデル・トロに近い。テレビ業界で技術者として働いていた彼は、『トワイライト・ゾーン』風のテレビシリーズ『La Hora Marcada』(キュアロンは「トイレット・ゾーン」[3]と呼んでいた)で、ジャンル作品の洗礼を受ける。その後、文学作品を映画化した『リトル・プリンセス』(1995)と『大いなる遺産』(1998)でハリウッドに参入。『トゥモロー・ワールド』(2006)、『ハリー・ポッターとアズカバンの囚人』(2004)、『ゼロ・グラビティ』(2013)など、ジャンル映画に強烈なリアリズムを盛り込むのがキュアロンの特徴だ。こうしたメインストリー

ムの作品だけでなく、『天国の口、終りの楽園。』(2001)や『ROMA／ローマ』(2018)といった、自身が青春時代を過ごしたメキシコに根差した、個人的な色合いが濃いプロジェクトも手掛けている。

　強欲で腹黒い連中が巣食う映画業界で、アミーゴスたちはそれぞれの意見を頼ってきた。互いの作品のプロデューサーやアドバイザーを務め、編集室で一緒に過ごし、正直に忌憚なき意見を出し合って作品を仕上げるのだ。

　「僕らは話し合いを持ち、『このショットとこのショット、あとそのショットも要らないな』なんて言うんだ。すると誰かが決まって、『でも、それを撮るのに10万ドルかかったんだが。さらにVFXとセットの建設費を加えると……』と返す。そんなことはどうでもいい。映画制作の舞台裏で芸術的にも予算的にも何が起きているかを知ってる観客なんて、皆無なんだから」[4]と、デル・トロは笑う。

　3人寄れば、ひとりひとりの映画が良くなる。メキシカン・ウェーブを起こすには、互いに協力し合うことが必須なのだ。

ビッグ・レッド

『ヘルボーイ』(2004)&『ヘルボーイ／ゴールデン・アーミー』(2008)

デル・トロはいかにして、お気に入りのコミックをアクションとホラーが融合し、ビビッドなスチームパンクのデザインと口紅色の無愛想な主人公とを組み合わせたカルトなスーパーヒーロー映画に仕上げたのか。そして続編は、さらに手の込んだ作りになっていく

『ヘルボーイ』の大胆不敵でカッコいい世界、そして大胆不敵さとカッコよさが1作目よりも増した続編の世界に飛び込む前に、『クロノス』以来続いている、ギレルモ・デル・トロの創作プロセスに欠かせないある要素に目を向けるべきだろう。それは、本能と呼べるほど極めて自然なことである。

基本的に、彼は制作に入るまでに、何ヶ月もかけてストーリーテリングのための隠喩的な雰囲気を作り上げるのだ。晩餐会が始まる前のテーブルセッティングだと考えてもらえばいい。デル・トロは、まず

は創作ノートの表紙を開き、意識的に自分の映画に意味を授ける。映像のある部分が目に留まり、その奥に潜む何かを感じたら——例えば、『パンズ・ラビリンス』に出てくる樹洞が女性器の開口部に似ているとか、パンの丸みを帯びた角が卵巣の形を思わせるとか——デル・トロは敢えてそうしているのだと思って間違いはない。

彼が自分の作品に繰り返し登場させる、胎児の液浸標本、充血した眼球、陶器のように白い肌といった「視覚韻」[1]の植えつけは、映画が形作られていくこうした段階で行われる。彼はそういった「視覚

左：映画ではロン・パールマンが演じたヘルボーイはコミック生まれ。コミックを読んだギレルモ・デル・トロは、アクション映画とゴシックホラーを掛け合わせたような世界観に魅了された

次ページ：ヘルボーイのコスチュームは、特徴的な南北戦争時のダスターコートを含め、パールマンの個性に合うよう精巧に作られている

HELLBOY
TUNNEL "A"/CHAMBER
Bridge leading to Kroenen's Room

MIGNOLA
8/24

上：原作コミック『ヘルボーイ』の作者マイク・ミニョーラは、映画のためにアートワークと絵コンテを提供。彼の独特の表現方法とデル・トロの特徴的なスタイルを結びつける手助けをした

左：ラスプーチンの霊廟の迷路さながらの地下世界には、膨大な数のゼンマイ仕掛けの罠や装置が存在する。青みがかった広大な地下空間を背景に、緋色のヘルボーイが浮かび上がる様がいかに印象的かは一目瞭然だ

韻」を「こだわりの対象」[2]と呼ぶ。

荒涼館という母艦と同様に、デル・トロは自分の映画を、テーマ、デザイン、潜在意識の魔法によってつなぎ合わされた部屋として見ている。彼は12本の異なる長編映画を作ったのではなく、「12の映画全てで形を成す1本の映画」[3]を作った。そして、1本の映画はまだ完成途中である。それぞれの作品が別の作品に影響を与え、マーベル映画のような単一のユニバースではなく、デル・トロが好きなときに行き来できる多元的な世界になっているのだ。

「形は中身そのものを表す、と僕は信じている」彼はそう主張する。「まずは色、形、セットの特徴とともに想像しないと、映画は頭の中で描けない」[4]。スタンリー・キューブリック並みの熱意で、ひとつのボタンから、スーツの生地の裁ち方、大聖堂のようなアーチ型のセットまで、カメラの前に置かれるあらゆる様相を彼は決定するのだ。

中身が伴わずに見た目だけが魅力的なものは、いかにもハリウッド向けだ。デル・トロはそう語ることが多い。彼は、「（きちんと栄養になる）目のタンパク質」[5]を作り出す。

『ヘルボーイ』は強化された「目のタンパク質」になる予定だった。カリフォルニア生まれのアーティスト兼小説家マイク・ミニョーラによるコミックシリーズが原作で、モンスターに夢中のデル・トロにとってはとんでもない大当たり作品なのだ。本を見つけた瞬間に「心を奪われた」[6]彼は、厳しい基準を持つ、ハイレベルなコミック・オタクである。一応列挙しておくが、他にも『童夢』、『The Coffin（未）』、『サンドマン』、『ウォッチメン』、『バットマン：キリングジョーク』、『バットマン：イヤーワン』がお気に入りだという。

1994年に初めて出版された『ヘルボーイ』〔1993年には、コミコンやコミック雑誌の表紙で披露されていた〕は、デル・トロ美学の刺激の強いバリエーション──オ

カルト的な道具、ゴシック調のインテリア、謎の儀式、時計仕掛けのナチスの暗殺者、無数のモンスター、そしてハードボイルドなアンチヒーローによるひねくれたユーモアのセンス──といった趣の作品だ。2メートル近い長身で、赤いフェラーリと同じ緋色の肌を持つ悪魔。改心しない悪霊やその仲間たちを排除し、正しいことを行おうとしている彼は、ヘルボーイとして知られているが、友人たちには「レッド」と呼ばれている。

「ミニョーラは、パルプ雑誌、ホラー、（ファンタジーやSF小説の表紙絵や挿絵を数多く手掛けたジョシュ・）カービィのダイナミックさ、そして『肉体労働者』の立ち振る舞いをブレンドし、抗うことができないユニークな世界を創造した」[7]と、デル・トロはうれしそうに語っている。『ヘルボーイ』の次号がもうすぐ出ると考え、将来、そのコミックワールドを映画化するという微かな希望の光を抱き続けるのは、『ミミック』の暗黒の日々を乗り越えるのに役立ったという。

デル・トロにとってヘルボーイの「秘密」は、誤りを犯しやすいことだった。「人間の脆弱性の典型みたいな存在だ」と、彼は絶賛する。「モンスターを狩るという並外れた仕事をしているんだが、やり方が、ブルーカラーの配管工みたいなんだよ」[8]

彼は、身体が引き締まっており、にっこりと笑う彫りの深い顔立ちのイケメンのスーパーヒーロー映画を作るつもりは毛頭なかった。自分の映画の主人公に親近感を持てることが必要だったのだ。「ヘルボーイは僕だよ！」[9]と、デル・トロは明言している。偉大な力には、心の卑しさがつきものだ。特殊な能力が与えられれば、それを駆使して、ビールを盗んだり、恋する相手に近づく男に石を投げたりもするだろうと、彼はわかっていた。執筆した脚本の中心テーマは、人は誰でも己の中に「闇」を持っていると認めること。ヒーローが内なる良識を見出すというハリウッドの標準的な考え方とは、真逆の方向性

であった。

『ヘルボーイ』は、「生まれ」対「育ち」の物語だ。その主人公も、出自ではなく、選択によって定義されるデル・トロ作品のキャラクターのひとりである。地獄で生まれたのかもしれないが、養父である心優しい超常現象の専門家のブルッテンホルム教授（ジョン・ハート）の寛大な教育の下、ヘルボーイは偏った道徳規範を身につけ、大きな角を折って切り口を削り、伸ばさないようにしているのが象徴的だ。帝政ロシアの狂気に満ちた祈祷僧グリゴリー・ラスプーチン（カレル・ローデン）が復活し、ヘルボーイを邪悪な無限空間である魔界へ送り込もうと画策する展開になると、映画は、己の息子の魂のために戦うふた

りの父親の物語となる。

「このアイデアは、1997年に父がメキシコで誘拐されたことから思いついたんだ」と、デル・トロは振り返る。「父とは何か、息子とは何かを伝える寓話を、信じられないくらい調べたよ」[10]

ニューヨークやモスクワの街中、地下でモンスターが次々出てくる大騒動を描く一方で、この映画はロマンスの一面も持つ。発火能力があるリズ・シャーマン（セルマ・ブレア）にぞっこんのヘルボーイが不器用に求愛する様子は、デル・トロが30年以上連

下：コミックの熱烈なファンであるギレルモ・デル・トロは、もちろんヘルボーイの象徴である重量級リボルバー、サマリタン銃を登場させている

上：ヘルボーイ（ロン・パールマン）は、想いを寄せるリズ（セルマ・ブレア）を励ます。なんとか念動発火能力を操れるようになった彼女だが、過去には発火の力が暴走してしまっていた。デル・トロ版『ヘルボーイ』は、ロマンス映画としても受け取れる

れ添う妻となる恋人ロレンザに求婚したときのことをそっくりそのままモデルにしている。原作者のミニョーラは、60歳の主人公が「恋煩いをするティーンエイジャー」[11] 同然にリズに夢中になるなんて、デル・トロはコミックから逸脱しすぎだと指摘した。

　本作はスーパーヒーロー映画であり、ロマンスであり、おとぎ話であり、フィルムノワールでもある。

　ミニョーラとの初対面で緊張を解すため、デル・トロは、ポストモダンの十字軍戦士とも言える主人公を演じる理想的な俳優候補を挙げてみようじゃないかと提案。すると、ふたりとも同時に「ロン・パールマン」[12] と言ったのだ。その瞬間、デル・トロは確信する。自分たちは波長が合う、と。その俳優と悪魔には、多くの共通点があった。常に部屋の中で

一番大きな男であり、千通りに解釈できる微笑みを浮かべ、マティーニと同じくらいドライなユーモアのセンスを持つ。「そして、あのイカした声」[13] と、デル・トロは付け加える。主演俳優で同意が得られた後、彼は真顔になってこう告げた。この映画化作品を「安っぽさが滲むコミック原作映画の『ラストエンペラー』（1987）にしたい」[14] と。

　ここまでの経緯は完璧に聞こえるが、映画『ヘルボーイ』が誕生するのには、8年の歳月がかかってしまう。デル・トロが繰り返し学んだのは、自分が最も気にかけているプロジェクトこそ、実現させるのは最も難しいという明明白白な教訓だった。とにかく執着して諦めないことが必要なのだ。

　ギレルモ・デル・トロ版『ヘルボーイ』制作の闘

いは、1996年、プロデューサーのローレンス・ゴードン、ロイド・レヴィンとの打ち合わせで幕を開ける。すでに権利は取得済みだったものの、ユニバーサル・ピクチャーズの重役たちが言葉を濁すばかりだったので、『ヘルボーイ・ザ・ムービー』という企画はずっと空回りの状態であった。当時、スーパーヒーロー・ブームは、まだ始まっておらず、中心となるのが（あるいは、映画スタジオ用語で「所有財産」）が、スーパーマン、バットマン、スパイダーマンといった世界で通用するキャラクターでない限り、真剣に取り扱ってもらえなかったのだ。

デル・トロは、「『ヘルボーイ』の第1作は、『X-メン』（2000）が映画化される前に始動していたんだよ」[15]と思い起こす。『ヘルボーイ』は、規制の価値観や規範に反発する「カウンターカルチャー」の提案であった。その後、『ブレイド』がまず公開され、カルチャーというダムに亀裂が入り始めたのだ。「スーパーヒーロー映画がいかにして20世紀の終わりに存在し得るかを示すのに貢献してくれた」[16]と、彼が認める『ブレイド』は、『マトリックス』（1999）が世界中で爆発的なヒットを飛ばすための道をそれとなく拓いた作品だった。そして、『X-メン』がスーパーヒーローの既成概念をぶち壊した。

さらに『ヘルボーイ』は、映画スタジオの変更によって救われた。ユニバーサルが永遠に煮え切らない態度のまま放置する恐れがある中、コロンビア・ピクチャーズが（制作会社レボリューションを通じて）介入。何が化けるか、そのルールが誰もわからない中、願わくば、ポスト『ブレイド』、ポスト『マトリックス』、ポスト『X-メン』として映画界をさらに盛り上げてくれる作品になってほしいと、『ヘルボーイ』映画化に6000万ドルをオファーしたのだ。

ただちにデル・トロは、メキシコ北東部のホリディ・インに移動し、脚本の執筆にあたった。「コミックを満遍なく読んで蛍光ペンを引き、付箋を貼りまくっ

たよ。それから、日記に一覧表を作り、イラストやスケッチでページを埋めていった。いわば、日記と暮らし始めたわけだ。そこまでしてようやく、しっかり練られた脚本になったと感じられるようになった」[17]

それは、まるで肖像画を描くような作業であった。ところが、デル・トロが描いたヘルボーイがロン・パールマンに似ているというだけで、スタジオ側はしらけてしまう。彼らにとって、パールマンはせいぜいテレビスター止まり。ザ・ロック（ドウェイン・ジョンソン）はどうだ？　ヴィン・ディーゼルは？　プリプロダクションの間ずっと、デル・トロは、コミックを実際に読もうともしていない見当違いのスタジオ関係者からの「提案」[18]を聞き流さないといけなかった。ヘルボーイが普通のティーンエイジャーで、ある魔法の言葉を囁くと赤い巨人になるのはどうだろう？　そんなふうに、彼らは反則級のアイデアを投げてくるのだ。真っ赤ではなく、肉の色にするのは？　彼に「ヘルボーイ・サイクル」というオートバイを与えようか？　彼らの頭の中には、当然、オモチャの関連グッズの販売もあった。「ヘルドッグ」というペットを飼わせるべきだ。教会に通う信心深い層を獲得するのに、「ヘル（地獄）ボーイ」ではなく、「ヘックボーイ」と呼ばせたらいいんじゃないか？

デル・トロは、そうした使い物にならないお粗末な発想をやり過ごし、己の赤い英雄にしっかりと焦点を合わせ続けた。

彼が考えていたのは、原作のストーリーと警察ものの融合だった。本作は、1944年、ナチスがオカルト的な力を使って敗北を回避しようとするところから始まる。しかしながら、旧ドイツ軍関係者によって復活させられたラスプーチンが魔界の門を開けるという企ては、オカルトの専門家ブルッテンホルム教授がアドバイザーを務める米軍部隊の勇気ある介入によって阻止された。ところが、扉がわずかに開

いたとき、2本の小さな角と大きな石の右手を持つ悪魔の赤ん坊が下界に降り、現場をチョコチョコと走り回っていたのだ。デル・トロの手の込んだこの冒頭部分は、撮影に2週間を要した。

カットが変わり、時間は60年が経過。ニュージャージー州にある超常現象調査防衛局（BRPD）の地下施設へと舞台は移る。（少なくとも身体的には）大人になったヘルボーイは秘密の組織であるBRPDに協力し、超自然的な脅威を排除する日々。通常は「滅びの右手」という愛称で知られる大ハンマーのような拳で相手にパンチを喰らわすか、超大型リボルバーのサマリタン銃をぶっ放す。

ヘルボーイという特異な存在は、超常現象に全く気づいていない外の世界に知られぬように隠されている。一般の人々に、雄牛サイズの身体と長い尻尾を持つ彼を理解してもらうのは簡単ではない。映画でヘルボーイが扱う最初のケースでは、サマエルという爬虫類に似た魔界の悪魔が出現する。それは、ラスプーチン、不死身のナチス将校たちの再登場を

示唆し、ヘルボーイがアルマゲドンを引き起こすという予言でもあった。

この映画は、過剰なほどの装飾が求められた。金箔で覆われたメキシコのバロック様式の教会を引き合いに出し、デル・トロは「何もかもがやり過ぎなんだ」[19]と熱弁している。

『ヘルボーイ』には、ラヴクラフト的要素も多い。ミニョーラもデル・トロ同様、ラヴクラフト崇拝者。この古くさいスーパーヒーロー伝説にデル・トロが最初に惹かれたのは、その要素もあったからだ。口から飛び出す触手と、1匹が死ぬたびに卵が2個孵化して急速に成長するという絶妙な種の増殖システム〔サマエルを絶滅させるには、存在する卵を一掃してから成長したものを皆殺しにするしかない〕を持つサマエルの設定は、デル・トロがラヴクラフト原作『狂気の山脈にて』を映像化するときのために描いていた初期のスケッチから生まれたものだ。映画の終盤、ラスプーチンが忌々しき次元の扉を再び開けると、惑星サイズの巨大なベヒモス──原作では、世界を混沌へと

前ページ左：物腰の柔らかい半魚人エイブ・サ
ピエンは、デル・トロお気に入りの俳優ダグ・ジ
ョーンズが演じ、デヴィッド・ハイド・ピアースが
声をあてている

前ページ右：驚異のゼンマイ仕掛けの暗殺者カ
ール・ルプレクト・クロエネン（チェコ人ダンサー、
ラディスラヴ・ベランが演じる）は、オカルトから
ナチスドイツまで、『ヘルボーイ』の図象的な
要素を融合した、非常に興味をそそられるキャラ
クターだ

右：『ヘルボーイ』の風変わりな悪役トリオを強
調した劇場公開用ポスター。左から、悪魔サマ
エル、バレエのように華麗に動くクロエネン、蘇
った怪僧ラスプーチン（カレル・ローデン）

導く邪神で、天に封じられた7匹
の暗黒竜「龍神オグドル・ヤハド」
として知られている——が出現。
このクリーチャーが、ラヴクラフ
トのクトゥルフ神話に登場する
「旧き神々」と姿が似ているのは、
偶然ではあるまい。

　映画の世界だけで物語が完結す
ることも、同様に重要であった。
コミックを何も知らなくても、そ
のアニメっぽいわざとらしさに馴
染めるようにするためだ。脚本は、
おとぎ話よろしく、「昔むかしあ
るところに……」とナレーション
や台詞で状況説明が伝えられるス
タイル。ルパート・エヴァンス扮
するFBIの新人捜査官マイヤーズ
がBPRDの一連の手順や慣習を学ぶ間、モンスター
と人間が同じ空間にいる異様な環境に彼は驚き、困
惑する。つまりこのキャラクターは、基本的に観客
の目線となっているのだ。「夜になると、物音を立
てる連中がいるんだよ」と、ジョン・ハートが演じ
るブルッテンホルム教授は説明する。「そして、そ

いつらを静かにさせるのが我々なんだ」[20]
　超自然的な存在に対するどこか滑稽な描写の仕方
は、『メン・イン・ブラック』（1997）のテイストが
少なからず含まれている。デル・トロがヘルボーイ
役はパールマンだと確信を持ったさらなる理由は、
どれだけ緋色のボディペイントをしても、感情を表

上：モンスターたちと争う際の圧倒的な戦闘能力とは裏腹に、デル・トロにとってヘルボーイは、恋に悩むティーンエイジャーに過ぎない

下：水から出て陸上調査の準備をするエイブ・サピエン（ダグ・ジョーンズ）。皮肉にもゴーグルの使用が欠かせない

に出さないという彼の個性は死なないとわかっていたからだ。映画全体が、パールマンという俳優の演技が生み出す、無愛想でパルプ雑誌らしいクールな主人公の立ち振る舞いに調子を合わせていく。その根底には、悪魔のヘルボーイと能弁な半魚人の相棒エイブラハム（通称「エイブ」）・サピエン（ダグ・ジョーンズが華麗に動きを演じ、デヴィッド・ハイド・ピアースが歯切れよくしゃべる声を担当）がとても人間らしいという設定がある。

デル・トロ版『ヘルボーイ』で「ビッグ・レッド」と呼ばれる主人公にふさわしい赤い色を手に入れるのは、容易なことではなかった。デル・トロは「赤いキャラクターを使うのは、ものすごく難しいことのひとつなんだ」[21]と嘆く。ヘルボーイだけの特別な赤である必要があったのだ。彼曰く、「そうでないと、コートを着たチョコレートバーになってしまう」[22]らしい。ヘルボーイには、少なくとも20種類の赤が使用されており、さらに緑と青で陰影と肝斑を表現している（これは、ドイツ出身で英国に亡命した画家ルシアン・フロイドによる肖像画から拝借した絵画トリックだ）。

全体的な服装や髪型のスタイルについては、デル・トロは原作コミックの雰囲気を採用しつつ、パールマンに合わせたものにした。南北戦争時代のダスターコートに長ズボン（コミックのような半ズボン姿のパールマンを見ることはない）という出で立ちで、寝室はペットの猫だらけという設定を加えたのだ。ヘルボーイがベビー・ルースというチョコバーを齧り、ビールをガブ飲みし、リズに胸を焦がす様子を見ると、彼がまだ青春期なのだと思い知らされる。

ミニョーラが描くオリジナルデザインには、すでにデル・トロっぽさを感じさせるところがあった。

サムライ風のチョンマゲ、ヴィクトリア時代を象徴するたっぷりのもみあげ、眉毛の上に乗っかるゴーグルのように見える切り落とした角の根元などだ。デル・トロがいかにゴーグル好きであるかが、本作でもわかる。ゴーグルは強化された視力、より近くを見る方法を象徴しており、彼自身、ずっとメガネをかけて人生を過ごしてきた。『ミミック』のマン博士のひび割れたメガネ。『ブレイド2』でニッサが装着していた忍者風ゴーグルの螺旋状に閉じるレンズ部分。『パンズ・ラビリンス』のペイルマンが

左：クロエネン（ラディスラヴ・ベラン）のエキゾチックな趣を持つ金メッキの防具、伸縮自在の刃物、潜水ヘルメット風のマスクのデザインで、デル・トロは真骨頂を発揮している。最も初期のスクリプトから、彼はこうした機械仕掛けの暗殺者用のスケッチを描いていたのだ

霊に似た姿を与え、影に紛れ込ませるという設定にしていた。ところがプロットの流れ上、どうしても物理的な存在が必要だった。スクリーンに登場しているのは、デル・トロが未完の作品『The Left Hand of Darkness（闇の左手）』のためにデザインしていた機械の暗殺者から引用したものだ。金メッキの防具を装着したゼンマイ仕掛けの人間（あるいは人間の残骸と機械の融合体と言うべきか）で、歯車と蒸気で動き、全身の血液は乾いて埃と化している。「僕は彼をSM（サディズムとマゾヒズム）の体現者のようにしたいと考えた。その仮面の下を覗くと、唇のない口を歪めて笑みを浮かべる、つぎはぎだらけの骸骨にしか見えない」[23]

「ノーマルな映画を作っている自分が想像できないよ」と、デル・トロは打ち明ける。「こうした（クロエネンみたいな）ものを生み出すのが大好きだし、彫像を作るのも、色づけするのも大好きなんだ。楽しいって思えることの半分は、世界やクリーチャーの制作だね」[24]

『ヘルボーイ』ワールドの創造にはヘトヘトになりながら130日間を要した。デル・トロにとっては記録的な日数であった。どのセットにも、膨大な「目のタンパク質」となる手の込んだ美しい要素が組み込まれており、映画全体から、創造という魔法に満ちた内なるエネルギーと喜びの振動が伝わってくるほどだ。どんなシーンでも撮影前に、デル・トロはプロダクションデザイナーと儀式よろしく現場内を歩き回り、最終的な調整を行った。彼の目だけに留まる細かな部分の調整だ。

デル・トロに頼まれ、ミニョーラもセット入りした。監督と議論をするという目的で。「同意するの

手のひらに埋め込み、その手を顔の高さに上げて物を見る眼球。水外活動に必要なエイブのゴーグルといった具合に、至るところでデル・トロのこだわりが見て取れる。そして、ナチスの暗殺者カール・ルプレクト・クロエネン（ラディスラヴ・ベラン）は、胸に差し込んだゼンマイを巻いて心臓の動力源とし、自虐癖でまぶたを切り落とした目を防毒マスクの黒い船窓のようなレンズで隠しているのだ。

クロエネンは、本作のスチームパンク的な要素の好例である。ある段階までは、デル・トロは彼に幽

が君の務めじゃない」と、デル・トロは原作者に伝えている。「君が僕を説得するか、僕が君を説得するか、だ」[25]。デル・トロは複数の論戦で負けることになった。ヘルボーイが魔界の門を抜けて下界に忍び込んだ際、『ローズマリーの赤ちゃん』（1968）へのオマージュとして、この悪魔の赤ん坊を30階建ての高さの建造物と化した揺りかごの中で見つけるという構想を抱いていた。ミニョーラは、「それじゃコミックと一致しない」[26]と困惑し、顔をしかめたという。

カメラを固定し、モンスターに動いてもらうという特殊効果の巨匠レイ・ハリーハウゼンの原則に従い、デル・トロはCGI（コンピュータ生成画像）に依存するのではなく、スーツアクターを起用して生身の肉体の質感を強調した。全編を通じ、彼が望んだ「ヘルボーイを象徴する瞬間やポーズ」[27]が、12から13パターン登場する。例えば、生体改造でパワーアップしたバイオニック・カンガルー並みに空に向かって跳躍する姿、地下鉄に通じる長い縦穴に突っ込み、あちこちにぶつかりながらも敵と激しく揉み合う落下時の身体能力、彫刻の前で繰り広げられる博物館でのサマエルとの肉弾戦などだ。

ヘルボーイは上半身だけになったロシア人の死体を墓から引きずり出し、肩に担いで道案内をさせるのだが、ファンお気に入りのこのアンデッドの道案内人イワン（「The Corpse（死体）」としても知られている）の声を担当したのは、なんとデル・トロ自身である。『ヘルボーイ』は、モスクワ、正確にはモスクワの地下――巨大な歯車、回転する部屋、棘のトラップ、あの世への入り口を持つ巨大なラスプーチンの霊廟――へと舞台を移し、怒涛のクライマックスを迎え

る。ここは、クロノス装置の中に入り込んだのかと錯覚させるような場所だ。「デル・トロは自分自身の内面に首を突っ込み、ドイツの作曲家リヒャルト・ワーグナーの哲学理論や美学的概念を崇拝する『ワグネリアン』的な壮大さを見出している」[28]と、アメリカの時事、政治、文化を扱うオンラインマガジン『Slate』は、デル・トロがゴシック風の要素を存分に投入していることを絶賛。そんな本作では、世界は破滅させられて忘却の淵に沈む瀬戸際にあり、ヘルボーイが正しい選択をすることが待ち望まれているのだ。

デル・トロは自分自身を、スティーヴン・スピルバーグやジェームズ・キャメロンのような大衆向け映画を作る監督だとは考えていない。「僕には癖が

ある」[29]と彼は言うものの、それが完全に正しいわけではないだろう。デル・トロは、映画業界の他の巨匠たちと同じく、自らが作るファンタジーの中にある普遍的な何かに触れる能力を持っている。『ヘルボーイ』は、人間的なつながりが愛おしい、少し風変わりな瞬間が散りばめられたひと筋縄ではいかないコミック・アドベンチャーだ。リズは耐火性のヘルボーイと初めてキスをし、エメラルド色の炎を燃え上がらせる。あるいは、ジェフリー・タンバー扮する仏頂面のFBI局長マニングは、ヘルボーイに葉巻に火を点ける正しいやり方を教える。

空想的なクリーチャーたちの内面に目を向け、赤いリコリス菓子「トゥイズラー」色の悪魔が日々行う奇癖をあれこれと探りながら、デル・トロは、誰

上：エルフ族の兄妹、ヌアダ王子（ルーク・ゴス）とヌアラ王女（アンナ・ウォルトン）について、ギレルモ・デル・トロは、この世のものとは思えない伝説の生き物のような畏怖を感じさせる外見にしようと心を決める

もがよそ者であることを我々に思い出させる。心の奥底では、皆、ヘルボーイなのだ。

　最終的な全世界興収は9900万ドルという結果になり、万人受けする映画ではなかったことが証明された。それでもヘルボーイは、おとなしくしてなんかいない。DVDと（目のタンパク質補給にベストな）ブルーレイがリリースされ、称賛の声がどんどん高まっていく。しかも、『ロード・オブ・ザ・リング』や『ハリー・ポッターと賢者の石』（2001）が当たり、ファンタジー映画の一大ブームが到来していたのだ。こうして2008年、ユニバーサル・ピクチャーズが、一度手放したこの悪魔の子供を取り戻す。

　映画『ヘルボーイ』の2作目はデル・トロが続けて監督した唯一の続編で、再びメガホンをとることになった彼は自信に満ちあふれていた。2006年の『パンズ・ラビリンス』はセンセーションを巻き起こし、ハリウッドは、（国際的な魅力の輝きも加わった）芸術志向が評価され、しかもメインストリームでの成功も可能な映画監督と仕事をすることに躍起になっていた。そして、ギレルモ・デル・トロにオファーが殺到する。テレビゲーム『HALO』の映画化はどうだろう？　『狼男』（1941）のリメイクを考えたことはあるか〔結局、ジョー・ジョンストン監督がベニチオ・デル・トロ主演で『ウルフマン』（2010）としてリメイクした〕？

しかしデル・トロは、自分のお気に入りの「（悪魔の）子供」のところに戻る機会に心を動かされ、2作目でヘルボーイがどこへ向かうのかに興味を抱いた。続編制作の資金は8500万ドル。典型的な超大作映画の予算1億ドル以上には及ばないものの、かなりの金額には違いなかった。

　普通の映画は作らないという強い意志を持つデル・トロがすぐに思いついたのが、ラブストーリーだった。あるいは、誰かと関わることの難しさを描く物語とも言える。「だから2作目は、1作目ラストの（ヘルボーイとリズの）キスシーンの続きなんだ」[30]。そう説明するデル・トロは、ふたりの関係をあれこれと考えていた。晴れて恋人同士になった彼らの最初の1年はどんな感じなのか？　リズはがさつなスーパーヒーローとの暮らしにどう対処しているのか？　映画では、うまくいっていないことが明らかになる。しかも目立ちたがり屋のヘルボーイは、存在をできるだけ隠せと強要されて面白くない日々。その上彼は、大人になる、とあるきっかけに直面するのだった。

　モンスターが騒がしい本作でのデル・トロの仕事は、『パンズ・ラビリンス』のために彼が行っていた神話や民間伝承のリサーチの影響を受けている。「2作目は、現実世界がファンタジーや魔法を卑劣な手段で傷つけたり、蝕んだりしていることを描いているんだ。どれだけ僕らが、悲劇的に毎日魔法を破壊しているかもね」[31]と、彼は語っている。

　この2つの企画を積極的に進める中で、重なり合う部分があることが顕著になっていた。そこでデル・トロは、気持ちの上では、姉妹作品だと考えていたという。

　2006年の冬、ハンガリーのブダペストで撮影された『ヘルボーイ／ゴールデン・アーミー』には、地上の支配者となった人間に不満を抱くエルフ族が、ナチス的な立ち位置で登場。彼らは、鍛冶職人のゴ

ブリンが何世紀も前に製造した無敵の機械軍団「ゴールデン・アーミー」を目覚めさせると脅す。凶悪な魂が宿ったゼンマイ仕掛けの懐中時計とでも言いたくなる姿のゴールデン・アーミーがひと度動き出せば、人類は一掃されてしまうだろう。ゴールデン・アーミーを復活させるため、人間との休戦協定を破って王の逆鱗に触れたエルフ族のヌアダ王子（ルーク・ゴス）は3つに分けられた魔法の王冠を探し出さねばならなかった。王冠をひとつに戻して初めて、機械兵が操作できるからだ。王冠の一片を奪うべく、彼はニューヨークで行動を開始する。

　デル・トロは物語を練るのに悪戦苦闘していた。家族でカリフォルニア州ロングビーチの太平洋水族館に出かけた帰り道、長いドライブ旅行の最中にミニョーラに電話をして悩みを打ち明けると、ようやくインスピレーションが湧いてきたという。「うまくいくとしたら、反逆者となる王子を登場させるしかない」[32]と、デル・トロはミニョーラに伝え、ふたりはその設定を「膨らませ」[33]始める。旅行が終わる頃には、楽しそうにあれやこれやとアイデアを大声で出し合うようになっていた。王子には魔法の国が必要だ！　それに相棒も！　新たな構造には、それまでとは逆の発想が必要である。BPRDチームは他の世界に行く。『オズの魔法使い』のようなファンタジーの雰囲気をもっと与えないといけない。デル・トロはそう語った。

　本作は、数週間の魂をすり減らすような夜間撮影が含まれる120日に及ぶ大規模な仕事となった。さらに、登場するクリーチャーの数が飛躍的に増加。つまり、重い着ぐるみに入り、暑さと限られた視界で動かねばならないスタントマンも増えるという意味だ。規模が大きくなった怪物寓話の調整には、撮影のための時間とエネルギーが必要だった。

　にもかかわらず、デル・トロは解放感を覚えていた。続編ゆえに、大量のバックストーリーを決めて

BELIEVE IT OR NOT
HE'S THE GOOD GUY

FROM THE VISIONARY DIRECTOR OF PAN'S LABYRINTH

HELLBOY II
THE GOLDEN ARMY

上：『ヘルボーイ』の2作目となる本作のプロモーション活動では、映画スタジオは1作目よりも、
緋色のヒーローというイメージを堂々と前面に押し出した

世界のルールを設定する必要がないのだ。彼曰く、「だから、もっと楽しめるってわけだ」³⁴。

デル・トロは創作ノートの20〜30ページを使い、人間とモンスター、『ヘルボーイ』の2つの現実世界を拡張するのに専心した。32のクリーチャーが新たにデザインされ、造形されている。ただし、エレメンタル（ひと粒の光る種が急激に成長して3階建てのビルと同じ高さになる、まるで宮崎駿が描いた蘭の花かと見紛う森の精霊）並みの巨大なクリーチャーか、もしくは、群れを成し、骨でも噛み砕く完璧な白歯を持つ歯の妖精トゥース・フェアリーといった極小のモンスターは例外だ。どちらも完全にCGI（コンピュータ生成画像）で描写されている。

デル・トロは、『ホビットの冒険』、『指輪物語』の作者J・R・R・トールキンや、『不思議の国のアリス』などのファンタジー小説の挿絵で知られる画家アー

サー・ラッカムから受け継がれるエルフ、トロール、フェアリーの既成概念から抜け出したいと考えた。デル・トロが創造したエルフの象牙色の顔やシフォン地のようなフワッとした長い髪は、映画『ロード・オブ・ザ・リング』シリーズの美しいエルフ族に比べれば、不吉で不健康に見える。ヌアダ王子やヌアラ王女の顔は人間の肌というよりも、彫刻のような質感を持つ。これは、『クロノス』の古美術商ヘスス・グリスに始まり、『デビルズ・バックボーン』の幽霊サンティ、『ブレイド2』のジャレド・ノーマックをはじめとするリーパーズ（死神族）と連続して続くデル・トロの「視覚的な韻」である。『ブレイド2』の洗練されたデザインのヴァンパイアたちは、明らかにこのエルフ兄妹への布石だったのだ。

　言うまでもなく、道を踏み外したヌアダ王子は、『ブレイド2』で、自分をリーパーズに変えた父ダマスキノスを恨むノーマックのストーリーラインを想起させる。どちらのキャラクターにもルーク・ゴスという同じ俳優を起用したことで、なおさらそれが強調された形となった。ヌアダ王子もまた、複雑な家族の事情に巻き込まれた複雑な心の持ち主であり、本作のテーマを背負っているのだ。彼は、かつて争っていた人間との間に休戦協定を結んだ父バロル王（演じるのはロイ・ドートリスで、立派な枝角が生えている）の妥協策に怒りを覚え、環境に優しくない人間の陰で生きることにうんざりしていた。心優しき妹のヌアラ王女（アンナ・ウォルトン）とは、精神的にも肉体的にも深くつながっており〔意識の共有だけでなく、どちらかが怪我をして出血すると、もう一方が同じところから血を流すという具合〕、トールキンが生み出した『指輪物語』の架空世界、中つ国では見かけない設定だ。
「僕が気に入ったアイデアは、エルフの世界を金（ゴールド）、深紅、黒にし、BPRD内のヘルボーイの書斎と同じ色調で統一するというものだった」と、デル・トロは記している。「そうすれば、ヘルボーイが魔法

の世界と共通の何かを持っていることが強調されるってわけだ」[35]

　映画全編を通じ、デル・トロは、自分の得意分野で本領を発揮している。観客が共感を覚えるのは、強面のヘルボーイからは想像もできない弱点や欠点があるからで、そうした様々な細かい要素は、デル・トロが創り出した作品の中のあちこちに散りばめられている。彼は、より「肉体的感覚」[36]を有するクオリティにこだわった。例えば、エレメンタルはセロリのような透け感を持ち、『パンズ・ラビリンス』のパン同様に苔に覆われている。さらには、絵画的な描出も求めた。16世紀のブラバント公国（現代のベルギーおよびオランダの一部）の画家ピーテル・ブリューゲル、スイスの象徴主義派の画家アルノルト・ベックリン、初期フランドル派を代表する画家ヒエロニムス・ボスはもとより、ベルギーの象徴主義、シュルレアリスム、ダダイズム、さらにはポップアートといった芸術運動の一部の要素が吹き込まれたビジュアルは、まさしく本作の目のタンパク質だと言えよう。

　原作者のミニョーラは、2作目は「（1作目より）ずっとデル・トロらしい映画だ」[37]と認めている。

　映画スタイルの変化は、必ずしも成功するとは限らない。原作コミックのスチームパンク的な奇抜さや現代的な大胆さは、華美な展開によって掻き消されがちだ。本作の物語が進む中で、奇々怪々な要素が数多登場するのだが、ひとつ例を挙げると、『スター・ウォーズ エピソード4／新たなる希望』（1977）のチャルマンの酒場シーンをデル・トロらしく再現したトロール市場だろう。入り口を見つけられる人ならわかるはずだが、それはブルックリン橋の下に位置する。ここは、グリム兄弟が延々とクリーチャーを生み出し続ける不気味なメルヘンの世界なのかと思うほど、無数の多種多様なモンスターであふれ、中は無秩序に広がっている。そこは、象徴主義者が

上端：ギレルモ・デル・トロがコミックの設定で残したかった重要な
要素のひとつは、尻尾を使って正確にかなりの距離を跳躍移動するヘ
ルボーイの能力だった

上：死の天使（クレジットされていないが、ダグ・ジョーンズが扮して
いる）は、本作のために創られたキャラクター。もともとは、デル・ト
ロの未完の映画『Mephisto's Bridge（メフィストの橋）』用にデザ
インされたものだった

右：ビルの高さまで成長した、知覚を有する巨大植物エレメンタル。
このクリーチャーは、デル・トロが自身の創造した不可思議な要素を
実現するためにCGIを頼りにした数少ない例のひとつ

右：知らぬ神より馴染みの鬼〔どうせ災いを避けられないのなら、正体不明の何かよりもすでに知っているものの方が対応しやすいのでまだマシだ、の意味〕──『ヘルボーイ／ゴールデン・アーミー』のプレミア試写会で、ジョークに笑うギレルモ・デル・トロと漫画家のマイク・ミニョーラ

内面世界を異形の者たちで表現したバザールとでも言いたくなる場所で、咄嗟に全容を把握することはできない。あまりの混沌さに、『パンズ・ラビリンス』の心に突き刺さるほどの明瞭さが恋しくなるくらいだ。

トロール市場では、ヘルボーイ（ロン・パールマンが再び嬉々として演じている）がヌアダ王子の相棒、Mr.ウィンク（ブライアン・スティール）と戦う。Mr.ウィンクは図体の大きい洞窟トロールで、過去の戦いで負った傷で片目が塞がれており、右手は巨大な機械の拳になっている。彼の名前の由来は、リズ役のセルマ・ブレアが飼う片目の犬である。

デル・トロは、原作を完全に無視していたわけではない。ファンに人気のあるヨハン・クラウスを登場させるため、ミニョーラの描いたコミックに回帰している。このキャラクターの正体はゲルマン人の煙状のエクトプラズム。普段は深海潜水服の中に入り、人らしい形を保っている。BPRDの新メンバーである彼は、ずさんな同組織に秩序をもたらそうと試みるのだ。デル・トロは続編で加えた最も面白い要素として、「彼の見た目は、フランスの小説家ジュール・ヴェルヌの作品に出てきそうな格納容器っぽくしたんだ」[38]と明かす。

各所からの2作目の評価は、概ね肯定的であった。美しく仕上がった映画だが、やけに親しみやすさが強調されている。「この作品は、前作の物語の流れをフローチャートよろしく正確に追っている」[39]と、1914年創刊のアメリカの政治、文化、芸術を扱う雑誌『The New Republic』は指摘。遺物、戦い、悲劇、官僚的な揉めごとの後、地下の巨大なゼンマイ仕掛けの空間での最終決戦が待っている。興行収入は1作目より増えて1億6800万ドルになったものの、そこまでの注目を集める結果にはならなかった。なにせ、同年公開のマーベルコミック原作映画『アイアンマン』が5億8500万ドルだったのだから。

3部作となる約束であったが、3作目は実現しなかった。なんでも、ヘルボーイが、狼男、ドラキュラ、フランケンシュタインといった昔のユニバーサルのホラー映画に登場したモンスターたち──正確には、ベラ・ルゴシのドラキュラやボリス・カーロフが演じたフランケンシュタインの怪物といった時代のキャラクターたち──と対峙するという大計画があったという。それはデル・トロが心の底から夢見ていた企画だったのかもしれないが、彼の関心は他の様々なプロジェクトに向けられていく。ただその前に、デル・トロの評価を決定づけた作品を見てみよう。定着して類型化したファンタジーに対する、彼独自の思考を展開させる機会となった1作だ。

上：北アイルランドに飛んだ主人公たちは、鍛冶職人ゴブリンの導きで荒野に立つ巨像の秘密の入り口から地下世界へ。
そこに隠された無敵の軍隊「ゴールデン・アーミー」を初めて目にすることになる

通過儀礼

『パンズ・ラビリンス』（2006）

デル・トロは心の赴くまま、再びスペインを舞台とし、おとぎ話と
辛辣な歴史ドラマが綯い交ぜになった奇妙で芸術作品風の1作を
生み出した。撮影は恐ろしく困難だったが、まるで繭から羽化した
蝶のごとく、彼が最も愛してやまない映画が誕生する

下：ギレルモ・デル・トロの監督作全て
に共通することだが、魔法の存在はすぐ
に露わになる。製粉所で過ごす最初の晩、
オフェリア（イヴァナ・バケロ）は自分の
おとぎ話の本を本当の妖精に見せる

次ページ：『パンズ・ラビリンス』の1シー
ンではあるが、おそらく本作だけでなく、
デル・トロのフィルムメーカーとしての全キ
ャリアを決定づける象徴的なイメージとな
った写真。人を惹きつける何かを持つ牧
羊神パンと出会ったオフェリアは、現実と
空想の世界を行き来する3つの試練を与え
られる

本作以降も続く成功を含めたとしても、その日は、デル・トロの映画監督人生の中で、最も幸福な日だったのかもしれない。『パンズ・ラビリンス』の物語は悲劇で幕を閉じるが、最後に希望に満ちた余韻を残し、デル・トロの耳には祝福を伝えるかのような拍手が響き渡った。それは22分間鳴りやまず、カンヌ国際映画祭史上最長のスタンディングオベーションとなったのだ。それに倣い、歴史と神話を統合させたこの映画へ惜しみない賛辞を贈るレビューが続出した。

「『ロード・オブ・ザ・リング』3部作と同じハイ・ファンタジー〔異世界で展開される壮大なスケールの空想物語〕の位置づけにされない理由が見当たらない。『パンズ・ラビリンス』はその価値がある」[1]と、アメリカのエンタメ情報誌『Entertainment Weekly』は声高に訴えている。

『The New York Times』紙は、その途方もないビジョンが突きつける奥深い問いを直感的に捉えた。「『パンズ・ラビリンス』はおとぎ話を装った政治的な寓話だ。あるいは、その逆かもしれない。この童話の道徳的構造は、権威主義による支配の本質に光を当てているのだろうか？　それとも映画は、命を吹き込まれた恐ろしいおとぎ話としてファシズムをさらけ出しているのか？」[2]

ここで、映画史における異例の事態が発生する。第59回カンヌ国際映画祭では最高賞のパルムドールは、ケン・ローチ監督の1920年代のアイルランド独立戦争を舞台とした陰鬱な人間ドラマ『麦の穂をゆらす風』（2006）に奪われ、監督賞は、『バベル』

を撮ったメキシコ人監督で親友のアレハンドロ・ゴンサレス・イニャリトゥの手に渡ったのだ。とはいえ、情熱的なオタク少年という皮を被ったアーティスト、ギレルモ・デル・トロの存在に、世界がようやく気づき始めたのは紛れもない事実だった。

ギレルモ・デル・トロにとって、迷宮とは迷子になる場所ではなく、どこかで己の道を見つけるところだ。「度重なる紆余曲折と絶望の末に、ね」[3]と、彼は付け加えている。つまりそれは、ストーリーテリングの「横糸」なのだ。ギリシャ神話からルイス・キャロルの『不思議の国のアリス』まで、大聖堂の床から田舎の庭園まで、『ミミック』の地下鉄の入り組んだ地下通路から『ブレイド2』の下水道に至るまで、デル・トロは迷路のような場所が持つ隠喩

の力に夢中になってきた。迷宮は、ある心の状態と同じなのかもしれない。

彼自身が歩んだ成功への道のりは、試練と苦難、そして絶望に満ちていた。『ミミック』に次ぎ、「『パンズ・ラビリンス』は2番目に制作が辛かった映画だ」[4]と、彼は明かしている。飽くなき野心を抱えていたものの、困難な撮影条件、プロデューサーの介入、登場するクリーチャー「オオガエル」の故障、最小限の予算と、次々に厳しい現実と直面した。挑戦すべきではなかった映画なのだ。彼はのちに、「理性に耳を傾けていればよかったんだけどね……」[5]と、苦笑いを浮かべている。

2002年、ロンドンに短期滞在していたデル・トロはもうひとりの旧友、アルフォンソ・キュアロン

前ページ下：メキシコ人革命児──ギレルモ・デル・トロは、自身の代表作で冷酷な史実とおとぎ話の魔法を重ね合わせ、新たな映画言語を完成させた

右：『ハリー・ポッターとアズカバンの囚人』の撮影現場で佇む朋友アルフォンソ・キュアロン。デル・トロに『パンズ・ラビリンス』の制作を勧めた彼は、この象徴的なプロジェクトのプロデューサーを務めた

と会い、夕食をともにした。当時、彼は『ヘルボーイ』のプリプロダクションの最中で、キュアロンは『ハリー・ポッターとアズカバンの囚人』の撮影を行なっていた。デル・トロは、ワーナー・ブラザースから大きな利益が見込めるシリーズものを任せたいと打診されていたという。彼が、『ハリー・ポッター』の原作者J・K・ローリングがインスピレーションを得ていたのと同じ、古代の数々の神話を深く掘り下げていたからだろう。キュアロンがローリングの著作を1冊も読まずに彼女の原作小説の映画化第3弾のオファーを受けた事実を知り、デル・トロは怒ってキュアロンを近くの書店に引っ張っていき、映画監督としてあるまじき友人の態度を改めさせようとした。彼は真剣に魔法と向き合っていたのだ。あまりにも真剣すぎたのかもしれない。

『ハリー・ポッター』に対するデル・トロの考え方は、映画スタジオが持っていたイメージとは全く異なるものだった。彼は映画化される前に『ハリー・ポッター』シリーズの小説を読んでおり、チャールズ・ディケンズ風だと考えていた。「原作で描かれる状況は、ディケンズの『大いなる遺産』の登場人物ピップを思い起こさせる。実写化された映画よりもずっと奥深く、物ごとがなかなかうまくいかず、心が蝕まれているかに見えたんだ」[6]と彼は言い、登場する子供のひとり──ロン・ウィーズリーがいいだろう──を殺し、ドラマに重みを少し加えるべきだと提案した。

いかなる場合でも、彼は泥臭く、それとなく何かをほのめかし、個人的な特徴を持つ魔法の形を頭に描いている。ロンドンの暖かいその夜、おいしいワインを味わいながら、デル・トロは『パンズ・ラビリンス』のストーリーを親友に語って聞かせた。すでにでき上がっていた映画の全容にキュアロンは驚く。家族、宗教、神話、孤立した子供たち、スペイン内戦による傷痕など、『デビルズ・バックボーン』に浸透していたデル・トロのあらゆるテーマ的な対象の集大成だったからだ。最終的にデル・トロはキュアロンに、「これは、現実と幻想の間の透過性についての作品なんだ」[7]と語っている。

国を引き裂いたスペイン内戦で政府に反旗を翻したフランシスコ・フランコ将軍側の右派が勝利し、同国にファシズム体制が敷かれた5年後の1944年、

『パンズ・ラビリンス』の物語は始まる。森の中の道を走る車の後部座席でおとぎ話の本を夢中になって読んでいるのが、11歳の少女オフェリア（イヴァナ・バケロ）だ。デル・トロは、本作で再び子供のつぶらな黒い瞳を通して、世界を見つめている。彼が好んで言うように、子供たちは「より高度な文化の使節」[8]なのだ。オフェリアは、身重の母カルメン（アリアドナ・ヒル）とともに新居となる砦の製粉所へ向かう途中である。そして、そこではオフェリアの意地の悪い継父となる、フランコ軍の将校ヴィダル大尉（セルジ・ロペス）がふたりを待ち構えていた。ナイフの刃のごとく冷酷な彼は、木陰に身を潜める共和国派のレジスタンス組織——マキ（maquis）——を一掃すべく、スペインのガリシア地方にある山間の前哨基地に駐留していたのだ。手つかずの自然の風景が広がる中、オフェリアは石造りの迷宮の中心で、驚くべき地底王国への入り口と、牧羊神の姿をした世にも奇妙な門番パン（ダグ・ジョーンズ）を発見。苗木のようにすらりとし、不思議な魅力の声を持つパンは、地下世界への扉を開くため、彼女に3つの試練に挑ませるのだった。

デル・トロの全作品に言えるのだが、『パンズ・ラビリンス』の物語も想像力の連鎖反応によって生み出されている。2003年頃、彼はすでにたくさんのおとぎ話はもとより、エドウィン・シドニー・ハートランドの『The Science of Fairy Tales（未）』といった分析本——デル・トロが「おとぎ話の伝承におけるストーリーテリングの根底となる筋」[9]と呼ぶものがいろいろ紹介されている書物——なども、かなりの冊数を読んでいた。とりわけ、20世紀初頭のイギリスの小説家アルジャーノン・ブラックウッドとアーサー・マッケン（両者とも、西洋魔術結社「黄金の夜明け団」のメンバーで、超常現象の研究に没頭していた）の著作を深く読み込み、現代社会の表面下には野蛮な異教の神話がいくつも隠れているという考えに「非常

に惹かれた」[10]そうだ。スペイン北部に、ケルト文化がしっかりと息づいている事実をデル・トロは知る。「興味深いよね。スペイン映画でも、その部分はあまり描かれていない……。だから、その地域を舞台にした時代ものを作れればいいなと思ったんだ」[11]

アルフォンソ・キュアロンは、『パンズ・ラビリンス』の起源が、ふたりが駆け出しの頃に携わっていたテレビのホラー・アンソロジー・シリーズ『La Hora Marcada』にあるとわかっていた。デル・トロが脚本を書き、キュアロンが監督した「De Ogros（人食い鬼について）」というエピソードは、虐待する父親のもとに留まるのではなく、街の下水道で人食い鬼と暮らすことを選ぶ小さな女の子の話なのだ。デル・トロはこう語っている。「彼女は、父親という化け物ではなく、モンスターの方を好んだのさ」[12]。この小品は、以降、数々の長編映画の大筋として使われている。

オフェリアの冒険の真の起源は、デル・トロの子供時代の情景にあった。ロンドンの英国映画協会のイベントにて、デル・トロは「人生最初の10年間から回復するのに、僕は32年もかかった」と明かし、聴衆は笑っていいものかどうか戸惑ったらしい。「本当に、僕の子供時代はかなりめちゃくちゃだった……。住んでいたのがメキシコだったからなのか、僕がメキシコ人だからなのかわからないけど、僕の人生は、それはもうひどくて、奇妙なことばかりだったんだ」[13]。そう彼は訴えている。12歳のとき、彼は、大好きな伯父が墓から囁きかける声を聞いたという。正確には言葉ではなく、どちらかというとため息であった。ふたりはとても仲が良く、デル・トロにH・P・ラヴクラフトを教えたのは伯父であった。脳の理性的な部分は、隙間風に違いないと主張したが、窓は閉まったままだ。しかも寝床に入っても、今度はマットレスの内側から同じため息が聞こえてくる。この経験があったからこそ、『デビルズ・バックボー

上：ペイルマンの部屋に入り、第2の試練を始めようとするオフェリア（イヴァナ・バケロ）。長い通路は、ギレルモ・デル・トロが子供時代に見た悪夢の光景をそのまま採用したもの

ン』で幽霊の少年サンティが夜中に囁きかけるシーンが生まれたのだ。

　まだ幼かった当時、デル・トロは、メキシコの祖母の古い家でよく寝泊まりしていたが、その家には、長くて暗い廊下があった。子供心には、廊下は実際よりも長く見えたものだ。それは、目覚めたペイルマンが目玉を手のひらに戻し、ノロノロと追いかけてくるとき、ファンタジーの世界から解放されるため、オフェリアが抜け出ないといけない扉に向かって伸びる通路も同じである。「毎晩、真夜中の特定

の時間に、僕の寝室の衣装ダンスからパンが出てきたんだ」と彼は振り返り、あたかも祖母宅に泊まると当然起こることのように語った。「明晰夢だったに違いないけれど、子供にとってはまるで現実だった。僕は彼を見たんだよ」[14]。そのパンは、『パンズ・ラビリンス』に登場する颯爽とした、少し意地悪でおしゃべりな牧羊神とは全く違っていた。人間の手とヤギの顔を持ち、はるかに敵意に満ちた表情をしていたという。

「メキシコの図像学では、悪魔は得てして、直立し

上：人間と動物の完璧な融合体であるパン（ダグ・ジョーンズ）の創造は、デル・トロのキャリアの中でかなり苦労した作業のひとつだ

たヤギの姿になっているんだよ」[15]。デル・トロは
そう認識していた。そして、映画のタイトルが「パ
ンの迷宮」を意味するにもかかわらず、彼のキャラ
クターは、流布された牧羊神パンの異教の伝説を変
奏したわけではないと明言している。タイトルは、
外国の配給会社に譲歩するために付けられたもの
だった。

　本作にはさらに、9・11アメリカ同時多発テロと
いう深刻な事情が影響していた。ワールドトレード
センターの北棟と南棟に旅客機が衝突するわずか数
日前、デル・トロはトロント国際映画祭で『デビル
ズ・バックボーン』を発表し、絶賛されていた。「自
分の映画があれだけ評価されて、プチ・ブルジョア
みたいな幸福感に浸っていたんだ」[16]と、明かした
彼だが、テロ事件発生時は、家で妻や子供たちと一
緒に恐ろしい光景をテレビで見ており、嘆き悲しむ
ことしかできなかったという。自分が知っていた世
界が、見る影もなく変わってしまった。あるいは、
その本性を剥き出しにしてきたのかもしれない。そ
う悟った彼が出した唯一の答えは『デビルズ・バッ
クボーン』の続編を作り、己の芸術性を駆使しても
う一度、残酷な出来事が繰り返される歴史を映画に
することだった。ただし今度は、女性のエネルギー
に満ちた姉妹編にしようと、考えたのだ。

「僕がそうしたかったのは、時代的な背景となるファ
シズムが明らかに男性の関心ごとであり、『男子の
遊び』だからだ」と、デル・トロは語る。「じゃあ、
11歳の女の子の世界で、ファシズムに対抗してや
ろうと考えたんだよ」[17]

『パンズ・ラビリンス』の初期のバージョンでは、
妊娠した妻が話の中心だった。彼女はパンと恋に落
ち、パンにお腹の子供を犠牲にしろと要求される。
パンは約束するのだ。息子は別の世界で見つけられ
る、と。デル・トロ曰く、「彼女はやみくもにその
言葉を信じてしまう。衝撃的な話だった」[18]とのこ

とだ。そのコンセプトの骨格は、臨月を迎えたオフェ
リアの母親の「夫は愛情のかけらもないのに、彼女
は心を奪われている」という設定として残存してい
るものの、映画はオフェリアの物語に進化した。と
はいえ、キュアロンと向き合うまで、彼にはきちん
と気づいていないことがあったのだ。

『クロノス』のトーンと子供の視点を踏襲する一方
で、『パンズ・ラビリンス』は『デビルズ・バックボー
ン』の写し鏡のような作品であった。どちらも、ス
ペイン内戦という長引く悲劇と政治的混迷の中で展
開し、風景が物語に重要な効果を与えているが、『デ
ビルズ・バックボーン』の背景は孤児院が建つ荒野
で、『パンズ・ラビリンス』の舞台では冬の森林が
広がっている。2作とも、孤独な子供が人を寄せつ
けない新たな場所に車で連れていかれるところから
ストーリーが始まり、不可思議な何かが存在する超
自然的なベールを纏いつつ、戦争の悲惨さを描いて
いる。さらに、いずれも撮影はスペインで行われ、
スペインの資金も投入されているのだ。他にもデル・
トロは、いかに自分が母国語であるスペイン語で撮
影することにこだわっているかをキュアロンに何度
も訴えていた。

　ユニバーサル・ピクチャーズから、英語で映画を
作ることを条件に魅力的な高額オファーが来ていた
のだが、デル・トロはそれを断った。『パンズ・ラビ
リンス』は、ヨーロッパの魔法要素を交えつつ、弱
者の感性を全編に伝える作品であり、物語には深い
造詣が必要だった。「史実としてはなんの痕跡も残っ
ていない者たちの話を語りたいと思ったんだ」と、
デル・トロは打ち明ける。「戦争についての大きな物
語ではなく、ヒーローと悪役についてのごくささや
かな話を描きたかった」[19]。登場人物は全て、歴史の
流れの中で消えていくのだと、彼は考えていた。

　デル・トロは少なからず、苦悶しなければならな
かった。ストーリーの根底にあるもの——ファシズ

右：『パンズ・ラビリンス』は、そのポスターも有名になった。木の枝の具合が卵管と形が似ているため、本作を『A Womb With A View（視力を持つ子宮）』と呼ぶ者もいたという

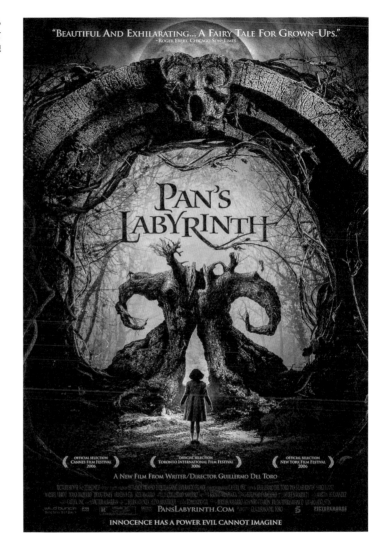

ムの適合性と残酷さに、思いやりとアイデンティティが必ず勝つという信念——を観客に連想させる必要があったからだ。「盲目的な服従は、我々を人間たらしめているものを削ぎ、否定し、隠し、破壊する」[20] と、彼は訴えた。純粋に芸術的なレベルにおいて、創造的な自由を抑圧することほど、彼の映画作りにとって衝撃的なことはない。

『デビルズ・バックボーン』は『パンズ・ラビリンス』より5年前の1939年が舞台で、顕微鏡の対物レンズの下に置いたプレパラートを覗くように、スペイン内戦の悲劇全体の縮図を観察する映画だった。一方の『パンズ・ラビリンス』は「選択と不服従」[21] についての作品だと、デル・トロは主張する。創造主であるデル・トロから反逆の精神を託されたオフェリアは、現実と空想、両方の世界で「モンスター」に抵抗するため、奥深い隠れ場所を見つけて壮大な伝統の仲間入りを果たすのだ。

デル・トロによれば、『不思議の国のアリス』の著者ルイス・キャロル、『オズの魔法使い』や『マッチ売りの少女』といった文学、アイルランドの作家オスカー・ワイルド、そしてとりわけ、チャールズ・ディケンズと彼の長編小説『デイヴィッド・コパフィー

ルド』にオマージュを捧げている」[22] そうだ。迷路の曲がり角ほどいくつも解釈がある映画では、作品を理解するための映画や文学の参考作品が数多く存在する。ならば、ありとあらゆる物を調べ尽くすのが、デル・トロ流だ。

フロイト的な野獣が出てくるニール・ジョーダン監督作『狼の血族』（1984）から、ジェニファー・コ

ネリー演じるヒロインが、デヴィッド・ボウイ扮するゴブリンの魔王に捕まった弟を救い出すべく謎めいた迷宮世界に挑むという内容で、ふたり以外のキャラクターはマペットというジム・ヘンソン監督の異色作『ラビリンス／魔王の迷宮』(1986)まで、迷路、迷宮が絡む映画も幅広い。森を探検してオフェリアが泥だらけにしてしまう可愛らしいよそ行きのドレスは、1951年のディズニーアニメ映画『ふしぎの国のアリス』でアリスが着ていた服のレプリカで、色がグリーンになっただけだ。彼女の「オフェリア」という名前は、シェイクスピアの『ハムレット』の主人公の運命の相手オフィーリアとイギリスの小説家ロアルド・ダールの娘オリヴィアを想起させる。ダールのブラックユーモアに満ちた一連のファンタジー小説は、デル・トロに大きな影響を与えているのだ。

スペインつながりでは、農民たちが飢えているときにファシストたちと宴のテーブルを囲む裕福な訪問客や地元の神父の描写からは、ルイス・ブニュエルの存在が感じ取れる。しかし、今回デルトロが得た影響で何より『パンズ・ラビリンス』に密接に関係していたのは、ヴィクトル・エリセ監督の『ミツバチのささやき』(1973)だろう。フランコ将軍の独裁政権下で作られたこの映画は、その時代を生きる子供を見つめた叙情的なドラマだ。「僕の人生を変えた映画だよ」[23]と、ため息まじりに言うデル・トロは、まるで恋人について語っているかのようだった。1940年を舞台にした『ミツバチのささやき』は、村の映画上映会で『フランケンシュタイン』を見たことで人生が変わってしまう6歳の女の子(アナ・トレント)の物語。『パンズ・ラビリンス』では、デル・トロは少女アナ(劇中のヒロインはオフェリア)となり、壊れてしまったスペインの風景の中でモンスターを探していく。結局見つかったのは、独裁政権陸軍のヴィダル大尉だけ。山奥の砦小屋で隠れ、レジスタ

ンス撲滅を目指す大尉は、大勢の民が物不足に苦しむ中、食べ物も衣類も豊富に持っており、父の形見の懐中時計を大事に携帯している。
「僕が子供をキャスティングする際、『ミツバチのささやき』が基準になってるんだ」[24]と、デル・トロは認める。彼の説明では、妖精のようなトレントの目は「不可解なことを見る」[25]力が宿っているらしい。ここに、「映画の最も神聖なる精神」[26]があるわけで、『パンズ・ラビリンス』には、デル・トロが望む純粋さが吹き込まれている。

ロンドンでのディナーの終盤、キュアロンは即座に反応した。デル・トロにその素晴らしい物語を脚本の形にしてもらっている間、彼はプロデューサーとして単独融資のあてを探し始めたのだ。ところが数ヶ月後、デル・トロが当時最新の1冊だった創作ノートをロンドンのタクシーに置き忘れたことで、事態はほんのひととき、暗礁に乗り上げてしまう。結果それが、彼のキャリアにとって重要な意味を持つ出来事となる。まさしく岐路だ。ひとつには、デル・トロは金銭的に余裕がなかったという事実が挙げられる。『パンズ・ラビリンス』を作れるだけの予算獲得が実現していない中、彼のメールアドレスの受信ボックスに、ハリウッドから大予算映画のオファーが1通届いていたのだ。それはマーベルからのもので、デル・トロの前には、ペイルマンの危険をはらんだ晩餐会のテーブルに置かれたご馳走のように、『X-メン3』、『ファンタスティック・フォー』、『マイティ・ソー』といった選択肢が並べられていたのだ。「どれも超大作映画さ」[27]と、デル・トロは認める。もちろん彼が受け取るギャラも大きい。非常に魅力的な内容だった。まずはこの大作のひとつを全力で作ってから、『パンズ・ラビリンス』に戻ってくればいいのではないか？

しかし、突然起きた創作ノートの紛失は、自分の脳の一部が切り取られたも同然であった。ホテルの

上：共和国派のレジスタンスのゲリラによる列車脱線の現場を調査するヴィダル大尉（セルジ・ロペス）。デル・トロは革手袋がきしむ音も含め、自分が創造した悪役を完璧にしたいと考えた

部屋で座り込み、デル・トロは泣いた。ノートはどれも、彼の創作プロセスには不可欠——映画の初期の段階では、ノートそのものこそが彼の創作物——で、しかもこの失くした最新のノートは、『パンズ・ラビリンス』の世界観全体や哲学の詳細な設定が記されていたのだ。すると、電話が鳴った。デル・トロが乗ったタクシーの運転手が機転の利く人物だったのが幸いする。ふたりをつなぐ唯一の品があったのだ。デル・トロはコミック店に向かうのに、ホテルの便箋に店の住所を書いて運転手に手渡しており、運転手は、その便箋に書かれたホテルのロゴを手がかりに滞在先を見つけ出し、ノートを持ち主に返すことができた。デル・トロは、これは運命だと確信する。「（マーベル映画に心を動かさるなんて）自分を見失

うところだった」[28]と思ったという。つまり彼は、作るべくして『パンズ・ラビリンス』を作ることになったのだ。

戻ってきたノートを埋め尽くしていたのは、物語のアイデアを掘り下げるべくインクで書かれたイラストや説明文であった。冒頭からラストまでの場面の数々、特定のショットとデザイン、台詞など、次々と頭から湧き出た素晴らしき発想群だ。『ヘルボーイ』統編のコンセプトは、1作目と2作目に同じ「血」が流れているので、前作から設定や雰囲気などが外れないようにした。だが、オフェリアの物語を構築することが、今や彼の強迫観念になっているのは明白だった。筋道は途中で消されたり、創造性の変異種によって変わったりする。ある段階では、妖精が

赤ん坊を持ち去り、代わりにマンドラゴラの根が赤ん坊の形をしたものに置き換わることになっていたし、幽霊の赤ん坊が登場するプランもあった。その幽霊の赤ん坊は、羽毛のような格子状の神経に頭部が載っているだけの存在で、妖精たちを食べるのだ。映画完成版では、ゴヤの絵画『我が子を食らうサトゥルヌス』の恐ろしい再現としてペイルマンが登場し、妖精の肉を口で引き裂く。同シーンのインスピレーションとなったこの絵は、19世紀にゴヤが、スペインが内戦で自らを蝕んでいるという発想を描写した作品である。

　だが、あまりにも盛り込む要素が多すぎた。『ヘルボーイ』のように、デル・トロの想像力の産物で満たし過ぎて食傷気味になる映画にはできない。『パンズ・ラビリンス』は『デビルズ・バックボーン』と並ぶ抑えた表現が必要だ。これは、残酷な歴史的現実の中で展開された物語である。ファンタジー要素は、パンと彼の妖精の使者、地底王国の姫という地位を正式に取り戻すためにオフェリアに課せられる3つの試練に集中させることで、ずっと効果的でリアルなものになった。

　完璧なオフェリア役を見つけるのは、相当なリスクを伴う。基本的にデル・トロは、まだ見ぬ少女の手に己の映画の全てを託すことになるからだ。心理学的なアプローチによって物語は進められ、オフェリアは現実の束縛から逃れるため、彼女自身の中心、すなわち本当の自分に向かって進んでいかなければならない。「それって、すごくリアルなことだと思う」[29]と、デル・トロは語っている。

　11歳のイヴァナ・バケロは、デル・トロが思い描いていた8歳の父なし子という設定よりも年が上だったが、彼女の黒い瞳は他の1000人の若き女優よりも目立っていた。『クロノス』の孫娘アウロラ役のタマラ・サナスに遡ってみても、デル・トロは、自分が生んだキャラクラーを演じる子役のオーディ

ションで同じやり方をしていた。部屋に入ってきた候補者に、まずは室内を見渡してもらい、それからまっすぐに彼を見つめさせる。お決まりの質疑応答はしたが、彼の心はすでに決まっていた。バケロの眼差しは、『ミツバチのささやき』のアナと同じだったのだ。顔合わせが済むと、デル・トロは彼女に脚本のコピーを手渡し、にっこりと笑みを浮かべた。「君が演じたいなら、この役は君のものだ」[30]

　まだ年若いというのに、バケロは世慣れた雰囲気を持っていた。バルセロナのアメリカンスクールに通っていた彼女は、すでに英語作品のゴーストストーリー『機械じかけの小児病棟』(2005)を含む3本の映画に出演しており、実績のある女優だった。どこか大人びた気配を感じさせるのは重要であったし、彼女は烈しさも持ち合わせ、その目には炎が一瞬閃いたりするのだ。とはいえ一方で、微笑んだだけで、部屋にいた全員の心を鷲掴みにしてしまう。デル・トロは、彼女がオフェリアの世界に入り込めるようにと、特定の読み物や漫画を提供した。

　熱烈なファンからは様々な解釈が霧のごとく立ち昇るものだが、そのうちのひとつが、砦の家政婦であり、レジスタンス運動を行う弟を支えるカリスマ的な存在のメルセデス(2001年のキュアロン監督作『天国の口、終りの楽園。』で奔放なヒロイン、ルイサに扮したマリベル・ベルドゥが演じている)は、オフェリアの大人バージョンではないかというものだった。「私の母が、パンには警戒しなさいって言っていたわ」[31]と、彼女はオフェリアに告げるのだ。

　製粉所での最初の夜、オフェリアのもとに不思議な存在が姿を現す。本作の場合は幽霊ではなく、妖精だ。昆虫のナナフシから妖精に姿を変えるという設定は、どこか『ミミック』のゴキブリの変異種を思わせる。『パンズ・ラビリンス』のデジタル技術で生み出された妖精たちは、『ヘルボーイ』にちらりと出てくる瓶詰めにされた3体の妖精と瓜ふたつ

前ページ：おぞましきペイルマン（ダグ・ジョーンズ）は、様々なインスピレーションから生まれたクリーチャーだ。うちひとつは、ギレルモ・デル・トロ自身。制作に入る前にかなり体重が減ってしまった彼は、皮膚が垂れ下がっているのを見て、飢餓に苦しむスペインのメタファーとしてその要素を採用した

左：スペインの画家フランシスコ・デ・ゴヤの有名な絵画『我が子を食らうサトゥルヌス』もまた、ペイルマンの表現に大きな影響を与えている

下：赤ん坊の弟を抱くオフェリア（イヴァナ・バケロ）は、迷宮の中心で最後の試練に直面し、ヴィダル大尉（セルジ・ロペス）とパン（ダグ・ジョーンズ）の領域を結びつける

だ。身長が20センチほどで、身体の色が変化し、髪はなく、尖った耳と葉っぱのような羽を持つ。『ヘルボーイ／ゴールデン・アーミー』のオークション会場に殺到した凶悪な歯の妖精は、このクリーチャーの造形が作品の垣根を超えて幅広く使われている事実を裏づけている。彼らは、虫から姿を変え、ペチャクチャとしゃべっているかのごとく鳴く『パンズ・ラビリンス』の妖精の延長線上にある、デル・トロの比喩表現なのだ。

　妖精は、迷宮の地下に沈んだ空間へとオフェリアを導き、パンと対面させる。Z字形に曲がった脚で立つパンは、一度見たら忘れられない姿をしたペテン師的存在で、駆け引きのルールを設定するのだ。物語に、世代から世代へと語り継がれている伝承のように、古代遺跡くらい昔の雰囲気を漂わせる一方で、デル・トロは斬新で美しいクリーチャーをデザインする必要があった。もっと肉づきが良く、より人間の形に近い古代ヤギといったデザインで進められたパンは、悪魔、道化師、アーサー・マッケンの小説『パンの大神』の不気味な存在、そしてJ・R・R・トールキンのエント〔『指輪物語』に登場する精霊で、樹木そのものに見える巨人〕の組み合わせで、苔むした四肢に、H・R・ギーガーによるエイリアンのDNAがほんの少しだけ散りばめられている外見となった。

　デル・トロがデザインした特殊な仕組み満載のパンのスーツに身を包んだのは、俳優のダグ・ジョーンズだ。彼は、しなやかで、この世のものとは思え

ぬボディランゲージを最大限駆使した（古風なスペイン語を話すこのキャラクターの声を担当したのは、舞台俳優のパブロ・アダン）。デル・トロは、ロックスターの胡散臭さと敏捷さを持つ、どこか信用できない感じのパンを望んだ。「どちらかといえばミック・ジャガーに近く、そこまでデヴィッド・ボウイ寄りではない」[32]と、彼は演者に指示を出した。さらに、念願のメアリー・シェリーの古典小説の映画化にゴーサインが得られた場合、彼は「イギー・ポップ的なフランケンシュタインの怪物！」[33]を約束している。

　撮影開始から1ヶ月経った頃、パンがセットに初登場した。その場は水を打ったように静まり返ったが、すぐに拍手喝采が起きた。数週間が過ぎても、スタッフたちはパンからなかなか目が離せず、苦労していた。まるでパンが皆に催眠術をかけていたかのようだったという。

　異世界と現実世界の境界がいかに通過しやすいかを連想させるため、フクロウといったオカルト伝承のシンボルがオフェリアのベッドフレームに刻まれているのと同様に、パンのイメージが手すり、ドア枠、把手に目立たぬように取り込まれている。だが、デル・トロによれば、「あまりにもさり気なくて、パンと見ただけではわからない」[34]のだそうだ。

　パンの角の凝った湾曲具合は卵管を彷彿とさせる

が、この女性的なモチーフは、オフェリアが最初に課された試練を成し遂げるために向かう朽ちかけた大樹の形と同じで、本作の特徴的なポスターにも起用されるなど、繰り返し出てくる。それは、デル・トロの女性に対する基本的な考え方——生命を創り出す力を持つ存在——を強く打ち出しているのだ。「カンヌ国際映画祭用にポスターを作ったとき、スタジオ側がこの映画を『A Womb With A View（視力を持つ子宮）』と呼びたがっていると誰かが言った。『A Womb With A View』。つまり、主人公の少女が最も幸せだと感じるのが母親のお腹に戻ることっていうアイデアなんだ」[35]と、彼は笑って話している。

第一の試練。パンの指示により、オフェリアは前述した老木の下に巣食う醜悪なオオガエルの体内にある鍵を回収しなければならなかった。つまり、彼女は不思議の国に行くアリスのごとく、その木の下に潜り込む必要があるわけだ。木の根が絡み合う暗い樹洞（トンネル）の中は、お世辞にも快適な空間ではなかった。本物のカエルを精巧に再現したアニマトロニクス〔生物を模したロボットを使い撮影を行う技術〕のカエルは子カバほどの大きさもあって扱いにくく、オフェリアが頭に飛び乗るという当初の計画ではうまくいきそうもない。そこで、デル・トロは急遽このシーンを練り直し、消化できない魔法の石を食べさせられたカエルがCGで描かれた内臓を吐き出すという展開に変更した。

「『パンズ・ラビリンス』のファンタジーの世界は、過酷なんだ！」と、彼は主張し、独自の詩的な風景に『ヘルボーイ』的な不快なものを多少取り入れたことを正当化する。「オオガエル、ペイルマン、生肉を食らう煤けた妖精……。セサミストリートのキャラクターを生んだジム・ヘンソンの世界とはちょっと違うよね」[36]

第2の試練。魔法のチョークで壁に扉を作り出し(これも2つの世界を結ぶ入り口である)、オフェリアはフレスコ画が描かれたペイルマンの部屋に入らなければならない。ペイルマンはピクリとも動かない気味の悪いクリーチャーで、豪華な宴の食卓に座っている。そして、彼の目の前の皿には、目玉が2つ置かれていた。

おいしそうなご馳走の誘惑に抵抗しつつ、オフェリアは金の鍵を使って短剣を手に入れなければならなかったのだが、この摩訶不思議な物語は、グリム兄弟が先駆けて描いた「原因と結果」を整然としたリズムで展開する方向へと進んでいく。

デル・トロが使命だとして作ってきた驚きのクリーチャーたちの中で、ペイルマンは、最も原始的で恐ろしい創造物の地位を維持し続けている。木製の手をした老人というデザインだったものの、垂れ下がった皮膚(デル・トロが痩せたときにできた皮のたるみがモデルになった)と聖痕を思わせる眼球を挿し込む裂け目のある手を持つ、チョークのごとく白い顔なし鬼へと姿が進化。このゾッとするようなイメージは、デル・トロの記憶にあったある1枚の絵画から生まれた。それは、拷問で両目をくり抜かれて眼窩から血を流し、その目玉が皿の上に載せられているというシラクサのルチア〔聖ルチアの名で知られるキリスト教の殉教者〕像を描いた絵画だ。どうやらカトリック教会は、彼にアイデアを与え続ける贈り物のようだ。そして、ペイルマンのスーツには、再びダグ・ジョーンズが入っている。

このクリーチャーが複数の要素を象徴しているとして、彼は次のように述べている。「ペイルマンは、ひとつはファシズム。もうひとつは、カトリック教会。子供たちの目の前にたくさんの豪華な食事を置き、その子らを食べる教会だよ。無垢な者を食べたいという渇望感にあふれている。ペイルマンは、純粋さを取り込みたいという強い欲求そのものなんだ」[37]

ペイルマンの宴の席と、ヴィダル大尉が製粉所に教会や上層部の関係者を招いた晩餐会では、どちらにも強烈な視覚韻が踏まれている。ペイルマンもヴィダルも、赤々と燃える暖炉の火を背景にし、テーブルの上座という同じ構図の同じ位置に座っていることに注目してほしい。要点は明確。この生き物たち、とくにペイルマンは、人間の形をした、本作の真の化け物を反映しているのだ。コメディ俳優として知られるセルジ・ロペスが氷のような冷酷さで演じるヴィダル大尉は、血も涙もないフランコ政権を代表する人物で、ファシズムの洗練さでうわべだけを飾った男性権威主義者である。

デル・トロはヴィダルを、『デビルズ・バックボーン』の堕落した青年ハチントが成長した姿かもしれないと考えていた。どちらも男らしく、ハンサムだ。「ファシズムの危険要素も、僕が存在していると信じるこの世界の本当の悪の危険要素も、とても魅力的だってことなんだよ」[38]と、デル・トロは言う。ロペスに対するデル・トロの指示は、常にエレガントに見えるようにとのことだった。大尉の革製のブーツと手袋が立てる不気味なきしみ音には、少しばかり音響編集が施されている。

「僕の映画で悪人を書くとき、彼らの気持ちを知らないままキャラクターを構築することはない」[39]と、デル・トロは打ち明ける。魔法もフィクションも拒絶したヴィダル。彼が切望するのは、秩序と清浄だけ。無分別な異常性格で、コイルバネのように何かに圧迫され続けており、箍(たが)が外れると手が付けられ

上：ファンタジーの世界のペイルマンの位置と完全に一致している、晩餐会のテーブルで上座に就いたヴィダル大尉役のセルジ・ロペス。彼はこの映画の華麗で卑劣なファシズムの代表的存在だ

ない——そして映画は彼の暴力に尻込みせず、真正面から捉えていく——とはいえ、ハチント同様、ヴィダルも複雑な病的状態にある。父の懐中時計（クロノス装置並みに洗練された複雑な装身具）を何かに取り憑かれたかのように掃除する様は、彼が名誉の戦死を遂げた偉大なる軍人の父親のレガシーに囚われている事実を示唆。あるいは、デル・トロの言葉を借りれば、ヴィダルは逃げられない「歴史の迷宮」[40]に堕ちてしまっていたのだ。

　映画会社からの出資金を断ることで、デル・トロは「自分の人生を創造的に再定義しようとした」[41]と話している。しかし、自由とは悪戦苦闘の連続だ

と証明される。2005年の夏の間撮影を続けたが、1400万ドルというわずかな予算は、彼の野心の実現にはほど遠いものだった。「予算は、すなわち心の状態なんだよ」[42]と、デル・トロは自分に言い聞かせるかのように吐露している。使える金が1900万ドルであろうと1億9000万ドルであろうと、フィルムメーカーのビジョンはそれ以上のものを求める。『クロノス』でもそうだったが、彼は自分のギャラを映画に注ぎ込み、確固たる意志の力で道を切り開いていく。共同プロデューサーも兼務したため、デル・トロの精神状態は常に不安定となり、夜はわずか3時間しか眠れず、体重減少が続いた。「それに

スタッフの大半が、奇妙で馬鹿げた作品を作っていると思っていたんだ」[43]と、彼は明かす。

　撮影地となったのは、マドリッドからほど近いグアダラマ山脈のヨーロッパアカマツの森。威圧感を覚えるほどの森林だったが、あいにく干ばつに見舞われており、火災の危険性があるため、爆発や銃撃シーンの火器使用が制限されてしまう。デル・トロは「僕らが撮ろうとしているのは、戦争映画だというのに！」[44]と嘆いた。草を生やすためには、複雑な灌漑システムを導入しなければならない。スペインの金融関係の幹部は、デル・トロが手に負えないと確信し、製作を中止させようと乗り出す。ある意味、彼らの言い分も間違いではなかった。デル・トロはカメラが映したものになかなか満足できず、もしや自分の要求が横暴になってきているのではないかと考えた。

　「理不尽であり続けることが、フィルムメーカーの義務だ」[45]と、デル・トロは語る。金を節約すべく、彼は経験の浅い部門統括者や創設したばかりのエフェクト会社を雇い、自分が駆け出しの頃にそうだったように、彼らもハングリー精神に満ちていることを期待した。セット、小道具、家具、そして一連の衣装と、全てを一から作り出す必要があった。どれもこれもデル・トロの厳密な仕様に基づき、現実世界のひとつひとつが、空想世界と同等に意味を持っていたのだ。ヴィダルの崩壊していく砦を構成する製粉所と離れの建物は、その場で建てられたものである。

左：空腹だったオフェリア（イヴァナ・バケロ）は禁断の果実の誘惑に負け、世にも恐ろしいペイルマンを覚醒させてしまう。彼のゴシック様式の大広間からオフェリアが必死に逃げる一部始終は、現代映画で最も戦慄が走るシーンとなっている

上：イヴァナ・バケロがオーディションの部屋に入ってくるなり、デル・トロは、彼女が完璧なオフェリアだとわかったという。多くの資質を持つ彼女だが、デル・トロはすぐに、『ミツバチのささやき』のアナ・トレントを思い出した

次ページ：ヴィダル大尉役のセルジ・ロペスに指示を出すギレルモ・デル・トロ。大尉の部屋の後方にあるゼンマイ仕掛けの大きな装置は、巨大な目に似せたデザインとなっている

「僕は、演劇のデザインから得た原則に従っている。各々のセットが、何らかの意図を訴えているんだ」[46]と、彼は明かす。それらはすぐに読み取られ、話が展開する上で重要なポイントとなる必要があった。『デビルズ・バックボーン』の中庭に作られたポイントは、不発弾。ペイルマンの部屋にあったのは、煙突と暖炉。ヴィダルの書斎では、後方の壁を占領する、目玉かと見紛う大きな歯車が見る者の気を引く。その歯車は、デル・トロが作り出す世界を動かす悪魔的な機械全てと連動するのだ。「思うに、それらは森羅万象のメカニズムを表しているんだよ」と、彼は言う。「止められない、循環する自然をね」[47]。巨大な歯車は、ヴィダルの時計の中の繊細な歯車とも共鳴する。

最後の試練。3つの中で最も恐ろしい課題で、オフェリアは生まれたばかりの弟の血を捧げなければならない。彼女は、弟が母親の子宮内に無事に留まっているときから物語を聞かせていた。そうした習慣で弟への愛情を培っていた彼女は、満月の下で、試練を果たせと迫るパン、そして怒り狂ったヴィダルとの恐ろしい最終対決を迎えるのだ。

ジェームズ・キャメロンは、本作のカットを早い時期に見たひとりである。キャメロンとデル・トロは、どちらかの作品が完成間近になるともうひとりがアドバイスするのが習慣化しており、もはやふたりの儀式と言っていいくらいであった。デル・トロがハリウッドに呼び込んだメキシコ人フィルムメーカーたちの間には、支援の文化が存在している。「彼は誰かが映画を完成させる頃には、決まって、赤ん坊が生まれるときみたいだと言っていた」と、キャ

メロンは語る。「監督が生みの苦しみを経験していると、みんなが集まって支え合うんだ」[48]。狼のごとく業界内を闊歩するアメリカの映画監督とは大違いである。キュアロンと同じく、キャメロンはデル・トロの成長が新たな段階に入ったことを認め、「作品は、彼がずっと目指してきたものを感じさせた」[49]と述べた。

カンヌ国際映画祭後、『パンズ・ラビリンス』は各国でセンセーションを巻き起こす。世界で8400万ドルを稼ぎ、アメリカで公開されたスペイン語映画で最も成功した作品となった。そして、デル・トロの名声も決定的となる。だが、第79回アカデミー賞の外国語映画賞候補となるも、残念ながら受賞には至らなかった。このとき同賞を獲得したのは、ドイツの傑作スリラー『善き人のためのソナタ』(2006)。抑圧的な政権下の芸術とアイデンティティという『パンズ・ラビリンス』と同様のテーマを探求する作品である。

本作を特別な1本にしている点はいくつもあるが、うちひとつは、英国映画協会（BFI）の『Film Classics』という書籍シリーズの『Pan's Labyrinth（未）』で、著者のマール・ディエストロ＝ドビドが「悪びれない曖昧さ」[50]と呼んだものだろう。まさしく、熱烈なファンの心を揺さぶる喚起の魔法の類だ。同様に、『パンズ・ラビリンス』という肥沃な土壌からは、学術的な解釈も盛んに生まれた。本作は、9・11アメリカ同時多発テロ以降の世界における資本主義の危機について掘り下げた映画だったのか？フランコ将軍がスペインに強いたファンタジーの探究なのだろうか？

「おとぎ話やファンタジーが子供じみた試みと考えられているのに、戦争は高貴な大人の願望と考えられている事実に、僕は驚いたんだ」[51]と、デル・トロは述べている。

『パンズ・ラビリンス』で描かれる世界で、オフェリアの頭の中だけに存在する部分はどのくらいなのか―― おそらく、それが最も適切な疑問だろう。『不思議の国のアリス』や『オズの魔法使い』で描かれる世界の曖昧さを考えると、どちらにもヒントは転がっているはずだ。現実的なものと神秘的なものは、綿密に絡み合っている。モンスター同然の人間とグロテスクな見てくれの獣。異教の神話とカトリックの教義。全てが一致しているのだ。ファンタジーが

温かく湿った土の香りに包まれる一方で、現実は鋼のごとく冷たい。これぞ、撮影監督ギレルモ・ナヴァロのなせる業。しかし、ヴィダルにはパンは見えない。

「ファンタジーは、僕らに現実を説明し、解釈し、取り戻させてくれる言語なんだ」。デル・トロはそう提唱し、『パンズ・ラビリンス』は性格検査として代表的なロールシャッハ・テストと同じだと主張する。「あの映画がストーリーテリング、芸術的な創造物として機能するなら、あらゆる人々に異なる何かを伝えるはずだ。個人の解釈の問題なんだよ。今、客観的に考えると、『パンズ・ラビリンス』の中には、僕の立ち位置を示す3つの手がかりが出て

くる。僕がそういうふうに構成したんだ」[52]

デル・トロの手がかりとは、まず、屋根裏部屋からヴィダルの書斎に行くには、チョークで扉を作る以外に方法がないこと。次に、オフェリアが迷宮を通ってヴィダルから逃げているときに（1980年のスタンリー・キューブリック監督作『シャイニング』で、息子のダニーが雪の迷路に入り、父親から逃れようとしたのと同じ）、迷宮の壁が開き、ヴィダルが彼女に追いつけないほどの距離を作り出すこと。そして3つ目は、物語の最後の最後に、追悼するかのように咲く白い花があること。

「僕はいつだってこのファンタジーとともにいる」[53]と、デル・トロは信条を伝えるかのごとく断言した。

ハイ・コンセプト

『パシフィック・リム』（2013）

プロジェクトが実を結ばず失意で打ちのめされた5年間を経て、デル・トロは、スリリングなディストピアを背景に、巨大な怪獣と戦う大型ロボットという想像し得る限り最大規模の映画で自身の特別な能力を取り戻す

ギレルモ・デル・トロは、自分が作った映画よりも、自分が作らなかった映画の方が有名になってしまうのではないかと心配した時期があった。たとえスピルバーグやキャメロンのような大成功した監督でも、キャリアを振り返れば、その軌跡には挫折した夢が置き去りにされている。

映画スタジオの上層部の気まぐれや膨大な数字を読む「占い師の予言」に翻弄される業界の不安定な性質上、映画監督たちには常に複数の選択肢をオープンにしておくことが要求される。正気を保つためにも、自分が何を愛しているかを広める必要があるのだ。

同業者の中でもデル・トロが異彩を放っているのは、自分が実施可能なプロジェクトを積極的かつ情熱的に語っているからだろう。そのため、ギレルモ・デル・トロの未完の映画と呼ばれるものについての神話は大きくなっている。

彼の計算によれば、2017年までに24本の脚本を書いたものの、作れた映画は10本だけだったそうだ。瓶の中に保存された胎児よろしく、作られる仮定でそのままになっている残りの映画14作は、脚本だけでなく、デザイン、アニマティクス〔簡単なCGを用いた絵コンテの映像化。プレヴィズとも呼ばれる〕、造形、ロケハン、キャスティングなど多くの仕事を伴い、そこには気持ちを注ぎ込むことも含まれる。映画化されたものはもとより未完の作品群とて、舞台袖から小声で訴えるがごとく、デル・トロが行う創作に影響を与え、相乗効果を生み出していく礎となっているのだ。これまで見てきたように、デル・トロは映画という形にならなかったそうした脚本

右：ローリー・バケット（チャーリー・ハナム）と森マコ（菊地凛子）は、「ドリフト」と呼ばれる神経接続プロセスで互いの意識をシンクロさせ、巨大ロボット兵器イェーガーを操縦する

を喜んで解体し、次なる監督作
の部品とする。

「レイモンド・チャンドラーの
全集を読み、彼が自身の物語を
流用させていると気づいたんだ」
と、デル・トロはさり気なく指
摘する。「チャンドラーは、彼
の最初期の探偵キャラクター、
ジョン・ダルマスが出てくる段
落ひとつを取り出し、再利用し
た。15年後くらいだったかな。
その段落はずっといい感じに
なっていた」[1]

トーマス・シャープ準男爵役
のトム・ヒドルストンが片手に
持ったロウソクの火を消さずに
ヒロインとワルツを踊る『クリ
ムゾン・ピーク』の華麗なダン

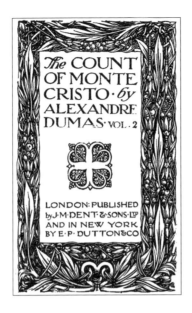

上：ギレルモ・デル・トロは、映画に携わるようになって以来ずっと、『モンテ・クリスト伯』と『フランケンシュタイン』という古典文学を思う存分自分らしくリメイクする映画版の製作を熱望している

スシーンは、もともと1993年に『The Left Hand of Darkness（闇の左手）』のために書いていた描写だった。本書でもすでに語っているが、これはアレクサンドル・デュマの小説『モンテ・クリスト伯』を脚色した作品で、数ある未完のプロジェクトのうち、デル・トロらしさが顕著に表れている4作品のうちのひとつだ。その4作のうち3作は、デル・トロのキャリアの中でも最も大きな失望を与えたものになったが、我々は今も、それらが映画館の心地よい暗がりの中で上映されるかもしれないという希望にしがみついている。もう1作は、あり得た可能性はあるが、絶対に起こらないことについての物語だ。

『The Left Hand of Darkness』は1993年から1998年にかけて書かれ、とりわけ父親の誘拐で絶望的な日々を送る間に集中して執筆された。その作品は「膨大な怒り」[2]を包含しているとデル・トロは認めているが、父と息子の絆が物語の中核を成す。一方

で同作は、野心的な（つまりお金がかかる）映画でもある。彼曰く、「僕はこの脚本を本当に心から誇りに思っている」とのことで、パワフルなストーリーテリングと文学的な言及が散りばめられた力作ゆえ、彼がそう発言するのもうなずける。「でも、この映画には少しばかり難しい道具が必要でね。デヴィッド・リーンとセルジオ・レオーネが共同で監督したような傑作西部劇みたいな話だよ。魔法に満ち満ちている。で、（現時点では）モンスターが登場しない唯一の作品なんだ」[3]

物語は、1862年、メキシコ国境で幕を開ける。脚本には「裏切りにはもってこいの時期と場所」[4]との言葉が添えられていた。ゴシック的で華美な雰囲気を漂わせ、ゼンマイ仕掛けの奇妙な機械装置が登場し、神秘主義が随所に見え隠れする作品だ。「ずっと思ってるんだけど、デュマは『千夜一夜物語』の精神、東洋に惹かれる彼の気持ちを喚起させたがっ

TO FIGHT MONSTERS
WE CREATED MONSTERS

FROM DIRECTOR GUILLERMO DEL TORO
WARNER BROS. PICTURES AND LEGENDARY PICTURES

PACIFIC RIM

WARNER BROS. PICTURES AND LEGENDARY PICTURES PRESENT
A LEGENDARY PICTURES/DDY PRODUCTION A GUILLERMO DEL TORO FILM "WARNER BROS. PICTURES AND LEGENDARY PICTURES PACIFIC RIM" CHARLIE HUNNAM IDRIS ELBA
RINKO KIKUCHI CHARLIE DAY ROB KAZINSKY MAX MARTINI RON PERLMAN MUSIC BY RAMIN DJAWADI COSTUME DESIGNER KATE HAWLEY EDITED BY PETER AMUNDSON JOHN GILROY, A.C.E.
PRODUCTION DESIGNER ANDREW NESKOROMNY CAROL SPIER DIRECTOR OF PHOTOGRAPHY GUILLERMO NAVARRO, ASC EXECUTIVE PRODUCERS CALLUM GREENE STORY BY TRAVIS BEACHAM SCREENPLAY BY TRAVIS BEACHAM AND GUILLERMO DEL TORO

てたんじゃないかな」[5]と、彼は言う。以前のバージョンでは、その異国情緒要素が欠けていた。小説の中で、クリスト伯は「海賊」、「吸血鬼」、「盗賊」[6]など多彩な表現をされているが、デル・トロ版のヒーロー、エドモン・ダンテス（クリスト伯）は、ブレイド風のサングラスをかけ、マント姿で夜陰に乗じて動き回るにすぎない。「欧州のドラキュラにとても近いんだ」と、彼は言う。「その身を包むのは、黒、赤、ゴールドの服。機械の腕を持っているので、誰よりもすばやく銃を引き抜くことができる」[7]

この作品でもまた、死と再生の概念が登場し、デル・トロは非常にカトリック的だと話す。しまいには、象徴的な砂嵐の中、主人公は気がふれそうになり、敵の銃弾も効かなくなるのだ。

メキシコが舞台のこの大作が実現しなかった理由を訊かれても、デル・トロはただ肩をすくめるしかなく、「時期が悪かったんだろうな」[8]と答えていた。おそらく1998年の『マスク・オブ・ゾロ』のスタイルと酷似していたため、『The Left Hand of Darkness』は出し抜かれてしまったのだろう。それとも単に、まだ時期尚早なのかもしれない。

物心ついた頃からデル・トロは、メアリー・シェリーの小説『フランケンシュタイン』の映画化を夢見てきた。これは、現代モンスター神話の礎となっている読み物である。啓蒙時代、いわゆる「理性の時代」以前、モンスターなどいなかったし、ドラゴンといった獣類は、自然界の一部と見なされていた。フランケンシュタインの怪物の誕生で、「自然に反する」何かが生まれたのだ。ユニバーサル映画がその孤独で恐ろしい存在を描出することは、ルネサンス期の画家が十字架に磔にされたキリストの受難の絵を描くようなものだった。

2009年から2010年にかけて、このモンスターの本質的な外見に磨きをかけるべく、数え切れないほどイラストが描かれ、山ほどの彫像が作られた。デル・トロは、過去のあまりにも典型例となってしまった姿から離れ（ボルトが首に刺さっておらず、頭が真っ平らではなく、額もせり出していない容貌を目指した）、原作者シェリーの描写に近い怪物にしたいと考えた。つまり、

応を先に予測できるわけだ」[11]

　振り返ってみると、なぜユニバーサル・ピクチャーズがシェリー作品の最も熱心な信奉者であるデル・トロに監督を依頼し、原作を忠実に再現した映画版の製作に踏み切らなかったのか、理解に苦しむ。ユニバーサルは、古典ホラーのキャラクターのリストにずらりと並ぶアイコン的モンスターたちをどうすればいいか迷いながらも、試しに2017年の『ザ・マミー／呪われた砂漠の王女』といったヒット作や、現代を舞台にスピード感のある作品としてリメイクした2020年の『透明人間』〔同名タイトルのオリジナル版は1933年製作〕を世に送り出している。デル・トロによる時代劇作品は、無視されたのだ。

　その上、他にも困惑する状況が彼を襲った。

　2008年4月、ニュージーランドから自宅の荒涼館に重大なオファーが届く。ピーター・ジャクソンからの監督の打診であった。J・R・R・トールキンの小説『ホビットの冒険』を2部作の映画にし、アカデミー賞受賞作『ロード・オブ・ザ・リング』3部作の前日譚にするという。その理想的な監督候補として、デル・トロに白羽の矢が立ったのだ。何かにつけて口論となるドワーフ族の一行に加わり、彼らの祖国からドラゴンを追い出す旅に出るビルボ・バギンズの物語の中で、この控えめなホビットが如何にして指輪を手に入れたのかが語られていく。

死体の頭部を持ち、単に骨が突き出しただけの鼻でなければならかったのだ。そのような皮膚の下（スーツの中）に入る予定だったダグ・ジョーンズは、「もっと痩せ衰えて、哀れみを誘う見た目のクリーチャー」[9]だが、不自然なほど肉体的に優れた能力を持っていると語っている。「心の底から信じないといけないんだ」[10]と、デル・トロは繰り返して言う。

　「彼自身が、フランケンシュタインの怪物マニアだからね」と、ジョーンズも認める。「熱狂的ファンが映画をどう評価するのかをよく知っているし、『そんなんじゃ、ちゃんと機能しないだろ！』という反

右：H・P・ラヴクラフトの世界は、その特異な動植物とともに、長い間、ギレルモ・デル・トロを魅了し続けてきた。彼の映画1作1作に、この小説家の影響が感じられる

右端：ラヴクラフトの禁断の物語『狂気の山脈にて』を特集した号のパルプ雑誌『Astounding Stories』。デル・トロは、氷で覆われた土地が舞台で世にも奇妙な怪物が登場するこの話の映画化をずっと目指している

　先触れは良かった。『ロード・オブ・ザ・リング』3部作を終え、中つ国の取り扱いに食傷気味だったジャクソンは喜んで監督のバトンを手渡したが、フィリッパ・ボウエンとフラン・ウォルシュとともに脚本を書き、さらにはプロデューサーも務めることになっていた。撮影地は、再びニュージーランド。デル・トロは、説得力をもってファンタジーを描くことについては折り紙付きだ。デル・トロとジャクソンは、本当に気の合う者同士である。ふたりともレイ・ハリーハウゼンに傾倒し、特殊効果畑の出身で、ハリウッドでは独自路線で成功を収めてきた。どちらも筋金入りのコレクターであり、映画の小道具やグッズを集めている。

「ホビットの映画？　それこそ間違いなく探求^{クエスト}だ」と、ファンタジーのゴッドファーザー的存在であるトールキン原作の映画化作品の話を断るなどあり得ず、デル・トロは喜んだ。「映画にして皆に届ける以外、選択肢はないよ」[12]

　自分がこれから監督する作品をジャクソンの中つ国の中でどう位置づけるかを考慮しつつも、己のスタイルである比喩的要素はしっかり取り入れる──その2つのスタンスの間での、絶妙なバランスの取り方を彼は熟考した。おそらく、おとぎ話の志向性を持つ彼の演出手腕は、トールキンの初めての小説（『ホビットの冒険』）のその後の作品より風変わりで、そこまでエネルギッシュではないトーンには適していたはずだ。

　もしもデル・トロが監督していたならば、『ヘルボーイ』的なエキセントリックさが入り混じる中つ国になっていただろう。ドワーフ族の国には、大きなパイプやエンジン、とでかい機械の錺前が備わっていたのだから。彼はCG技術に頼らず、トールキンが描いたオリジナルイラストに似せた人工の森をはじめ、自然の中に実際のセットをできるだけ建てて質感がわかる世界を築きたいと思っていた。鎧をまとったトロルは球体となり、転がって敵をなぎ倒す。ドワーフの王トーリンの兜には、『ヘルボーイ／ゴールデン・アーミー』のエルフ族の王のような角があ

しらわれている。映画版『ホビットの冒険』2部作は、四季ごとに色調が異なる8つの季節で展開されていく予定だった。

ところがデル・トロは、9ヶ月（トータルで2年間）も基礎固めを行っていたにもかかわらず、突然ニュージーランドを離れてしまう。共同製作を務めるメトロ・ゴールドウィン・メイヤー（MGM）が社内の財政問題の解決に四苦八苦していた事情もあり、プロジェクトはいつまで経ってもプリプロダクションの状態のまま。彼はとうとう痺れを切らしたのだった。

噂は、矢のようにハリウッドに飛び交った。デル・トロとジャクソンのビジョンが衝突したのでは——？ジャクソンは、「ギレルモには彼の好きなようにやれる自由を与えたいと思っていた」[13]と主張し、デル・トロの方は、火竜族のスマウグを「空飛ぶ斧」[14]風のヘビにしようとした意図に対する「不快感」[15]があったことをほのめかした。

予算10億ドルの映画の監督を頼まれたはいいが、企画は宙ぶらりんのまま放置された状態で、デル・トロは自分のキャリアが萎んでいくのを感じたのかもしれない。映画製作のゴーサインが出たとしても、『ホビット』を仕上げるまで6年間もの時間が待ち受けていたのだ。そこで彼は、もっと個人的なプロジェクトに意欲を燃やすことにする。中でも、H・P・ラヴクラフトの『狂気の山脈にて』の映画化は彼の悲願でもあり、トム・クルーズが興味を示していた。

1936年に初めて出版されたラヴクラフトのこの小説は、南極大陸の科学調査に向かった探検隊に起きた出来事を綴る物語だ。一行は、未知の巨大な山脈で氷に閉ざされた古代都市に遭遇。探検隊の科学者たちが発見した何かが、彼らを狂気の淵へと追い込んでいく。彼らが見つけたその場所は、はるか昔に死んだとされるクリーチャーの砦だった。それは、太古の昔に地球の生命体を創り出し、文明を築いた非常に洗練された生物「古のもの」に分類される存在だ。古のものは、巨大な樽型の胴体にコウモリのような翼を持ち、頭部の形状はヒトデを思わせる。ひと際目を引くのは、胴体から生えた触手だろう。ストーリーは、信仰の対象でもあった多数の触手が蠢く邪神クトゥルフに代表される、より壮大なラヴクラフト的な神話へとつながっていく。無謀な科学者たちは、古のものがその奴隷種族で変幻自在のショゴスに全滅させられた（らしい）ことも知るが、氷の下では、何かが動き始めていた。

デル・トロがラヴクラフトに強い親近感を覚えているのは、決して誇張ではない。ラヴクラフト作品に出てくる架空の教育機関ミスカトニック大学同窓生用の指輪をはめている彼は、ロードアイランド州で引きこもりがちだったこの作家が紙に記したあらゆるものを読んできたのだ。デル・トロの映画はどれもラヴクラフトの難関なビジョンに満ちあふれ、荒涼館には、少しばかり困惑の表情を浮かべた等身大の彫像が飾られている。『狂気の山脈にて』は、デル・トロが最も壮大に取り憑かれている小説で、映画化を熱望してやまない大作であり、彼が冗談めいて「永遠に終わらない無駄プロジェクト」[16]〔ギリシャ神話の「シーシュポスの岩」が由来で「徒労」を意味する。シーシュポスが罰として岩を山頂まで運ぶのだが、必ずあと少しのところで岩は底まで転がり落ち、同じ苦行が延々と繰り返されることから〕と呼ぶくらいなのだ。デル・トロが映画化を想定して創作ノートにアイデアを書き始めたのは、1993年だった。

彼はかつて、1億ドルの宝くじが当たったら、「『狂気の山脈にて』か『モンテ・クリスト伯』のどちらかを作りたい。この2作は……非常にリスクが高く、ものすごく個人的で、とても美しく、大変パワフルな映像作品なんだ」[17]と胸の内を明かしている。

デル・トロが書いた脚本は、ラヴクラフトのバロック文学調の描写にアクション志向のプロットを組み込んでおり、登場する科学者たちは氷が溶けて現れ

た謎の種たちの間で挟み撃ちになる。雰囲気としては、中つ国のような広大な背景を持つ『エイリアン』か、ジョン・カーペンターが監督した『遊星からの物体X』(1982)だ。デヴィッド・リーン監督作のスケールを有するモンスター映画ではあるが、デル・トロが通常描く流れとは逆に、野獣は徹底的に邪悪で全く予見できないものだった。

2006年、デル・トロはワーナー・ブラザースの興味を引こうとしたものの、作品の悲観的なトーンが相手の不安材料になってしまった。ハッピーエンドではなく、ロマンスも気の利いた冗談も皆無。ひたすら生き抜くための闘いの物語なのだ。しかも、それだけではない。人類誕生は、デル・トロが「宇宙の冗談」[18]と呼ぶようなものの結果である〔ラヴクラフト作品に登場する架空の書物『ネクロノミコン』によれば、地球の生命は、古のものがふざけて（もしくは誤って）創造したらしい〕と明かすような物語になっており、ユダヤ教、キリスト教の「創造」の概念を引き裂くR指定のホラー映画のために予算1億3000万ドルを出してほしいというのは、デル・トロ自らハードルを高くしているようなものだった。

2010年にニュージーランドから帰国した彼だが、交渉に有利な情報を持っていた。次の訪問先のユニバーサルに対して告げたのは、トム・クルーズが本作に興味を示した事実だけでなく、CG技術を駆使したホラー映画版『アバター』(2009)のような作品で、ジェームズ・キャメロンをプロデューサーに据えるという内容だった。

デザイン作業は、サンタモニカにあるキャメロンの会社ライトストーム・エンターテインメントで進められた。そこは、『アバター』の豊かな世界観が生み出された場所である。デル・トロの創作ノートはすでに、常軌を逸した人間のビジョンのごとく、スケッチとメモであふれ返っていた。ラヴクラフト同様、彼が頭足類——タコ、イカ、コウイカといっ

た軟体動物——を生物学的な構成要素として使用していたのは言うまでもない。

本作の舞台となる街は、それ自体がデル・トロ作品の中で最も複雑な迷宮だと言えるが、クリーチャーたちの人間工学に合わせて特別に設計されている。東洋の映画作りでは白い色が死を象徴することがよくあるが、そうした脅威を感じさせるオーラを求めた彼は、南極大陸や、そこに最も近いカナダやアラスカの土地で8週間のロケを計画した。

これまでにないくらいプロジェクトに全てを「注ぎ込んだ」[19]分、打撃を受けたときのショックはとてつもなく大きくなってしまった。

あと1週間もあれば、人員を確保して制作に着手できるところまで来ていた。初期のプレゼンテーションはお偉方に大受けだったのに、またしても、なかなかゴーサインが出ない事態が続く。ユニバーサルは単に、R指定を受け入れることができず、デル・トロはデル・トロで、一歩も引かなかった。「R指定は、映画を宣伝する際にメリットバッジ〔ボーイスカウトで各分野の課題を達成した際にもらえるワッペンのこと〕みたいに自慢要素にすべきだと思う」[20]と、彼は映画会社の連中に訴えたという。その上、この映画は血飛沫だらけのグロ映画というよりは、緊張感あふれる映画なのだ。スタジオ側から妥協を求められ、彼は狼狽し、悲嘆に暮れて交渉から手を引いた。「狂気は暗転してしまった」。彼は残念そうに言い放つ。「『R』にやられたよ」[21]

彼の深い傷に塩が擦り込まれるように、1年後にリドリー・スコットの『エイリアン』の前日譚でR指定の『プロメテウス』(2012)が成功を収めた。宇宙的テーマと生物学的な恐怖を扱い、我々の邪悪な起源を明らかにするという『狂気の山脈にて』と同

次ページ：不快な怪獣の死体から重要なデータを得ようとする生物学者ニュートン・ガイズラー（チャーリー・デイ）。デル・トロの解剖シーンは、B級映画の伝統に則ってユーモラスな描かれ方をすることもある

系列の作品だった。「ハリウッドでは、あなたの悲鳴は誰にも聞こえない」のだ〔『エイリアン』のキャッチコピー「宇宙では、あなたの悲鳴は誰にも聞こえない」のもじり〕。

とはいえ、ラヴクラフト映画は、まだ雪深い墓場に葬られたわけではない。同作が作られるまで外さないと誓い、デル・トロは今もミスカトニックの指輪を付け、希望を持ち続けているのだ。「僕も彼らに葬り去られるかもしれない」[22]と、彼はジョークを飛ばす。そんな折、ファンがNetflix（ネットフリックス）に制作の支援をせよと圧力をかけ始めた。Netflixは、冒険心に富み、豊潤な資金を有する動画サービスで、『ギレルモ・デル・トロのピノッキオ』（2022）でデル・トロと関係を築いたばかりだ。

実は、この『狂気の山脈にて』が頓挫した件も転機となっている。「計画を立てれば立てるほど、神様に笑われてしまう」[23]と、彼は苦々しい顔で語った。何年も、何十年も、ただ幻を追いかけてノートを埋めることはできない。デル・トロは、どうしても映画を作る必要があった。

2007年の夏、脚本家のトラヴィス・ビーチャムはサンタモニカの海岸沿いを散歩していた。彼は、自身の脚本を書くため、近くにアパートを借りていたのだ。そのドラマ作品とは、ファンタジーをテーマとした殺人ミステリー『カーニバル・ロウ』で、デル・トロも監督を務めるという話になっていた。彼は自由に発言できる『カーニバル・ロウ』の打ち合わせを大いに気に入っていたのだが、皮肉な考え方をしないデル・トロの姿勢に、彼も他の皆も感化

されていく。

　その日は、季節外れの涼しい朝を迎えていた。太平洋から流れ込んだ霧が海岸線を覆い、辺りは別世界さながらの様相であった。サンタモニカ桟橋の観覧車の鉄骨の向こうに目をやり、ビーチャムは、巨大ロボットがとてつもなくでかいモンスターと死闘を繰り広げているという驚愕の光景を想像したのだ。「巨大神のようなものだ」[24]と、彼は思い返す。

　ビーチャムは、何ヶ月もこのコンセプトをあれこれと考えていた。ロボットを操縦するのは、心理的につながっている人間ふたり。だが、ひとりが殺されたら、もうひとりはどうなるのだろうか？　異次元からモンスターが侵入してきたとき、それは喪失と回復、生存者の罪悪感の物語となり、人間の次元でドラマが展開する。

　『パシフィック・リム』と題された25ページのトリートメント〔脚本を書く前の詳細なあらすじ〕を基に、意欲的な映画制作会社レジェンダリー・ピクチャーズがフランチャイズの可能性を感じ、このプロジェクトを獲得した。数日後、偶然にも、デル・トロはレジェンダリー側と顔合わせを行なっていた。そのミーティングで、弟子的存在のビーチャムが描いたこのヒット（ハイ・コンセプト）する要素の作品について聞かされ、彼の心は激しく揺れ始める。最初はプロデューサーとして参加していたが、ラヴクラフト原作の映画化の件がなくなったことで、全てが変わってしまった。『パシフィック・リム』の監督になると決めたデル・トロは、急いで撮影現場に入り、自分がブロックバスター映画を作れると証明しないといけなくなる。今回は、文字通り、ブロックの壁を破壊（バスト）するような作品だ。

左：3人のメインキャラクターが明かされた『パシフィック・リム』の販促資料。左から、スタッカー・ペントコスト（イドリス・エルバ）、ローリー・ベケット（チャーリー・ハナム）、森マコ（菊地凛子）。彼らの背後には3体のイェーガー、ストライカー・エウレカ、ジプシー・デンジャー、チェルノ・アルファが立っている

　それは、彼が知る中で最も迅速に始動したプリプロダクションであった。『狂気の山脈にて』がご破算になったのが金曜日で、3日後の月曜日には、彼は『パシフィック・リム』の仕事に就いていたのだ。レジェンダリーは契約がまとまるよう取り計らい、1億9000万ドルの予算と配給会社としてワーナー・ブラザースを確約。もしデル・トロに十分な時間があったなら、ハリウッドの狂気について思案していたかもしれない。何年もかけて構想を練ってきたホラー大作は認められず、今回は創作ノートにアウトラインしか書いていないというのに、はるかに巨額の予算が投じられたのだから。大聖堂と同じサイズのモンスターが高層ビルほどの高さのロボットと戦う『パシフィック・リム』は、少なくとも、実際に作ることができる映画に、ラヴクラフト作品のような記念碑的価値を注ぎ込むチャンスをデル・トロに提供した。

　かなりダイレクトに、本作は、1960年代から70年代にかけての偉大な日本の「*kaiju*」（「奇妙な獣」の意）映画にオマージュを捧げている。当時の日本の怪獣作品は、原子力に対する不安を抱えていた時代の空気を、街をパイ生地のごとく粉砕する巨大生物によって描いていた。中でもゴジラは、プリマドンナならぬプリマダイノ〔prima「第1の」とdinosaur「恐竜」のdinoを掛け合わせた造語〕だ。「僕は『パシフィック・リム』を、怪獣とメカのジャンルに向けた、ひたむきで愛のこもった詩にしたいと考えていた」[25]と、デル・トロは伝えている。この「メカ」とは、人間のヒーローが巨大ロボットを操縦し、超大型の敵を撃退する漫画やアニメの一分野を指す。

　日本で大流行したメカシリーズは数あれど、巨大ヒーローものを語る際、『ウルトラマン』は外せない。ヒーローが密かに、兜と鎧をイメージしてデザインされた光り輝く巨大宇宙人に変身し、己のへそほどの高さのミニチュア模型の東京の街々を守るという物語だった。メキシコでは、テレビ局の午後の空き時間を埋めるために輸入されたが、当然のことながら1話も逃さず視聴し、自分のオモチャでストップモーションの戦闘シーンを演出していた孤独な青い日の少年の存在など誰も知らなかったはずだ。

「『パシフィック・リム』の壮大な巨大ロボットは、

神話的なレベルで機能する」[26]と、デル・トロは熱弁する。その脳内では、低俗なものと高尚なものが常にしのぎを削っているのだ。鉄製の巨大ロボを、ドイツ語で「狩人」を意味する「イェーガー」と名づけた彼は、街の前にそびえ立つ巨人（「侵略」の寓意像となっている）を描いたゴヤの絵画『巨人』を思い

上：凶悪な怪獣が怒りを爆発させる。ギレルモ・デル・トロは既存の映画モンスターを参考にしないことにこだわり、デザイナーたちに、現実世界に存在する生き物からインスピレーションをもらうようにと指示をした

GIPSY DANGER

REACTOR CORE INTERNALS

I-19 PLASMACASTER
PARTICLE DISPERSAL CANNON
FIRES PLASMA VIA CHARGED ION
CARRIER RAIL. CAPABLE OF BOTH
WOUNDING AND CAUTERIZING
KAIJU ANATOMY, SEALING OFF
TOXIC BLEEDS

DATA CORE
DESIGNATION: GIPSY DANGER
CLASSIFICATION: MARK-3
OS: BLUE SPARK 4.1
WEIGHT: 7,000 TONS
ENERGY CORE: NUCLEAR VORTEX TURBINE (ANALOG)

1.8M (6FT)

CONN POD INTERIOR GRB//
BILATERAL PILOT RIG

121X/NUCLEAR VORTEX TURBINE
HERZTA CHRONO DESIGNED. RADIO
CHEMICAL REACTIVE IN EXCESS
OF SAFETY PARAMETERS
SEE IAG 3.21 OCT16

10KT/GYRO-STABILIZERS
HYDRAULIC SHOCK-REDISTRIBUTORS
ALLOW FOR SMOOTH BIPEDAL MOTION
AND STABILIZE AGGRESSOR FEUD

98HD/HYPER-TORQUE DRIVERS
40 ENGINE BLOCKS PER MUSCLE STRAND
ALLOW FOR INCREASED LOCOMOTION

08F8/OCEANIC COOLING VENTS
ACTIVATED CARBON PORTS
MOUNTED WITHIN THE ACHILLES
SILO CHANNEL SEAWATER THROUGH
THE CIRCULATORY COOLANT SYSTEM

FUNDED BY THE US DEPARTMENT OF PAN PACIFIC DEFENSE
PROPERTY OF PAN PACIFIC DEFENSE CORPS

LAUNCH DATE: 07-10-17
PPDC ASSIGNMENT: ANCHORAGE SHATTERDOME, USA
1 RR-5(432--008

左：イェーガーのひとつ、ジプシー・デンジャーの架空の設計図。そのデザインが、スーパーヒーローやアクションスターの体格を絶妙に反映しているのが見て取れる

浮かべていた。さらには、ハイテクと古典の融合を目指し、根底ではギリシャ神話のキマイラやヒュドラーの物語を彷彿とさせようと考えた。イェーガーが格納され、出撃し、建造と修理がなされる基地は「シャッタードーム」と言い、環太平洋地域の随所に配置されていた。唯一最後まで存在していた香港のシャッタードームは、機械で埋め尽くされ、地獄の業火を思わせる火花からの逆光を受ける神々の偉大なる鍛冶場のような巨大要塞だ。あるいは、『ホビット』のドワーフ族の広大な洞窟を彷彿とさせる、とでも言おうか。

　建築学的観点にもこだわるあまり第15稿まで磨きをかけられた脚本は、デル・トロ作品では最もわかりやすい内容であった。侵略者である怪獣との戦いがクライマックスを迎えると、イェーガーはわずか3体が現存するだけとなり、いよいよ世界の終焉が迫りくる。人類救済の一縷（いちる）の望みは、怪獣を生み出す深海にできた次元の裂け目（ブリーチ）を閉じることにあった。

　映像がクローズアップされると、イェーガーの頭部に設置されている精密装置コンポッドに固定されたパイロットたちがいるのがわかる。錯乱した人形師のごとく、歩く、掴む、投げる、そしてフックやジャブといったパンチの動作に至るまで、搭乗する人間の動きがイェーガーの動きとシンクロする。これは「ドリフト」として知られるプロセスであり、パイロットは「ドリフトの互換性」[27]のある者とペアを組まなければならない。2人は意識をシンクロさせる必要があるため、親密度の点から肉親や夫婦である場合が大半だ。

　優秀なイェーガー乗りだったが、怪獣の攻撃で兄を失ってすっかり意気消沈してしまった一匹狼のローリー・ベケット（チャーリー・ハナム）は、新たなパートナーとドリフトを試し、意識をリンクさせることになった。その相手とは、森マコ（菊地凛子）。驚く

べき身体能力の持ち主だが不安を抱えた孤児で、怪獣の通り道となって破壊された東京で、両親の死を目の当たりにした過去を引きずっている。幻想的なフラッシュバックシーンでは、灰が雪のごとく降り注ぐ中、幼いマコ（芦田愛菜）が片方の赤い靴を抱えて怪獣に追いかけられるのだ。デル・トロにとって、これが中核となるイメージであった。

「『パシフィック・リム』は、ロシアの人形マトリョーシカだと考えている。傷心の少女がマコの中にいて、マコは25階建てのビルと同じ高さのロボットの中にいるわけだ。子供のときは恐れていたけれど、彼女はもう恐れてなんかないんだと、ある時点で気づく。その事実から強さが生まれたとわかる。それって本質的に、僕たちの人生全てのメタファーだと思うんだ。そうだろう？」[28]

　主人公たちがドリフト互換性を高めるには、意識をシンクロさせ、互いの記憶のほとんどを晒す「ブレイン・ハンドシェイク」というプロセスが必要だ。これは、文化、宗教、性別、言語の壁を超えた人間の結びつきという、本作のより大きなテーマを反映している。このロボットの頭の中は、全世界の縮図だとデル・トロは言う。協力し合って初めて、我々は自分たちを救うことができるのだ。

　本作は、地球規模で語られる物語である。香港を拠点としながら、東京からシドニー、サンフランシスコ、ウラジオストクへと旅をする。これが映画のタイトル「パシフィック・リム（環太平洋地域）」の所以で、そこには、『ブレードランナー』やアニメのカオスな大都市で目にする、ネオンに彩られた近未来的な街並みが広がっているのだ。俳優たちは、素晴らしい名前を持つ、風変わりでクールな多文化のキャラクターたちを演じている。イドリス・エルバが演じるのは、かつては第一線で活躍したイェーガーパイロットだったが、現在は病気を隠して沈着冷静にイェーガー計画の司令官を務めるスタッカー・ペ

ントコスト役。ロン・パールマンは、ハンニバル・チャウとして作品の雰囲気を明るくしている。怪獣襲撃で片目を失ったチャウは、万能薬として珍重される怪獣の骨や臓物を売りさばく闇商人の元締めだ。生物学者ニュートン・ガイズラー（チャーリー・デイ）と数理学者ハーマン・ゴットリーブ（バーン・ゴーマン）は、怪獣研究に没頭する凸凹コンビ。説明を早口でまくし立て、考え方の相違でたびたび衝突するふたりは、劇中では様々な場所を忙しく動き回ることになる。

　物語は、デル・トロが冗談めかして口にした「複雑な単純さ」[29]を持つ。ジャンル作品ではあるが、全編にわたって人間的なふれあいが描かれている。「ひとりのキャラクターだけではなく、登場人物全員で構成されるひとつの『合唱団』を通じて、人間であることの意味を明確に伝えようとした」。彼はそう力説する。「それぞれのキャラクターは、創造力、

勇気、リーダーシップといった、人としての美徳を体現しているんだ」[30]

　日本人スターである菊地凛子の起用は、本作の「前身」である日本の怪獣、メカ作品とのつながりを示しているが、彼女自身、アレハンドロ・ゴンサレス・イニャリトゥの『バベル』でもメインキャラクターのひとりを演じた、魅力的で多才な女優だ。

　イギリスの美大生から役者に転じたチャーリー・ハナムは、『コールド マウンテン』（2003）や『フーリガン』（2005）の重要な役どころや、アウトローのバイカー集団を描いたテレビシリーズ『サンズ・オブ・アナーキー』の主人公、アルフォンソ・キュアロンのSFディストピア映画『トゥモロー・ワールド』の反政府メンバーなど、様々な作品でキャリアを積み、いまや主役級の俳優に成長した。（菊池凛子とチャーリー・ハナムの例でもわかるように）メキシコ映画人の絆は強い。実は、ハナムは『ヘルボーイ／ゴールデン・

前ページ：意識をシンクロさせる間の
フラッシュバックで、チャーリー・ハ
ナム演じるローリー・ベケットは、パ
ートナーのパイロットである森マコ（菊
地凛子）の記憶に入り込む。子供の
マコ（芦田愛菜）は、怪獣の襲撃で
家族を失っていた

右：バーン・ゴーマン扮するエキセン
トリックな数理学者ハーマン・ゴット
リーブは、人類の敵を理解する方法
を模索していた。彼の背後には、過
去のギレルモ・デル・トロ監督作に
登場した瓶詰め胎児の大型版ともい
える様々な怪獣の標本が並ぶ

下：兄ヤンシー・ベケット（ディエゴ・
クラテンホフ）の隣に立ち、イェーガ
ーを操縦するローリー

勇壮な大作らしいスケールを持つ『パシフィック・リム』
は、ギレルモ・デル・トロの監督作で、最も規模が
大きい映画だが、個人的なこだわりも反映されている。
ピッチ〔映画の企画を通すためにスタジオやプロデュ
ーサーに見せる宣伝文句〕を読むや否や、彼は、子
供時代に楽しんでいた日本の怪獣映画やテレビのメカ
作品シリーズに思いを馳せたという

アーミー』のヌアダ王子役の候補でもあったのだ。しかし、彼の頬骨が、エルフ族を追われた王子役を務めるには頑強すぎる印象を与える危険性があると判断されてしまう。ところが今回、尖塔のように背が高いイェーガーの好戦的なパイロット役としては理想的だった。

シャツを脱いだ半裸姿のハナムほど見栄えがよくないかもしれないが、との前置きで、ローリーはデル・トロの自伝的なキャラクターだったと本人は認めている。「ローリーは、僕が監督の椅子から離れていた間、イェーガーから離れていたんだよ！　そんなことが？って思うかもしれないけど、僕にとっては本当に重要だった。僕もまたイェーガーに乗るんだ」[31]

皮肉にも、資金繰りを心配しなくてもよくなった途端、『パシフィック・リム』よりも『ホビット』の方が先に制作が開始されることになったのだが、デル・トロは後ろを振り返らなかった。最後に映画

のセットで指示を出してから5年後の2011年11月、彼は再びカメラの傍らに戻ってきたのだった。

　CG処理を施したショットは2000を超えていたものの、デル・トロは非常にタイトなスケジュールで映画を作ろうと決意する。それまでに115日より短期間で撮影したことは一度もなかったが、『パシフィック・リム』の撮影日数は103日しかない。現実的に考え、彼はサブユニット〔第2班のように他の場所での撮影を行うのではなく、第1班と同じ場所で違う角度などから補助

前ページ：菊地凛子扮する森マコは、彼女がローリー・ベケット（チャーリー・ハナム）のベストな新パートナーであることを証明する。このマーシャル・アーツの短い場面は、デル・トロの監督作『ブレイド2』を彷彿とさせる

上：パートナーとなったふたりはイェーガーを操縦する準備を行う。「コンポッド」と呼ばれるコックピットは、イェーガーの脳にあたる部分にあり、4階建てのビルの高さほどもある巨大なセットが作られ、油圧式の回転台に載せられた。これにより、俳優たちはイェーガーの一挙一動を体感することになる

上：自分の得意分野に戻ることに胸を躍らせたデル・トロは、何が必要なのかを考えすぎないようにした。彼は実際、予定よりも早く、予算よりも少なく作品を仕上げている

的な撮影をする小規模の撮影班のこと〕をスケジュールに入れたので、まずはそちらの指示を出す。予定では、デル・トロは週7日、1日17〜18時間働くことになった。うまくいかなかった『ホビット』や『狂気の山脈にて』といった大作は、この映画のための「トレーニング場みたいなもの」[32]だったのだと、彼は捉えることにした。

　本作の撮影は、カナダのトロントにあるパインウッド撮影所の広大なスペースと、隣接する2つのスタジオにまたがり、101もの異なるセットが建てられた。パイロットが乗り込むイェーガー頭部のコンポッド部分のセットは4階建てのビルと同じ高さで、油圧

式の大型ジンバル（回転台）の上に設置された。舞台裏とはいえ、デル・トロだから巧みに生み出せた世界が展開されていたのだ。

　彼は最後まで根気強く仕事をし、滅多に撮影現場から離れることがなかった。まるでセットが幻で、消えてしまったら大変だと信じているかにも見え、キャストやスタッフは、監督は寝ているのだろうかと首を傾げ始めるほどだったという。彼はいつだってビデオモニターの前にいて、ニンジンをピリ辛のソースで食べながら、数えきれないほどの質問に答えていたのだ。撮影は予定より1日早く終了し、予算よりも低く仕上げられた。「これまでのキャリアで、

唯一楽しめた撮影だった」[33]と、彼は思ったようだ。

ロン・パールマンは、旧友の自身の求める画についての細かなこだわりを改めて思い知らされた。とはいえデル・トロは、あらかじめキャラクターの動きなどを厳密に決め、カメラがその設定に従って撮影する従来の『『儀式の』ダンス』[34]的なやり方を拒み、俳優たちが即興で演じられるように余裕を与えることにした。また、ある程度、CGI（コンピュータ生成画像）のワイドショットで、建物、車、人があふれた街中や膝まで浸かった海中でイェーガーがどう動くのかを試しに作ってみている。

英雄的な3体のイェーガーである、クリムゾン・タイフーン、ストライカー・エウレカ、ジプシー・デンジャーは、原子力が動力源で、格納式ソード、ジェット式ミサイル装備の鎧の騎士と言っても過言ではない。装甲が施された大きな胸部と小さな頭部を持ったイェーガーたちは、アーノルド・シュワルツェネッガーやシルヴェスター・スタローンといった1980年代の筋骨たくましい男性スターの体格であるが、デル・トロはロボットに傷や凹みを入れ、文字通り使い古された感じを出したいと考えた。「第二次世界大戦の爆撃機……や巨大な石油タンカーの〔視覚〕言語」[35]を好んで利用したのだ。

デル・トロとスタッフは、現代のロボット技術にも目を向けた。例えば、遠隔操作で爆弾を解除する機械など、科学がどこまで到達するのか、その進歩の軌跡を示すミリタリーグレード〔軍事目的で使えるほど高い品質や信頼性を持つもの〕の装置が出てくる。また、己の突拍子もない計画にスーパーリアリズム〔物の質感や光沢を再現し、実物同然のリアルな細密描写を目指した第二次世界大戦後の美術の傾向のひとつ〕の流れを組み込みたいとも望んだ。「神」は細部に宿るのだ。イェーガーがオフィス街を大股で通過する際に空気はどのように移動し、ガラスがどう歪むのかまで、彼らは再現しようとした。セット全体は油圧式のジンバル

に置かれ、怪獣の歩みに合わせて急激に揺れたり、弾んだりする。ロボットや粉砕された建物の破片だけでなく、デル・トロが大規模な配管装置という昔ながらのやり方で再現した土砂降りの雨の粒子で、霞がかかりぼやけて見えるシーンなどにもCGで描かれたモデルが使用されている。アメリカの映画評論誌『Film Comment』は、そうした明らかなCG映像のシーンが「リアルな物質の特性を伝え、重量感を持っている」[36]と認めている。本領を発揮した『パシフィック・リム』は、「技術的にパワーアップした『聖ゲオルギオスと竜』」[37]のごとしだった。

怪獣は奇妙な姿形をしたドラゴンであるとも取れるが、デル・トロは、怪獣もロボットも、既存の映画の大型クリーチャーを参考にしてはならないという厳格な方針を打ち出す。だが、彼自身がまだラヴクラフトに取り憑かれたままだった。

爬虫類風の巨大生物は蛍光色の血を流し、角の生えた頭、特殊な形の顎、奇怪で角張った体型を持つ。しかも、ミツクリザメの輪郭や象の皮膚など、現実の動物を反映している部分もある。デル・トロは、「デザインチームには、ディテールではなく、シルエットがわかる簡単な線画を文字通り何千枚も描いてもらったよ。だから、質感をどうするかという点で仕事が行き詰まることがなかったんだ」[38]と説明している。作業に何年もかけ、少しずつしか仕事が進捗しない事態を避けるため、容易にクリーチャーの形が読み取れる方法を選んだのだ。

映画終盤になって初めて、激戦の最中に、裂け目の奥で昆虫型生物の文明（『ミミック』のために考えていた壮大な構想のほんの一片）が垣間見え、怪獣が生み出される理由と状況がわかるのだが、デル・トロはそれぞれのクリーチャーがなぜそのように見えるのかを正確に把握していた。

『パシフィック・リム』には、種々様々な要素が含まれており、世界滅亡を目前にした人々の憤怒と狂

TO FIGHT MONSTERS WE CREATED MONSTERS

WARNER BROS. PICTURES AND LEGENDARY PICTURES

PACIFIC RIM

ON JULY 12
GO BIG OR GO EXTINCT

上：世界的ヒット作となった『パシフィック・リム』はシリーズ化されることとなり、
ギレルモ・デル・トロが、自分らしさを失わずとも、ハリウッドという「遊び場」で成功することを示した

気の発明に満ちている。『ブレイド2』同様、デル・トロは、壮大なスケールで作品を描きつつも、青少年向けのテレビゲーム的な面白さを追求した。それだけではない。過去の多くの失敗で募らせ続けて解消できていなかったフラストレーションを、大都市を破壊することで解消しているのだ。

批評家の中には、『パシフィック・リム』は、彼の天賦の才そのものを豊かに表現したのだと言う者もいた。「『トランスフォーマー』シリーズは、オモチャの情報をたくさん盛り込んだコマーシャルの拡大版で、魂がこもっていない印象を受けるが、『パシフィック・リム』は、少なくとも想像力が効果を表しているのを感じる」[39]と、オンラインマガジン『Slate』は評価している。展開の速い戦闘シーンとメカへの強いこだわりで、最初は勢いがあって高揚感があるものの、それも次第に落ち着いていく。

ジュール・ヴェルヌ的雄大さは、虫の大群よろしく襲ってくる過度のCGシーンに追い立てられるようになり、あとは、どうしてあのバトルでは勝ったが、別の戦いでは負けたのかと観客に推測を委ねるのだ。本作で視覚的な韻や魔法の心地よさを見つけるのは、他の作品よりも難しい。キャリアという点では、『パシフィック・リム』は、デル・トロの眠っていた筋肉をほぐし、自分は声高に自己主張できると彼自身に確認させた。そして、ハリウッドには、デル・トロは今もメインストリームのゲームに参戦できると思い知らせた作品だろう。全世界興収4億1000万ドル（海外での記録が特に良好）という数字は、レジェンダリー・ピクチャーズに続編を作る価値があると気づかせるには十分であった。ところがデル・トロの気持ちは、めくるめく感情が交錯するゴシック・ロマンスへと向いていたのだった。

さらなる未完プロジェクト

デル・トロのキャリアで選択肢となったものの、製作許可が下りなかった映画は、他にも存在する

『*Mephisto's Bridge*（メフィストの橋）』

クリストファー・ファウラーの小説『スパンキイ』がベースで、悪魔に魂を売った広告用掲示板のデザイナーの物語。「これは、ハリウッドで僕が経験したことのメタファーなんだ」[1]と、デル・トロは語っている。

『*An Honest Man*（正直な男）』

俳優フェデリコ・ルッピのために書かれ、スペイン語映画となる予定だった作品。自分の評判を守るため、オフィスにいた全員を殺す柔和な会計士に焦点を当てている。

『*The List of Seven*（リスト・オブ・セブン）』

デル・トロが描いたスケッチは、脚本家マーク・フロストのオカルトをテーマにした殺人ミステリー小説の映画化の可能性を示していた。作家のアーサー・コナン・ドイルとブラム・ストーカーが主人公の物語。

『*The Coffin*（棺）』

コミックの映画化作品で、『クロノス』と『フランケンシュタイン』の中間に位置するような内容。優秀な科学者が人間の魂を宿せるスーツを発明し、不死をもたらすが、被験者はただの蒸気と化してしまった。それは、『ヘルボーイ／ゴールデン・アーミー』に登場するエクトプラズムのヨハン・クラウスのような存在だ。

『*Saturn and the End of Days*（サタンと終末の日）』

子供のサタンがスーパーまで歩いて行く途中、「携挙」〔イエスの再臨とともに、信者が天に吸い上げられること〕を目撃するという風変わりな物語で、小規模な作品。

『*Tarzan*（ターザン）』

デル・トロは、本作の特徴として、この半裸のヒーローを残忍な性格の持ち主にすることを計画。ファミリー映画に変わりはないが、非常に厳しい環境が舞台となる。彼は、「ターザンがいかにしてジャングルで最もタフな存在になるかを描きたい」[2]と話していた。

『*Pan*（ピーター・パン）』

この作品でデル・トロは、ごく標準的な物語をより過激に反転させようと目論む。フックが白髪交じりの探偵となり、子供の殺人鬼を追う。そして、ピーター・パンが殺人鬼かもしれないのだ。そんな『ピーター・パン』を想像してみてほしい。

『*The Lion, the Witch and the Wardrobe*（ライオンと魔女──ナルニア国物語）』

C.S.ルイスの児童文学を映画化する機会であったが、デル・トロが、キリストのメタファーであるライオンのアスランの寓話的な復活や、サンタクロースの出現は描きたくないとの考えを明らかにし、本作を作るには至れなかった。

ギレルモ・デル・トロは、『*Pan*』で、伝統を覆そうとした

『*The Wind in the Willows*（たのしい川べ）』

ケネス・グレアムの児童文学の古典作品を映画化するにあたり、デル・トロはCG映像と実写の融合を計画していた。しかし、ディズニーがひきがえるのトードにスケートボードを与えようと提案してきたため、彼は企画から離れた。

『*Drood*（ドルード）』

『ハイペリオン』シリーズで知られるダン・シモンズの小説をデル・トロが脚色。19世紀の偉大な作家であるウィルキー・コリンズとチャールズ・ディケンズが、ロンドンの地下に張りめぐらされたカタコンベ（地下墓地）の中でカルト集団を追うというシナリオだ。コリンズがアヘン中毒だったため、事件についての説明がいくぶん信頼性に欠く、という描写になっている。

『*Justice League Dark*（ジャスティス・リーグ・ダーク）』

DCコミックは、スワンプシングやデッドマンといった魅力的かつ奇妙な見た目のアンチヒーローを採用し、スーパーヒーロー大集合作品をホラーテイストにした映画を提案。本作は、バットマンやスーパーマンと並び、DCエクステンデッド・ユニバースにも絡んでくる予定だったが、映画スタジオが予算を出さなかった。

『*3993*』

『デビルズ・バックボーン』、『パンズ・ラビリンス』に続く、デル・トロのスペイン内戦3部作を完結させるために練られた企画。1939年と1993年の両方が舞台で、1993年に、内戦時に作られた多くの墓を開けて調べるところから物語が始まる。タイトルは、設定年（39年と93年）を組み合わせたもの。

フリークハウス
『クリムゾン・ピーク』（2015）

ついにデル・トロは、ゴシック・ロマンスの世界にその比類なきまなざしを向け、彼のキャリアで――もしくは彼以外の誰のキャリアでも――最も驚異的と言える壮大なセットを、ドレスの裾を翻すような激しい感情と、悲劇の渦中に滴る水のごとく現れる幽霊で満たしていく

ギレルモ・デル・トロが、自身が見て育った1950〜60年代のメキシコ映画で好きだったのは、ジャンルを混ぜ合わせることをなんとも思っていない点だった。ホラーストーリーがカウボーイ映画を装っていたり、フィルムノワールがロマンスに化けたりしたのだ。「おそらく僕は、メキシコ映画から、ジャンルに対する王道ではないアプローチ方法を受け継いだんだろうな」と、彼は振り返る。「スペイン内戦とおとぎ話を融合できる自由さとかだよね」[1]

「デル・トロ　ワールド」の密かな楽しみは、自分の立ち位置がどこかわからなくなるところだ。彼のゴーストストーリーは西部劇の雰囲気を持ち、ド派手なスーパーヒーローの冒険譚は民話のようなオーラを漂わせる。さらには、ヴァンパイアの英雄物語が、根底では家族のドラマだったりするのだ。評論家のキム・ニューマンは、デル・トロの変幻自在な映画を「*fantastique*（ファンタスティーク）」[2]（デル・トロが愛読していたジャンル雑誌『Cinefantastique』から命名）という総称で括っている。つまり、あらゆる奇抜で空想的なジャンルの寄せ集めの類いということだ。デル・トロが監督した9本目の長編映画は文字通り、変化する地面の上に築かれている。

パッと見たところ、『クリムゾン・ピーク』は幽霊屋敷映画だ。かつての栄華は色褪せても、伝統は尊ばれる――。19世紀に建てられたゴシック様式の朽ちかけた豪邸に新たにたどり着く者は、その壁に染みついた悲惨なレガシーに直面することになる。その建物は、イングランド北西部のカンバーランドと呼ばれる荒涼とした丘の上に佇むアラデール・ホール。そして新たにたどり着く者とは、心美しきアメリカ人の娘イーディス・カッ

右：畏敬の念を起こさせるほど荘厳な、有名無実の屋敷内のセットは、5階分の高さがあり、平面ではなく完全に立体化されている

上：アラデール・ホールは、イングランドにかつて存在した土地カンバーランドに建つ大邸宅という設定だが、実際にはカナダでロケ撮影が行われた。まるでディズニーランドのシンデレラ城を毒で染めたような雰囲気だ

シング（ミア・ワシコウスカ）だ。魅惑的なトーマス・シャープ準男爵（トム・ヒドルストン）と結婚したばかりのイーディスは、トーマスの冷淡な姉ルシール（ジェシカ・チャスティン）や安らかに眠れぬ様々な死者たちとともに、この快適とは言い難い先祖代々の霊廟と言いたくなるような屋敷に住み始める。

　当然のことながら、お化け屋敷は、デル・トロの「（映画で）やることリスト」で上位に並んでいた。グアダラハラの少年時代、彼は置き去りにされた物を探すため、定期的に廃屋に忍び込んでいたという。初めてディズニーランドを訪問して以来（あまりの多幸感に見舞われ、いまだに完全に冷静さを取り戻していないらしい）、彼のお気に入りのアトラクションはホーンテッドマンション一択だ。「ただの乗り物じゃないって思う人もいるけど、僕のような人間にしてみれば、

あれは『生き方』を見せているんだよ」[3]と、彼は語る。デル・トロの蒐集物には、このアトラクションの記念（メモラビリア）の品だけではなく、マンションにあった「当初の遺物」[4]も含まれる。つまり、使われなくなった小道具や模型などだ。荒涼館の装飾には、ホーンテッドマンションの玄関広間の壁紙やガーゴイルの燭台がそのまま使用されている。

　成果を全く出せずにニュージーランドから帰国したデル・トロは、2010年のコミコン〔コミックやアニメーション、ゲームといったポップカルチャーの祭典。2016年より日本でも開催されている〕で、『パイレーツ・オブ・カリビアン／呪われた海賊たち』（2003）と同様に幽霊が登場するこのアトラクションの映画化作品を監督すると発表した。これは、シルクハットを被って杖をつき、丸型の帽子箱を持った幽霊、ハットボック

ス・ゴーストが「中心となる神話」5を描く企画であった。ホーンテッドマンションに展示されていたハットボックス・ゴーストは、スポットライトが当たると、身体から頭が消え、それが箱の中から現れるという仕掛けだった。なんでも、この頭がなくなるゴーストは、あまりにも怖すぎたために子供たちが泣き叫んで出口に向かってしまい、1969年のアトラションがオープンしてほどなく撤去された──という伝説が広がったらしいのだが、真相はもっと平凡だ。エフェクトが周囲の光に対処し切れず、頭が完全に消えなかったという技術的な問題で、設置から数ヶ月後に取り外されたようだ〔2015年、新たな技術とデザインで、ハットボックス・ゴーストはカリフォルニアのディズニーランドに復帰〕。デル・トロは、3種類の「ハットボックス神話」の脚本を書き上げ、ライアン・ゴズリングに主役を演じてもらうよう説得した（ふたりは一緒にホーンテッドマンションのアトラクションに乗り、お化けの話をしたという）。ところがその頃までに、ディズニーは家族向けの理念を再び取り入れるようになり、自分の映画で子供に「悲鳴を上げさせる」6というデル・トロの誓いは、ハットボックス・ゴースト同様に退けられてしまう。

『クリムゾン・ピーク』は、実は、デル・トロがディズニーの倫理観と衝突する前に始動していた作品である。2006年の『パンズ・ラビリンス』の後、長年にわたる協力者である脚本家のマシュー・ロビンスと共同でスクリプトを書いていた。しかしその後、『ヘルボーイ』の続編を作るチャンスが訪れ、さらには数年間、『ホビット』を監督するつもりで待ち続けることになる。ユニバーサルに売られた脚本は、デル・トロが『パシフィック・リム』の制作に専念するようになっても、まだ放置されていた。『パシフィック・リム』の制作会社で、モンスターとロボットの格闘映画によって有意義な関係を築いたレジェンダリー・ピクチャーズは、次に何を作りたいのか

を彼に訊ねる。

デル・トロは3本の脚本を提示した。『狂気の山脈にて』と『The Left Hand of Darkness（闇の左手）』という映像化が難しそうな傑作と、その2本よりは地味な（少なくとも予算の点では）『クリムゾン・ピーク』だ。結果として、彼らはその『クリムゾン・ピーク』を選択。ユニバーサルとともに、十分な予算5500万ドルで、20世紀が舞台のコスチュームドラマを製作することになった。

「幽霊は実存する。私は知っている」7。イーディスが息を吐くようにつぶやく。彼女は聡明で現代的な考え方を持つ女性だが、古くて暗い世界に惹きつけられている。彼女のこの言葉は、映画が始まって観客が最初に耳にする台詞で、デル・トロ自身が語っているも同然だ。彼こそ、幽霊は実在すると知っている。墓の奥からため息をついてきた亡き伯父の話を思い出してほしい。また、ニュージーランドで『ホビット』のロケハンをしていた際、デル・トロは幽霊が出るホテルに泊まった（彼は幽霊探しに積極的）。オフシーズンのせいか、ホテルはガラガラで、支配人でさえ夜は帰宅してしまう。すると、ベッドに腰掛けていた彼の耳に、女性の悲痛な叫び声が飛び込んできた。どうやら通気口の格子の奥から聞こえてくるようだ。室内を見渡したところ、幽霊が現れるには完璧な雰囲気が漂っている。しかも5分後には、男性の悲痛な泣き声も加わったのだ。「さすがの僕もビビってしまってね」と、デル・トロは認める。「ヘッドホンを着け、持ち歩いていたテレビドラマ『THE WIRE／ザ・ワイヤー』の1シーズン分全部を見ることに集中したよ」8

この一件は冗談だと捉えたいところだが、デル・トロは極めて真面目に打ち明けているのだ。荒涼館にある書棚には、1700年代まで遡って、彼が「超自然的状況」9と呼ぶものの目撃談を集めた書物が置かれている。

幽霊が出没する孤児院を舞台にした『デビルズ・バックボーン』には、古典的なゴーストストーリーの氷のように冷たい静寂が全体に染み渡っており、『クリムゾン・ピーク』の華やかな悪夢とは対照的だ。そして今回は、過剰さが求められていた。前者がイタリア西部劇に登場する荒涼とした平原が舞台だったのに対し、後者は「giallo」〔「ジャーロ」とも呼ばれる。20世紀イタリアの映画ジャンルで、エログロ要素が多い犯罪、ミステリー、ホラー映画を主に指す〕という熱狂的に受け入れられたイタリアン・ホラーに流れているような、身の毛もよだつ不気味な空気を醸し出しながら物語が進んでいく。

デル・トロの得意分野とはいえ、本作の冒頭シーンは印象的だ。ヒロインのイーディスは、H・P・ラヴクラフトなら「乳白色の虚空」[10]と表現したかもしれない場所で立ち往生している（太古の昔から地殻変動を生き延びてきた「何か」についてのラヴクラフトの小説を映画化したいというデル・トロの切なる思いは、自身の他の作品にも脈々と受け継がれている）。吹き荒れる風。降りしきる雪。彼女の白っぽい羊皮紙のような顔とナイトドレスは、付着したヘルボーイ色の真っ赤な血飛沫のせいで目立ってしまっている。白く煙って視界が悪い中、血塗られた自分の手を見つめ、涙を流すイーディスの姿から、我々はこれが物語の終盤シーンだと気づく。そして、（ここにたどり着くまでの顛末が）オペラを思わせる豪華な映像で描かれる作品世界へと飛び込むことになるのだ。言うなれば、最大の山場を冒頭に見せ、観客を一気に引き込むデル・トロの手腕である。

下：映画の冒頭もラストも、同じ血塗られたシーンとなる。戦いで傷を負ったヒロインのイーディス（ミア・ワシコウスカ）は、宿敵である義姉ルシール（ジェシカ・チャステイン）から逃れようとする

右：シャーロット・ブロンテの同名小説を映画化した1943年の『ジェーン・エア』のワンシーン。館の当主ロチェスター（オーソン・ウェルズ）の怒りのまなざしに耐えるヒロインのジェーン（ジョーン・フォンテイン）。これは、『クリムゾン・ピーク』にインスピレーションを与えた多くの古典作品のうちのひとつだ

　しかしながら、彼は、本作を「お化け屋敷映画」とは決して呼ばないだろう。夜（そして昼）の静寂を切り裂く耳障りな金属音と甲高い悲鳴、足を引きずるようにして廊下を歩く幽霊たちが描かれているにもかかわらず、彼は、自身の最も大胆な映画を「ゴシック・ロマンス」[11]と称した。これには説明が必要だ。

　専門家たちは、ホレス・ウォルポールの1764年の古典小説『オトラント城奇譚』をゴシック文学の礎だとしている。この小説は、呪われた一家、隙間風が吹き込む古城、不可解な死といった（ゴシック文学にはつきものの）要素を確立した。重要なのは、昔から一貫して、多くの筆者が女性であるということだ。アン・ラドクリフ（『ユードルフォの秘密』などの小説で超常現象の合理的な説明を行なっている）、ジェーン・オースティン（彼女の『ノーサンガー・アビー』はラドクリフの『ユードルフォの秘密』のパロディと言われている）、さらには、『ジェーン・エア』と『嵐が丘』というゴシック大作の優れた例を残したシャーロットとエミリーのブロンテ姉妹など。男性作家は稀だが、ヘンリー・ジェイムズの不気味な子供たちを描いた『ねじの回転』は、後代にインスピレーションを与えた作品となっている。

　その次の世代になると、才気あふれるダフニ・デュ・モーリエが登場。彼女が1938年に発表した反ロマンス小説ともいえる『レベッカ』は、『クリムゾン・ピーク』に大きな影響を及ぼした。時が止まったかに思える邸宅マンダレイ、夢のような雰囲気と心理的な苦悩、純粋な新妻と過去に囚われた悪意ある家政婦の対立といった小説の要素に注目してほしい。シャーリイ・ジャクスンの1959年の小説『丘の屋敷』〔2008年東京創元社刊の邦題。同社の1999年版は『たたり』、1972年の早川書房版は『山荘綺談』〕は、家と住人の間に、不確かではあるが精神的なつながりがあることを示唆する。

　やがてこの文学の流れは、魔術的リアリズムの旗手ガブリエル・ガルシア＝マルケスやホルヘ・ルイス・ボルヘスら、ラテンアメリカ文学陣によって紡がれていく（デル・トロはしばしば、彼らの作品を読書の友としている）。そして近年では、真摯にゴシック・ロマンスと向き合った作品『トワイライト』や『フィフティ・シェイズ・オブ・グレイ』がベストセラーとなった。正真正銘、『クリムゾン・ピーク』はゴシックの伝統の一部なのだ。

　こうしたゴシック文学からヒントを得た企画への

上：内装もシャープ家の衰退を示す——朽ちつつある偉大な邸宅は、ゴシック・ロマンスには欠かせない要素。ギレルモ・デル・トロは、映画の核となる最高の屋敷アラデール・ホールを生み出した

熱は、デル・トロの心の中で何年も前からふつふつと沸いていた。ゴシック・ロマンスも、彼の得意分野だ。映画館で初めて見た映画がウィリアム・ワイラー監督作『嵐が丘』だった彼は、ほどなく『フランケンシュタイン』や『ジェーン・エア』と出会い、どちらの作品も「著者の感情面の伝記」[12]だと思ったという。その頃から、彼が「ブロンテ姉妹、メアリー・シェリーとの壮大で精神的な恋愛関係」[13]と呼ぶものが始まったのだ。

　ちなみに『フランケンシュタイン』は、よりダイレクトにSF要素を結合させたホラーである。

　デル・トロは、ゴシック・ロマンス（そしてホラー）がおとぎ話という豊かな土壌から生まれたことを告げた、最初の人物となった。

　『クリムゾン・ピーク』は他に、ジョゼフ・シェリダン・レ＝ファニュの『アンクル・サイラス』にも強くインスパイアされたと、彼は話している。この小説は、良からぬ評判がある風変わりな叔父のもとで暮らし始めた思春期の少女モードの「倒錯した冒険譚」[14]で、『シンデレラ』、『白雪姫』、そして『パンズ・ラビリンス』を思い起こさせる設定だ。

　「ゴシックの物語に出てくる通過儀礼は、迷宮など

の類い——暗い森か呪われた建造物、あるいはその両方——に主人公が足を踏み入れざるを得ない展開となることが多い」[15]。批評家とフィルムメーカーの両方の見方ができる彼は、そう説明する。

『パンズ・ラビリンス』は現実と空想の2つの世界を行き来した。一方『クリムゾン・ピーク』で描かれるのは、意図的に区別された2つの現実世界。活気づく自動車産業、向上する印刷技術など、進歩を目指して誰もが努力している20世紀初頭の近代アメリカで、物語は幕を開ける。その後、舞台は、幻想のベールの下に閉じ込められたかのようなイギリスに軸足を移す。「最も幽霊が出る国に一票を投じなきゃいけないなら、僕はイギリスに入れるね」[16]と、デル・トロは笑う。我々はイーディスとともに、日常の生活からジャンルの世界へと旅をするのだ。

トーマス・シャープの優れた発明品でさえも、技術があふれつつある土地では、なかなか買い手が見つからない。夢を追う彼は、病的なまでに地面を赤く染める貴重な粘土を採取するため、恐竜の姿を彷彿とさせる奇妙な掘削装置を作り出していた。彼の屋敷は、地表に滲み出すドロドロの堆積物の上に不安定なまま建っており、真っ赤な敷地は、まるで風景に残された大きな血痕のようだ。

映画史の専門家デヴィッド・トムソンは、デル・トロが他の監督と違うのは「その素材に文学的構造という強みがあるところ」[17]だと断言する。そして『クリムゾン・ピーク』で、デル・トロは意を決し、最も文学を意識した映画を作ったのだ。オープニングクレジットでは、作品のタイトルが、布装丁の古いハードカバー本の表紙に刻まれた形になっている。

また本作は、文学作品だけではなく、数多くの映画を参考に作られたものだ。ゴシック・ロマンスは、映画にもその枝葉を伸ばし、浸透してきた。ルイス・ブニュエルは自分なりの『嵐が丘』(1954)を制作し、ヒッチコックは、メロドラマ部分を膨らませ、アカ

デミー賞作品賞と撮影賞(白黒部門)を受賞した傑作『レベッカ』(1940)を生み出した。こうした映画において、ゴシック要素は物語の中で不条理さを醸し出す。

1960年代には、「B級映画の帝王」との異名をとるロジャー・コーマンがエドガー・アラン・ポー原作の怪奇映画を量産した。そのほとんどに、俳優ヴィンセント・プライスが出演。プライスは得意の大袈裟な演技で、ゴシック様式の建物内で差し迫る悲運に向き合う一家の長などに扮している。『アッシャー家の惨劇』(1960)、『恐怖の振り子』(1961)、『忍者と悪女』(1963)など、それぞれの作品は、どぎついほど色彩が鮮やかで、中世的というよりもサイケデリックと呼ぶべきテクニカラー〔1916年にテクニカラー社が開発した2色法によるカラーシステム。その後、3色法での彩色技術が確立〕で表現された。ジョーゼフ・L・マンキーウィッツの監督デビュー作『呪われた城』(1946)のプライスも見逃せない。彼は、ドラゴンウィック荘園にある屋敷の当主で、複数の不審死を引き起こした張本人に扮している。

他に影響関係が感じられる作品として、『ガス燈』(1944)がある。結婚したばかりのイングリッド・バーグマン演じるポーラが、シャルル・ボワイエ扮する夫のグレゴリーによって精神を追い詰められていく物語だ。これは、嫌がらせを繰り返して、相手の現実感覚を狂わせる心理的虐待の一種「ガスライティング」の語源になった作品だ。さらには、リチャード・バートン主演作『青ひげ』(1972)も特筆すべきだろう。バートン演じる貴族は、次々と新たな妻をめとっては手にかけ、凍らせた遺体を城に隠し続ける。

デル・トロは、こうしたメロドラマの力を利用しつつも、またもやそのルールを内側から覆していった。彼はこれを「再文脈化」[18]と呼ぶ。子供の頃からホラーに親しんできたこのメキシコ人は、今もしっ

かりとその領域に踏み留まっている。本作に登場するのは本物の幽霊であり、比喩や妄想ではない。物語のトーンは恐ろしく、テーマは深く、心に重くのしかかる。『パンズ・ラビリンス』と『デビルズ・バックボーン』の感性を結びつけたのは初めてだ。しかも、贅沢なキャストと予算でね」[19]と、デル・トロは明かす。プロット、キャラクター、プロダクションデザイン、音楽、音響、そして、この映画で最も重要な屋敷アラデール・ホールという荘厳な建築物のセット。それらが、水槽のウナギよろしく絡み合うのだ。

　イーディスの実業家の父（ジム・ビーバー）が惨殺され、当然ながら、唯一の肉親で娘の彼女が遺体を確認しなければならない。死体安置所の台に横たわる冷たくなった父と対面するイーディス。白い布がめくられ、変わり果てた姿——ぐしゃりと潰れた頭部——が露わになったそのシーンは、彼女がほどなく父の膨大な遺産を相続すること示唆している。アラデール・ホールの陰鬱な空間に歩み入った彼女はすぐに、自分が嫁いだシャープ家が貧窮しているのではないかと疑念を抱く。トーマスはどこかよそよそしくなり、ルシールは次第に危険な存在と化す。到着した最初の晩から、死者たちが警告を発し始めた。『デビルズ・バックボーン』の迷える魂サンティのように、身悶えする霊魂たちは、亡霊というよりも、ある出来事の目撃者だという事実がやがて発覚するのだ。

　『クリムゾン・ピーク』の中核となるのは、主人公のイーディスが「最初はただひどく恐ろしいだけだった不気味な存在たちと、奇妙な同盟関係を結んでいく」部分だ[20]と、共同脚本を務めたマシュー・ロビンスは強調する。デル・トロとロビンスは、ゴーストストーリーへの観客の期待を裏切るような映画を創れるかどうかを試してみたかったという。本作のモンスターたちは再び人型になったと、デル・ト

上：新たな配役による恋人同士——トーマス・シャープ（トム・ヒドルストン）は、手にしたロウソクの火を消さずにワルツを踊り切るというダンススキルを披露し、裕福な家の娘で父親の財産の相続人となるイーディス（ミア・ワシコウスカ）の心を掴む

ロはうれしそうに記者たちに話していた。イーディスは己の命を救うべく、死者たちの謎を解明しなければいけなくなる。

　物語のほとんどの時間が、トーマスとルシール、そして彼らの「獲物」という中心人物3人をめぐるシーンに割かれ、チャーリー・ハナム演じるアランが、密かに慕うイーディスを遠くから見つめる存在として描かれているという構図を考えると、いつものごとく、何かしら人目を引く俳優たちが必要となった。しかし、キャスティングはひと筋縄ではいかなかった。初め、ベネディクト・カンバーバッチとエマ・ストーンがトーマス、イーディス役として発表され、ジェシカ・チャステインがルシール役に確定していた。チャステインが出演する映画『MAMA』(2013)をプロデュースしていたデル・トロは、この赤毛の女優をイーディス役に想定し、彼女に脚本を手渡す。ところが、チャステインは、イーディスではなくルシールを演じさせてほしいと訴え、彼を驚かせた。激しい感情の嵐をほとんど表に出さないという難しいキャラクターを演じるだけでなく、ピアノの弾き方も学ばねばならなかったものの、彼女はこのチャレンジを楽しんだ。その後、制作に遅れが生じて撮影開始日が仕切り直しとなり、ストーンは次の仕事が入っていたために離脱。カンバーバッチはデル・トロとの創造性の違いから翻意したとされているが、友好的な関係は保っていると主張した。

　ハリウッドでは、変わりやすい天気のように刻一刻と状況が激変してもおかしくない。今ではそんな事情をよく知るデル・トロは、こう考えている。「僕はいつも妻に『部屋に家具をいろいろ置きたいなら、まずは一番鍵となる家具を買い、それを軸にして周囲を装飾するといい』と言っている」[21]。彼のキャストで最初の軸だったのは、カンバーバッチであった。カンバーバッチが役を辞退した後、デル・トロはチャステインを固定軸とし、トーマスに新しいア

上：デル・トロのプロットでは、主人公がこの世のものではない力によって導かれた後、アクションシーンが展開するパターンがとても多い

イデアを用意し、最終的にイーディスについても手を加えていく。「トム・ヒドルストンは、ジェシカの強さと本当にいいバランスが取れていて感動したよ」と、デル・トロは思いをめぐらせる。「それから、ミア・ワシコウスカもトムの相手役に驚くほどピッタリだ。彼女はジェシカとは大きく異なり、ずっと物静かで芯が強い」[22]。才能や人を呼べるスター性というよりも、俳優たちの相性が起用の決め手になったのだ。

チャステインはカリフォルニア州サクラメント出身で、『ゼロ・ダーク・サーティ』(2012) や『インターステラー』(2014) といった現代や近未来が舞台のヒット作で知られているが、彼女の白い肌は、ヴィクトリア時代の雰囲気には打ってつけだ。ロンドン生ま

れで、英国の全寮制の名門男子校イートン・カレッジで教育を受けたヒドルストンは、舞台俳優としてキャリアを始めたが（演劇畑で活躍していた彼の話し方は、石畳みで鳴らすかかとの音のように明瞭だ）、最近は『マイティ・ソー』シリーズのロキに扮して人気を博し、魅惑的な悪役を演じる才能も発揮している。透明感あふれるオーストラリア人女優のミア・ワシコウスカは『アリス・イン・ワンダーランド』(2010) と『ジェーン・エア』(2011) の両方で主演しており、『クリムゾン・ピーク』のイーディス役にふさわしい経験の持ち主だった。

初期のゴシック物語は、「物語が機能するためには、無垢で『汚れのない』主人公を中心に据える必要があった」[23]と、デル・トロは語る。ヒロインの脆弱

さを強調するのに、彼はサイズが大きめの小道具を使用しているが、これは、ヒッチコックの『レベッカ』から拝借した手法である。とはいえ、イーディスは、ただ悲嘆に暮れている乙女ではない。ナイーヴであるものの賢明だ。探究心旺盛で文学的なデル・トロの個性の産物である彼女は、作家志望で、ゴーストストーリーの執筆に精を出す。子供の頃、母親を感染症で亡くした後に、全身が油膜のように黒光りする骨と皮だけになった母の亡霊と遭遇。以来、そのときの恐ろしい記憶に取り憑かれていた。

　登場人物に、いかにも典型的だと感じるタイプの者はひとりもいない。ルシールは、氷で覆われた心の下に、激情と苦悩の海を湛えている。弟に対する想いは「不健全」の部類に入るが、嘘偽りのない気持ちであった。不機嫌そうな顔の裏で、彼女は自身の亡き母との顛末、精神病院で過ごした日々の痛ましい体験をひた隠しにしている（ただし、この部分の残虐シーンは登場しない）。そう、ルシール・シャープは、歪んだ心を持つ『デビルズ・バックボーン』のハチントや『パンズ・ラビリンス』のヴィダル大尉、『ヘルボーイ／ゴールデン・アーミー』の狡猾なヌアダ王子と肩を並べるキャラクターで、皆、「デル・トロ　ワールド」の傷ついた子供たちなのだ。

　『パンズ・ラビリンス』と同様に、『クリムゾン・ピーク』も女性のエネルギーで動かされる映画である。物語が進むにつれ、ヒドルストン扮するトーマスはどんどん受け身になっていき、しまいには『クロノス』のヘスス・グリスや『デビルズ・バックボーン』のサンティ、あるいはゆで卵の殻のごとく、灰白色の顔に亀裂が入った幽霊と化す。グレーのスーツを着たハナム演じるアラン・マクマイケル医師は、「人の気を逸らす存在」〔猟犬が獲物とそうでないものの匂いを嗅ぎ分けられるようにする訓練で、獲物の通った道と交差する地点にニシンの燻製のきつい匂いをわざと付着させたのが転じて、「注意を他に逸らす何か」の意に〕だ。観客が気づ

かないうちに、間一髪で彼がアラデール・ホールに到着する瞬間につながっていく。ただし、アメリカからイギリスへの長旅の末、アランがイーディスを救い出そうとした英雄的な行動は、あと少しのところでルシールに阻止される。ナイフで脇の下を刺されてしまうのだ（『デビルズ・バックボーン』で、ハチントは同じ箇所に傷を負っている）。そして彼の方が、切実に救助が必要となる。

　2014年の春、デル・トロは明らかに撮影を楽しんでいた。時折、急に歌い出してはスタッフを和ませたという。数週間に一度は、メキシコのダンス音楽マリアッチを奏でもらうために楽団を招待した。彼はすぐには俳優たちを荒涼館に呼ばず、完璧に準備を整えてから公開し、彼らの恐れかしこまった顔を見て喜んでいたそうだ。また、『パシフィック・リム』でもそうだったが、デル・トロは今まで以上に即興性を重視した。ルシールが怒りのあまり、朝食用のポリッジ〔水か牛乳で粥状に煮たオートミール〕の入った鍋をキッチンのテーブルに叩きつけ、その後、こぼれたポリッジを素手で掬い取るシーンがあるのだが、チャステインが考えたこの演技からは、ルシールのトーマスへの異常な愛情が垣間見える。要所要所で、本作は舞台劇のような趣となるのだ。

　イーディスとルシールは、シガニー・ウィーヴァークが演じたリプリーとエイリアンよろしく、フロイト的な捉え方もできる長い通路で覇権を争う。金属をも瞬時に溶かすエイリアンの強酸の血液ほどではないにせよ、イーディスの内臓に穴を開けようとして、ルシールは調合した毒草を加えてひとくまずい紅茶を毎日淹れ続ける。徐々に弱っていくイーディスの健康状態は、彼女のガウンの生地の薄さに反映されているという。

　イーディスは、殺人鬼ホラーのスラッシャー映画で、標的となる「最後の女性」の比喩を体現している、と主張することも可能だろう。本作で唯一裸体

を晒すのは、男性だ。現代ハリウッドの基準からすれば、これはフェミニスト的な内容であり、映画スタジオ側に二の足を踏ませるには十分であった（本作が製作に至るまで8年もかかった理由のひとつでもある）。それでもデル・トロは、妻、娘、祖母、そして、耳もとで囁くがごとく魅惑の小説を紡ぎ出して彼を虜にした女流作家たちなど、強い女性たちと人生をともにしてきた。彼は、「女性の小説家がゴシック・ロマンスに取り組むと、いつだって物語は、知的で、複雑で、力強くなるんだ」[24]と、述べている。

彼は、強い女性を描くことに政治的な意味を見出さず、優れたストーリーテリングの要素だと考えていた。「『クロノス』を作ったのは1992年だけど、あれは、ごく普通で取るに足りない人物たちのふたり芝居だ。ひとりは初老の男性で、もうひとりは幼い少女。僕は、ジャンル作品の物語の中心に据えられることがないような人物に、より興味を覚えるんだ。そうした周辺部にいる人々の方が、よっぽど興味深い」[25]

『クリムゾン・ピーク』の大いなるモンスターはアラデール・ホールという屋敷そのもので、デル・トロは、シャープ家の無秩序に広がる敷地を「少しばかり生き物っぽく」[26]感じさせたいと考えた。そこで、煙突が吸い込む空気によって炎を燃え上がらせ、建物全体が呼吸をしているかのように見せたのだ。屋根に空いた裂け目のおかげで、大きなアトリウムに雪が舞い降りてくる（『市民ケーン』の新聞王の大豪邸ザナドゥに置かれたスノードームの中の光景を連想させると言っても過言ではない）。これは、感染症のように制御不能のゴシック建築物。上から下へと腐敗が進んでいく場所。デル・トロにしてみれば、この家は狂ってしまったのだ。

建築ソフトで設計された広大な内部は、文字通り、プロダクションデザイナーのトム・サンダースが高耐久性発泡スチロールを手で削って作り出したものだ（サンダースは、ブラム・ストーカーの小説『吸血鬼ドラキュラ』を読み、ゴシック建築のセット作りを研究したという）。CGI（コンピュータ生成画像）の万能さは『パシフィック・リム』で折り紙つきだったものの、デル・トロは自身の幽霊屋敷にリアリティを求める。これは極めて重要なことだった。アラデール・ホールのセットは、ディズニーの人気アトラクションを彼なりの捻りを加えて変形させたもので、『パシフィック・リム』の巨大なイェーガーが格納されていた、トロントにあるパインウッド撮影所の同じ広大なサウンドステージに建てられた。でき上がったセットは、恐ろしいほどの威厳を感じさせたという。うめき声も同然の奇妙な音が鳴る内装が施され、ビル5階建て分相当の高さがあり、完全に立体化されたこの屋敷に、撮影所は十分なスペースを提供した。デル・トロはさらに、大掛かりなことを考えていた。

ある意味、本作は、荒涼館が映画になったようなものである。デル・トロは、リサーチで読んだ膨大な参考文献の重みを反映させつつ、崩壊しそうなこの巨大建築物に荒涼館の精神を注ぎ込んだ。トーマスの部屋が映し出されると、精巧な自動人形（オートマトン）やゼンマイ仕掛けの人形の存在が観客に提示される。磁器の目玉がトレイの上に置かれており、奇妙な操り人形が部屋の隅から睨みつけるといった具合だ。図書室には、デル・トロが現地の古書店で買い占めた本物の年代物の書物がずらりと並ぶ。厳しい顔つきをしたシャープ姉弟の年老いた母親の肖像画は、アメリカの画家ジョン・シンガー・サージェントやジェームズ・マクニール・ホイッスラーのスタイルで描かれており（デル・トロの祖母がモデルなのかもしれない）、しっかり年季の入った絵に見せるために、7ヶ月も前に依頼したという。3階建ての屋敷の各階をつなぐ、実際に稼働するエレベーターは、デル・トロによるアンティークの絵画風の描写に機械の気配を添えている。

アラデール・ホールは、映画史に残る偉大な館の数々を誇張したものであって、模倣ではない。デル・トロのカメラは、『回転』(1961) や『たたり』(1963年)、そして「エベレスト級のお化け屋敷映画」[27]である『シャイニング』の迷宮世界をうろつく何かと同じく、屋敷内を動き回る。さらに、濃密でロマンチック、かつ雨風に晒されて痛んだ感じの風景を背景にした、リドリー・スコットの『レジェンド／光と闇の伝説』(1985)、『ブレードランナー』といった偉大なジャンル映画の雰囲気も漂う。

セットのレイアウトを考える際、デル・トロは常に撮影監督を念頭に置く。まず必要なのは、カメラが動くスペースだ。カメラの動きに合わせ、観客の心は作品の世界に入り込む。今回は、『ミミック』のノワール調の地下世界をデル・トロの傍らでカメラに収めたダン・ロードセンが起用され、ふたり

はためらうことなく、本当に欲しい画を求め続けた。窓の外から射し込むライトが、薄明を描く絵画のような柔らかさを与える。黒系から赤系、鴨の羽色や青緑色から視界全体を白一色で覆うホワイトアウトまで、セットでは大胆な色使いを採用し、イタリアン・ホラーの黄金期を築いた監督マリオ・バーヴァに敬意を表している。

シャイなイタリア人の巨匠で、イタリア映画のジャンル「ジャッロ」の草分けであるバーヴァは、デル・トロに多大な影響を与えた。彼と同様に、バーヴァもまた、特殊効果分野での下積み時代を経ており、ジャンル作品の可能性を信じていた。1960年代には、カーニバルを彷彿とさせる色鮮やかなカルト・ホラー

下：家族の絆——本作のダークな部分の中心となる、不健全な関係の弟と姉に扮したトム・ヒドルストンとジェシカ・チャステインの販促用ショット

を次々と生み出し、見事なゴシック・スタイルを確立。「色彩、彩度、構図、照明に関して彼が下す決定ひとつひとつが、ストーリーに見事に絡んでいくんだ」[28]と、デル・トロは称賛する。『クリムゾン・ピーク』というタイトルにも、バーヴァ監督作『呪いの館』(1966)の紅蓮の炎を思わせる鮮烈な赤へのオマージュが感じられるが、これは、19世紀末のトランシルヴァニアで殺され、復讐心に燃える少女の亡霊の物語だ。この映画を見たデル・トロは、バーヴァの高度な視覚芸術が、超常的な何かが存在できる一種の「生息地」を作り出していると捉えたという。

本作でのデル・トロの幽霊は全て、緋色に染まっている。それは、遺体が隠されていた場所の粘土の色。誰も赤い幽霊なんて見たことがないはずだから、とデル・トロは色味の理由を明かしている。また、幽霊はリアルでなければならなかった。すなわち、常に多才で意欲的なダグ・ジョーンズを含む細身のスーツアクターたちが、おぞましく歪んだコスチュームを着込んで演じることになるわけだ。いかなるCGIも、外見を向上させるために用いられるに過ぎない。ずれた顎、破壊された頭蓋骨、（あのペイルマンのように）骨から垂れ下がる皮膚、あり得ないほど大きく開いた口といった幽霊たちのいびつな身体

的特徴は、彼女たちの苦悩する感情を反映したものとなっている。デル・トロは、それぞれの幽霊のバックグラウンドもきちんと考えていた。

セット上に死者がいることで、主役の演技に臨場感が生まれた。俳優は、そこに何かがいると想像しながら演技をする必要がなかったのだ。死後硬直が始まってから動き出すと仮定した、激しく揺れて骨がギシギシと音を立てるような動作は、ダンスのステップと同様に振りつけが成された。幽霊たちは、出現した地点の環境と相互に作用し合う。床から出現する不運な霊は、実際に「（スーツアクターが）溝から出てきて演じている」と、デル・トロは振り返る。「で、あとから（CGで描いた）床を加えたんだ」[29]

息苦しさもテーマのひとつである。ルシールの愛の形は、息が詰まるほどの献身だ。「怪物のような愛は、皆をモンスターにしてしまう」[30]と、チャスティンは囁く。その様は、精神状態がまともではなく、ずっと前から病んでいることをほのめかす。映画全体は、象徴主義に覆われている。床板の隙間から滲み出る、油をたっぷり含んだ粘土は、この家を支えている血生臭い金（の出どころ）を鮮明に示していると言えよう。

本作に出てくる昆虫は、蝶。そして、その夜バー

ジョンとも言える蛾だ。羽を広げた鱗翅目（りんしもく）のモチーフは、小道具やセットの各所に散りばめられ、繰り返し映像に登場する。まるで、観客に何度でも映画に戻り、その全てを確認してみろと挑んでいるかのようだ。衣装は、室内装飾とキャラクターの両方の延長上にある。漆黒の闇から陽光のごとく浮かび上がる、ボリュームたっぷりのゴールドのドレス姿のイーディスは蝶で、ルシールは蛾だ。ルシールの鎧を思わせるタイトなティール色のガウンは、薄闇で繁殖する本物の蛾と同様、屋敷の壁紙に溶け込んでいる。トーマスは、ディケンズの作品に出てくる葬儀屋のようなシックな装いで、自分は間違った時代からやってきてしまったのではないかと疑問に感じているように思えてくるほどだ。

「何が楽しいって、この上なく恐ろしい存在を最も美しい方法で見せることだよ」と、デル・トロは締めくくるように語っている。「美が暴力によって破壊されるのが、たまらなく好きでね。その理由はわからないけど、美と暴力が混じり合うってところに惹かれるんだ」[31]

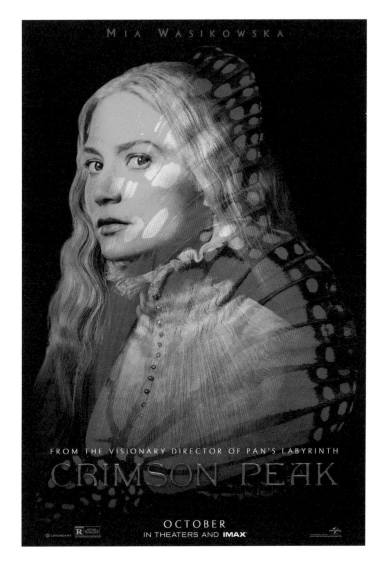

興奮が高まる最中、目を見張るような予告編が度々公開された『クリムゾン・ピーク』は、「さすがに『デル・トロ過多』なのではないか」とファンに感じさせたのかもしれない。世界興収が、7500万ドルと期待外れな結果になってししまったのだ（とりわけアメリカ国内の興行収入は3100万ドルと低迷）。本作は、「美しすぎる映画などあり得るのか？」という難しい問いを投げかける豪華な1作。今回に限って言えば、（美術面の）贅沢が過ぎて食傷気味になったのだろうか？「デル・トロは、ひとつのシーンも蔑ろにせず、観客の顔を映像で強打するくらいの激烈な印象を残そうとする。その大胆さには敬服せざるを得ない」[32]と、

上：ギレルモ・デル・トロは、アラデール・ホールを「狂ってしまった家」と考えたかったという。住人の恐ろしい過去が明らかになるにつれ、内装や家具も崩壊していく

上端：「復讐」という名の料理は、冷えた状態で出すのがベスト──孤独と寒さに打ち震えるイーディス（ミア・ワシコウスカ）は、執拗に命を狙ってくるルシール（ジェシカ・チャステイン）を相手に、とうとう形勢を逆転させる

上：最後にトーマス（トム・ヒドルストン）は亡霊となって姿を現す。卵の白身のように真っ白な顔色、殴られて痣ができたかに見える両目と、敢えて『デビルズ・バックボーン』のサンティを連想させる容貌にしたとのことだ

上：ギレルモ・デル・トロが作り出す映像の全ては、恐ろしさと同じくらい美しさも湛えている。この写真のショットがいい例で、シャープ姉弟の母親の真っ赤な幽霊は、バスルームの壁の錆ついたグリーンを背景に佇んでいる

左：まるで静物画——アーティスト兼映画監督のデル・トロは、窓から降り注ぐ自然光らしく見えるライトに対してどのようなポーズをとるかを、満開のタンポポのような黄色いドレス姿のワシコウスカに指導する

ボストンの伝統ある月刊誌『The Atlantic』は、辟易した感じを仄かに匂わせながら綴っている。『パンズ・ラビリンス』で成し遂げたストーリーとスタイルの華麗なバランスと比較すると、『クリムゾン・ピーク』は、創り手側の一方的な歓喜に圧倒されてしまった。映画に登場する家具にどれほど凝ったか、制作陣の熱の入れようはわかるのだが、ドラマ自体が置き去りにされた感が否めない。不気味な映像の重厚さに耐えるだけの物語になっていないのだ。「鋭い観客なら、（筋書きに）なんの捻りもないことに気づくだろう。少なくとも、映画の中心であるこの近親相姦関係の殺人鬼カップルに、驚くべき要素はない」[33] と、リンカーン・センター映画協会発行の雑誌『Film Comment』は、手厳しい評価を下している。ついに終盤、シャープ姉弟の不正行為が暴露され、動機も明かされ、彼らは今までの報いを受けるのだが、拍子抜けだったと感じる者もいただろう。

それでも、現在アメリカで最も古い歴史を持つ週刊誌『The Nation』の次の文章には同意せざるを得ない。「ギレルモ・デル・トロは、単に映像を作り出すだけでなく、映像で考えることができる数少ない脚本家兼監督のひとり。そんな彼による美しくも辛辣な作品から目を逸らすなら、映画文化はかなり貧弱なものになるだろう」[34]

もちろんデル・トロは、自身の思考パターンを見失う気配は見せていない。彼はすでに、ゴシック風ジャンル作品を融合した大人向けの新たな映画へと進み出していた。ただし今度は、モンスターがロマンチックな主役となる予定であった。

ラブ・アクアティック

『シェイプ・オブ・ウォーター』(2017)

口の利けない清掃員と軍事施設に監禁されている水陸両生の「彼」との、当然のごとく奇妙でありながら、深い思いが込められたラブストーリーがアカデミー賞をはじめ映画賞を総ナメ。政治的な意味合いは全て故意であった

「僕は移民だ」[1]。アクアマリン色のポケットチーフがアクセントになっているタキシード姿のギレルモ・デル・トロは、右手でアカデミー賞監督賞のオスカー像をしっかり握り締め、そう明言した。ハリウッド大通りにあるドルビー・シアターの壇上から、彼は、映画の何が好きでたまらないかというと、映画は砂の上の線を消せることだと言い切った。つまり、芸術は人々をひとつにするのだ。

　2018年3月4日、デル・トロは己の人生の集大成とも言える夜を過ごしていた。彼は10作目の長編監督作で、第90回アカデミー賞作曲賞、美術賞、そして最高のワンツーとなる作品賞、監督賞を獲得したのだ。『シェイプ・オブ・ウォーター』は、1962年を舞台にしているにもかかわらず、政治的に右傾化してしまった現在のアメリカに対する痛烈な批判であるという事実を見逃す者は誰もいなかった。なにせ当時のホワイトハウスは、

右：1954年のB級映画『大アマゾンの半魚人』のオリジナルポスター。この映画は、ギレルモ・デル・トロが子供の頃に見た瞬間から、彼の心に根ざしている作品だ

右端：長年の夢——デル・トロはお気に入りのモンスター映画のひとつを、類のない叙情的な異種族間ロマンスに作り変えた

上：3年に及ぶリサーチとデザイン期間を経て、完璧な水陸両生の「彼」を創り上げた。その外見は、エイリアンと人間の両方に見える必要があった

メキシコとの国境に壁を建設する性急な計画とともに、国を分断させる恐ろしい政策を吹聴していたのだから。

アカデミー賞監督賞発表の後、ほどなく作品賞も獲得したデル・トロは、監督賞受賞時のスピーチで話し終えられなかった続きを語り出す。メキシコでは、世界中の映画を見て成長したと、彼は述べた。多文化の力が、自分の映画を形作ってきたのだと。紛れもなくセンセーションを巻き起こした『シェイプ・オブ・ウォーター』は、世界興収1億9500万ドルを達成することになり、各所から大絶賛され、ハリウッド最高の栄誉となるアカデミー賞を受賞する

に至ったわけだ。

デル・トロは、ファンタジーは現実世界の問題に取り組むための完璧なツールだという、自身の最も基本的な信念を繰り返してスピーチを締め括った。さらに、映画を作る同志たちに、こうも訴えかけている。「これは扉だ。蹴破って、中に入ってきてくれ」[2]

「君もこっちの世界へ」という呼びかけは、彼らしい度量の広さが滲み出ているが、そもそも『シェイプ・オブ・ウォーター』の成功は、ユニークな映画製作の錬金術の勝利だったと言えよう。アカデミー賞とは無縁であった1954年のB級映画『大アマゾンの半魚人』をふんわりとベースにし、口の利けな

い清掃員の女性と水陸両生の不思議な生物「彼」の
ロマンスを政治的な寓話に仕立てようと思う人間なん
と、デル・トロしかいない。

『大アマゾンの半魚人』を見た当時、彼の反応は他
の人間とは違っていた。恐怖で悲鳴を上げたり、目
を覆ったりなどしなかったし、昔のつたないエフェ
クトや陳腐な会話に失笑することも、(アマゾンの奥地
のはずなのに)明らかにカリフォルニアだとわかる光
景に不満を漏らすこともしなかった。それどころか、
当時としては画期的な水中シーンにうっとりと魅了
されてしまう。問題の場面では、川を遊泳中のヒロ
イン役の女優ジュリー・アダムスの下で、半魚人ギ
ルマンのスーツを着たスタント・ダイバーのリコウ・
ブラウニングが寄り添うように泳ぐ姿が映し出され
る。その動作は優雅で、なおかつギルマンが抱く奇
妙な欲情が垣間見えたのだ。「恋」というものを理
解し始めたグアダラハラに住む6歳のデル・トロ少
年は、アマゾンの奥深いジャングルの地質調査で発
見された、この恐ろしい有史以前のクリーチャーに
憧れを抱き、クリーチャーが彼女と結ばれることを
切に願ったという。

「あの生物が彼女に恋しているってことが、とても
気に入っていた。そして、まるで自分が恋愛経験者
であるかのように、彼らが最後に一緒になってほし
いと感じていたよ。もちろん、叶わぬ願いなんだけ
どね」[3]と、彼は切なそうに振り返る。

監督ジャック・アーノルドが生み出したクリー
チャーの立体造形──生き生きと動く姿──を見た
ことも、デル・トロの人生を変えた。リドリー・ス
コットの『レジェンド/光と闇の伝説』や『ブレー
ドランナー』と並び、彼は『大アマゾンの半魚人』
を、他のどんな映画より繰り返し見てきたに違いな
い。ギルマンのデザインは、それまでデル・トロ少
年が見たモンスターの中で、最も美しかったのだ。
だが、そのスーツデザインには、クレジットをめぐ

る理不尽な現実が隠されていた。事の詳細を、デル・
トロは正確に、そして熱く説明した。実際にギルマ
ンをデザインしたのは、ユニバーサルの特殊効果、
メイクアップ部門で働いた初の女性アーティストと
されるミリセント・パトリック〔ディズニーの女性アニメー
ターとして最も早い時期に採用された人のひとりでもあり、『ファ
ンタジア』(1940)の終盤シークエンスを手掛けている〕だっ
たが、映画でクレジットされたのはメイクアップアー
ティストのバド・ウエストモア。ウエストモアの嫉
妬により、パトリックはユニバーサル・ピクチャー
ズを追われ、あの素晴らしい半魚人スーツを創造し
たという彼女の功績は、何十年も正当な扱いを受け
てこなかったのだ。デル・トロは『ヘルボーイ』ワー
ルドを楽しんで築き上げたが、中でも、この古典映
画モンスター、ギルマンの影響を深く受けたエイブ・
サピエンを登場させるチャンスに大きな喜びを感じ
た。

30代でハリウッドに進出した彼は、何度かユニバー
サル・ピクチャーズに『大アマゾンの半魚人』のリ
メイクの企画を持ちかけている。彼によると、各地
域への探検が盛んだったヴィクトリア時代を舞台に
し、「気球と川を航行する蒸気船を登場させる」[4]ア
イデアがあったそうだ。いかにもデル・トロらしい
発想である。設定時代に関係なく、商業的に実現可
能だと判断された場合には、モンスターの視点で物
語を伝えたいというこだわりをデル・トロは持って
いた。「結局、企画は採用されなかったけどね」[5]。
彼は、熟考を重ねたアイデアだが、映画会社の耳に
は、砂漠の世捨て人の戯言みたいに聞こえたのだろ
うと笑い飛ばす。「僕は言ったんだよ。『彼らは最後
には結ばれるべきだと思う』ってね。その点につい
ても、取り合ってもらえなかったな」[6]

いつまで経っても埒の明かない不毛な交渉にうん
ざりし、デル・トロはこの企画を、自身の「叶わぬ
夢」という心の棚にしまい込むことにした。そんな

2011年当時、デル・トロは、3DCGアニメーションのNetflixオリジナルシリーズ『トロールハンターズ：アルカディア物語』の共同原作者であるダニエル・クラウスと朝食の席につく。ふたりが軽快にアイデアをあれこれと話し合っているとき、クラウスは、執筆中だというある物語に言及する。それは、政府の極秘施設で働く清掃員が施設内で超自然的な生き物を発見し、なんとかして家に連れて帰るという内容だった。その瞬間、デル・トロのギルマン愛が怒涛のごとくあふれ出し、心を満たす。ラブストーリーを語る新たな方法が見えたのだ。その場で、アイデアを買うから脚本化を始めてほしいと、クラウスと取り引きしたという。

彼は、『ヘルボーイ』シリーズで、リズとレッド（ヘルボーイ）の複雑な関係を絡めて異種族間恋愛を取り扱っていたし、『クリムゾン・ピーク』では生者と死者の絆を探求した。『パンズ・ラビリンス』で魅惑的な声で囁くパンには、明らかに性的な魅力が滲み出ている。しかしながら、『シェイプ・オブ・ウォーター』は、ハリウッドの伝統芸とも言える壮大なメロドラマ的ラブストーリーだ。ただし、人間と感情のある「魚」との恋愛ではあるが。

つまり本作は、『大アマゾンの半魚人』のリメイクではない。オマージュとしてB級映画の精神を取り込み（もちろん、デル・トロ作品のほとんどがそうだ）、お涙頂戴作品の資質を持たせ、映画賞戦線に十分立てるほどの優雅さと大胆さでもって作られた作品だ。彼は主要キャラクターとなる清掃員を、口が利けず孤独なイライザという名の女性に設定（英国人女優サリー・ホーキンスが、いつになく生き生きと演じている）。ボルチモアにある軍の研究施設で働く彼女は、誰の目にも見えていないかのごとく、ほとんど気にも留められない存在だ。ここで彼女は、軍の残酷な秘密——人間に似た姿をした水陸両生の生物（当然のことながら演者は、デル・トロ作品常連のスーツアクター、ダグ・ジョー

ンズ）——を目撃する。アマゾンの生息地で捕獲されて連れてこられたクリーチャーは、サディスティックな軍人ストリックランド大佐（マイケル・シャノン）が指揮を執る研究チームにより、情け容赦ない実験の材料にされることになっていた。その生物の暗藍色の眼（ブルー-ブラック）。それは、人の言葉を話さぬ「彼」の愛情表現の指標となる。

『デビルズ・バックボーン』と『パンズ・ラビリンス』の舞台となった国（スペイン）や、その背景にあった陰鬱な歴史とはかけ離れているものの、『シェイプ・オブ・ウォーター』は、「社会的不寛容」という類似テーマを掘り下げていく。これまで以上にデル・トロは、自分の時代を特徴づける「分断」が拡大する現実に突き動かされた。「最も密接につながっている空間で、イデオロギーが僕らみんなをどんどん分けていってしまうというアイデアなんだ」[7]。不思議な生き物レスキュー大作戦は、「のけ者たち」が団結して行う連携プレイとなる。社会から見捨てられているのは、水陸両生の「彼」やイライザだけではない。イライザのアフリカ系アメリカ人の同僚ゼルダ（オクタヴィア・スペンサー）と己の狭い世界で生きるゲイの隣人ジャイルズ（リチャード・ジェンキンス）がイライザの計画に協力するのだ。

「僕はずっと信じてきた。アイデアと映像の創作で、ファンタジーたる何かを真実にすることができるんだってね」と、デル・トロは、自身のキャリアの中心に据えた信条を興味深い表現で説明している。「ファンタジーを例え話として扱いながら、真実味にあふれた映画を作ることが可能なんだ」[8]

子供時代、祖母に無理やり教会に連れていかれた彼は（当たり前だが、厳粛な聖人像よりもガーゴイルの方が好きだったらしい）、例え話を扱った説教にだけ耳を傾けた。それらは比喩や二重の意味に満ちた世界を照らし出す物語で、彼はおとぎ話を聖書風にアレンジしたものだと考えていたのだ。そうした説教だけは、

左：ギレルモ・デル・トロ10作目の長編監督作は、映画賞を総ナメにすることになる稀有なファンタジーである

上：機密軍事施設を統括するサディスティックなストリックランド大佐（マイケル・シャノン）は、ギレルモ・デル・トロ監督作のこぎれいなファシストたちと同列のキャラクターだ

魂がこもった話になっていた。

　イライザは、美徳の鑑というわけではない。彼女は大人の女性だ。毎朝コンロで卵を茹で、急いでお風呂に浸かって自慰行為をする。『大アマゾンの半魚人』では表面下に隠されていた側面が、本作ではイライザの成熟さによって極めて明白に示されていると言えよう。デル・トロはかつて『ヘルボーイ／ゴールデンアーミー』で、日焼けしたように真っ赤な悪魔と蘭の花を思わせる巨大モンスターとの対決を演出した。『シェイプ・オブ・ウォーター』は、そんな彼が多くを物語る、最も風変わりで変幻自在な映画であり、監督作の中で最もエロティックな作品でもあるのだ。

　彼は、本作の企画をフォックス・サーチライト・ピクチャーズ〔2019年よりウォルト・ディズニー・スタジオの傘下に入り、現在はサーチライト・ピクチャーズという社名になっている〕に持ち込んだ。同社は、ウェス・アンダーソン、ダーレン・アロノフスキー、ノア・バームバックといった独創性の強いフィルムメーカーたちの面倒を見てきた映画スタジオだ。デル・トロは、イラストや模型を用意し、プレゼンでは脚本の一部を読み上げたという。いつものごとく、なかなか受け入れてもらえない企画の売り込みには準備万端で臨んだのだ。

「プレゼンの終わりには、みんなが泣いていた」[9]と、デル・トロは明かす。

そこで彼は、少しだけ強気の態度に出た。1954年の古典的カルト映画を見たときの自分の記憶を再現するかのように、モノクロで撮るのはどうかと提案したのだ。スタジオ側の面々は意味ありげな表情になり、白黒映画にすると言い張るのなら、予算は1650万ドルにすると告げた。「じゃあ、カラーだったら？」[10]。そうデル・トロが訊くと、1950万ドルだと返された。

「では、カラーで」[11]と、彼は同意する。

とはいえ、カメラマンのダン・ローストセンには、藻や海水、そしてキーライムパイの毒々しい中身に至るまで、緑系だけを調和よく組み合わせ、ほぼ単色に見えるように撮影してほしいと指示を出した。遡れば『クロノス』の時分からそうだったが、視覚的な韻（フィリング）が本作でも踏まれている。例えば赤は、血と、「彼」と結ばれた後のイライザが着用するコートや靴に象徴的に使われている。

デル・トロは、どうしても一定範囲の中で、物ごとをこちんまりとまとめたいと考えていた。『パンズ・ラビリンス』のときのように、制限を決めて己を追い込み、同じサーチライト作品で、旧友のアレハンドロ・ゴンサレス・イニャリトゥが独特の世界観で描き出したシニカル・コメディ『バードマン あるいは（無知がもたらす予期せぬ奇跡）』からインスピレーションを引き出していく。『バードマン』は独創的な演出で低い予算を最大限に活用し、オスカー4部門（作品賞、監督賞、脚本賞、撮影賞）に輝いた。メキシコ映画にとって分岐点となるこの時期、わずか5年のうちに、スリー・アミーゴスはそれぞれアカデミー賞監督賞を受賞。アルフォンソ・キュアロンは、広大な宇宙を舞台に、驚異の映像体験を観客に提供した『ゼロ・グラビティ』でそれを成し遂げている。

デル・トロは、期待の大きいスタジオ映画の重荷を背負うことを、多彩な比喩で表現する。例えば、

それは「虎の赤ん坊」[12]を引き取って育てるようなものだ、と彼は言う。最初は子猫のようで可愛いが、すぐに成長し、飼い主を食べようとするだろう。予算が多ければ、壮大なアイデアを実現させられるものの、必然的に可能な限りの大規模販促キャンペーンを行うことになる。5500万ドルを投じた『クリムゾン・ピーク』が、ゴシック・ロマンスではなく、完全にホラー映画として大々的に売り出されたことに、彼は胸を痛め、それが興行的な失敗の一因になったのではないかと考えている。

控えめな予算ではあったが、サーチライトは口出しせず、監督に自由な采配で洗練された寓話作りを任せるという姿勢だったため、デル・トロはようやく、安定した映画制作の機会を得た。実際、今後、傷つくほどのプレッシャーを伴うブロックバスター作品の舞台に彼が戻るかどうかは不透明だ。それは、『パシフィック・リム』の続編をすぐに作ろうとしなかったことからもわかる（興収、評価ともに劣った2018年の2作目『パシフィック・リム：アップライジング』ではプロデューサーとして名を連ねたに過ぎない）。しかも同作は、デル・トロがいつも利用するトロントのパインウッド撮影所からオーストラリアに制作の場が移っていた。

『シェイプ・オブ・ウォーター』は、パインウッドの巨大ステージがすでに予約で埋まっていたため、トロントの比較的コンパクトなシネスペース・スタジオで撮影された。そこでは、デル・トロが製作を務めるヴァンパイアもののテレビシリーズ『ストレイン 沈黙のエクリプス』が撮影されていたのだが、ちょうどシーズンとシーズンの合間だったのだ。こうして2016年の8月から11月にかけ、楽しく『シェイプ・オブ・ウォーター』の撮影が行われた。

デル・トロは、「ハリウッド・ノース」〔北ハリウッドと呼ばれるカナダの映画業界、特にトロントとバンクーバーを指す〕を儲けさせるために、そこでよく撮影しているわけでは決してない。「成功の定義は、充実感の

度合いで決めるべきだ」[13]と主張する彼は、業界誌など読まず、注目の重役たちの名前を挙げることもできない。現在のトレンド、すなわち、続編が作られるのが前提の人気シリーズものについても知らないのだ。「若い頃、僕らは映画クラブを作ったんだ。それがグアダラハラの映画祭に発展してね。みんなでドイツ出身のマックス・オフュルスやアメリカのプレストン・スタージェスの監督作の上映プログラムを作成したよ。僕は、映写技師、チケット販売員、司会者の役目を兼任した。それらも全部、『映画』に関する仕事なんだ」[14]

『シェイプ・オブ・ウォーター』の世界は、リアリズムとシュルレアリスムが出会う境界に存在している。1938年のイギリス映画『ピグマリオン』と、それを基にしたミュージカル『マイ・フェア・レディ』の花売り娘から名づけられたイライザは、かなり年代物の映画館「オルフェウム劇場」上階のアパートに住んでいる。映画上映中のスクリーンの光が、彼女の部屋の床の隙間という隙間から糸のように立ち昇ってくる。山のようなアイデアが常に目まぐるしく脳内を駆けめぐっているデル・トロは、あるミュージカルシーンを実験的に作る機会を得た。イライザに、ミュージカル映画『艦隊を追って』(1936)のフレッド・アステアとジンジャー・ロジャースよろしく、シルクハットとタキシード姿の水かきのあるパートナーと舞踏会場をくるくると回りながら踊る自分を夢想させるのだ〔実際にでき上がった映画でのこのシーンでは、「彼」はいつも通りで、服を着ていない〕。

　映画とは、新しいおとぎ話だとも言える。デル・トロは『シェイプ・オブ・ウォーター』を、壮大かつ愚かなハリウッドの歴史という偉大なショーへの

右：イライザ（サリー・ホーキンス）は、自身の休憩時間にレコードで音楽を聴かせ、施設内に監禁されている不思議な生き物をなだめようとする。壁の色から衣装まで、いかにデル・トロが色調を統一させているかは一目瞭然だ

上：ギレルモ・デル・トロは、ハリウッド黄金時代の情緒に敬意を表し、ジャイルズ（リチャード・ジェンキンス）の部屋のテレビや階下の映画館で昔の
メロドラマやミュージカルを映し出している

「ラブレター」[15]だと呼ぶ。ドイツ出身でハリウッド
でも活躍した映画監督ダグラス・サークによる戦後
のアメリカの表情豊かで感傷的な描写に、デル・ト
ロは夢中になっていた。また本作では、オルフェウ
ム劇場のスクリーンで上映される、旧約聖書の「ル
ツ記」を映画化した大作『砂漠の女王』(1960)やミュー
ジカル『恋愛候補生』(1958)、イライザの隣人ジャ
イルズのテレビ画面に流れるシャーリー・テンプル
主演の映画といった往年の人気作を垣間見ることが
できる。

『シェイプ・オブ・ウォーター』は、ギレルモ・デ
ル・トロという監督のジャンルに対する万華鏡のよ
うなアプローチの集大成である。文芸雑誌『The
New Yorker』のアンソニー・レーンは、この柔軟
なアプローチを「ジャンル流動体」[16]と呼んだ。デル・
トロは、「これ1作で、ホラー、モンスター、ミュー
ジカル、脱獄、時代劇、スパイ、ロマンス映画を提
供したんだよ」と、付け加える。「怪しいロシア人
たちが登場するし、人種差別的な要素も描かれる（ス
トリックランドがゼルダに向かって「君らの仲間」と、アフリ
カ系アメリカ人をひと括りにした言い方をする）。血溜まり
も複数出てくるし、男性に対するフェミニストの健
全な焦燥感も盛り込まれているんだ」[17]

トーンの配し方には驚かされる。

デル・トロはためらうことなく自身の映画を、コ
メディ、残酷さ、妄想癖、過度な政治色、深いロマ

ンス、そして紛れもない神秘主義の間で行き来させるのだ。

本作は英語で作られている（イライザの手話と、クリーチャーのバリエーションのある鳴き声も出てくるが）。そして、アメリカが舞台の物語ではあるものの、カナダで撮影され、背景となるのは冷戦時代。つまり、デル・トロの『3993』の企画が放棄された後、『デビルズ・バックボーン』と『パンズ・ラビリンス』に続く政治寓話3部作を完成させたのが、『シェイプ・オブ・ウォーター』なのだ。これら3作では、デル・トロのストーリーが最もパーソナルで、カタルシスを起こさせるやり方で表現されている。

長いプロモーション期間のインタビューでは、デル・トロは他の監督よりもずっと饒舌に語るのが常

なのだが、自分の作った映画は一種のセラピーだと物思いにふけりながら語っている。「完全に、十二分に、100パーセント、僕にとってはセラピーなんだ。他の人たちにとってはどうだったか、美しいファンタジーに見えているか、そうだと理解されてるか、あるいは別の何かだと思われているのかどうか。その部分は僕にはコントロールできない」[18]

仮に『シェイプ・オブ・ウォーター』が失敗していたとしたら、映画監督業からの引退も考えていたと、彼はメキシコのテレビ番組で明かしていた。

本作は、これまでの監督作と比べると、より芸術的に複雑で、メタファーが一層奥深くに埋め込まれている。デル・トロのキャリアの中で、己が求めているのがどのような感情的反応なのかを知るべく、

上：『シェイプ・オブ・ウォーター』は、極めてデル・トロのパターン通りの映画だ。壁紙から卵パックまで、アクアマリン色が各所に使われ、塩の容器の強烈な赤がアクセントとなっている

上：見えないも同然の者たち——誰も気を留めない清掃員のイライザ（サリー・ホーキンス）と同僚のゼルダ（オクタヴィア・スペンサー）は、熱帯雨林から連れてこられた生き物を脱出させる計画を立てることになる

一歩下がって厳密に考えた初めての作品だ。

　イライザのボロアパートは、あちこち漏水して染みだらけ。壁は汚れたアクアマリン色。天井の穴からは雨が降ってくるだけでなく、光が漏れて宙を舞う。スクリーン上ではほとんどわからないが、ある壁面には、日本の江戸時代を代表する浮世絵師、葛飾北斎による有名な版画『冨嶽三十六景』の「神奈川沖浪裏」（『パシフィック・リム』でも主要モチーフになっていた）が描かれていた。壁のひび割れは、さながら流域図の川の支流だ。彼女の部屋は、夢の中を漂っているかに思える。ストリックランドの無機質な、機能性だけを追求した組み立て式の住宅に比べると、特にそうだ。

　子供時代の記憶は全く色褪せず、常にデル・トロの中では鮮明だった。イライザが「彼」と愛を交わす恍惚のラブシーンでは、彼女の浴槽から水があふれて浴槽全体が水没し、階下の映画館にも漏水するのだが、これはデル・トロの実体験を思い起こさせるという。「（だからといって）僕がモンスターと身体を重ねたことがあるわけじゃないよ」[19]と、デル・トロは慌てて弁明する。子供の頃、両親は家にシャワーしか設置しなかったので、バスタブで泳ぐのが彼の憧れだった。そこでデル・トロ少年は、シャワー室のドアの隙間をタオルで塞ぎ、床の排水口に栓をして、シャワーの水を出しっ放しにした。水が胸元まで溜まったとき、彼は初めて気づくのだ。扉は内

開きなので、水圧で開かないことに――。そう、彼は「脱出王」と呼ばれた奇術師ハリー・フーディーニよろしく、シャワー室の狭い空間に閉じ込められてしまったのだ！　渾身の力でなんとかドアをこじ開けたところ、大量の水がそのまま脱衣室兼洗面所に放出され、辺り一面が水浸しになった。「父は、その状況を喜ばなかったね」[20]と、大人になったデル・トロは認めている。

　同アパートでイライザの隣室に住んでいるのが、ジャイルズだ。蒐集癖がある人の家のように乱雑な彼の部屋には、製図用のデスクが置かれており、荒涼館やヒッチコック作品『めまい』(1958)の影響が反映されている。デル・トロは、日常を吹き飛ばし、超現実的にするというセットが持つ力をポップアートに相当するものと表現。ここでは、暖かい琥珀色の生命感あふれる光でセットを強調し、あたかも永遠に日没か夜明け時の室内であるかのように見せた。また、ヘルボーイの自室と同じで、猫が何匹も歩き回っている。

　機密軍事施設であるオッカム航空宇宙研究センターの実験室は、デル・トロが過去に刺激を受けた種々様々な作品世界に出てきたあらゆる霊安室、製造所、作業場、実験施設の総合体だ。そして、彼に影響を与えたそうした作品をインスピレーションの素に変えた源こそ、ジェームズ・ホエール監督作『フランケンシュタイン』で例の怪物が創造された空間である。アマゾン奥地の原住民は、水陸両生の不思議な生き物の「彼」を「川の神」と考えた。その神は、『ヘルボーイ』のエイブ・サピエンがいる水槽の残酷バージョンとも言えるタンクで幽閉されている。それが、まさしくここ、軍事施設の実験室の中央にある場所なのだ。

　このセットは、「彼」というキャラクターを中心にデザインされている。重厚な配管と金属製の筐体は神殿を連想させ、「彼」が水中から顔を出せる、

ちょっとした池のような隣接のプールも、デル・トロ作品に見られる特徴的なセットのひとつだ。『デビルズ・バックボーン』で、幽霊の少年サンティが宿敵と対峙した貯水槽や、『ブレイド2』のダマスキノスの要塞中枢部にある血のプールを思い出してほしい。

　デル・トロは豊富な作品を世に送り出してきたが、『シェイプ・オブ・ウォーター』は、成功するも失敗するも純粋にモンスターのデザイン次第という危険性をはらんだ映画であった。観客の大勢が半魚人に恋愛感情を抱けるくらいのデザインが求められていたのだ。デル・トロが『大アマゾンの半魚人』で美しいと感じたギルマンが出発点となるのだが、道のりは長かった。「魂を与えてくれ」[21]と彼は、『ウルフマン』や『メン・イン・ブラック3』(2012)に携わった経験のある特殊造形担当マイク・ヒル（スカルプター）に依頼する。異星人にも見えるし、人間にも見えるという絶妙なバランスが必要であった。

　すでにデル・トロの創作ノートには、ゴムのスーツに命を吹き込むための註釈付きのスケッチや創作作業における哲学がビッシリと書き込まれていた。「最初に決めなければいけないのは、シルエットだ」と、彼は説明する。「シルエットが決まれば、キャラクターの歩き方と個性が掴める。次にカラーだ。それから詳細を突き詰めていく」[22]。かなり多くの映画が、この手順を間違えている。まず細かい部分から始めようとしてしまうのだ。5枚の翼を付けよう。大きな触手と歯も要る！と、いった具合に。「細かなアイデアをどんどん積み重ねてしまうんだよ」[23]。デル・トロはそう言って、首を横に振る。見事なモンスターというのは、詳細の積み重ねでは生み出せない。基本的な要素それぞれが極めて慎重に合わさって初めてでき上がるのだ。

　リサーチとデザイン開発に3年の歳月を費やしたこの水陸両生の「彼」（正確な種は意図的に曖昧にされて

上：軍事施設の薄暗い雰囲気とは対照的に、イライザ（サリー・ホーキンス）の隣人ジャイルズ（リチャード・ジェンキンス）が暮らす室内には、暖かな黄金色の光が降り注ぐ

上端：軍事施設の中心部にある実験室。そこでは、水陸両生生物の「彼」が囚われの身となっている。ギレルモ・デル・トロは、この室内を、『フランケンシュタイン』で怪物が生み出された実験室に敬意を表したデザインにした

上：口の利けないイライサは、アメリカの手話を介し、彼女独特のやり方で「彼」とコミュニケーションをとる。サリー・ホーキンスは手の動きで台詞を表現するために、手話をマスターする必要があった

右：デル・トロの興味深いチャレンジは、彼が生み出したモンスターを魅力あふれる男性主人公にすることだった。つまり、キスをしたくなるような唇の持ち主でなければならなかったのだ

いる）は、デル・トロ作品のキャラクターの中では、デザインのプロセスだけで最も長い時間がかかっている。紙に描かれたデザイン画から粘土の立体彫像を作り、それをコンピュータ上で3DCGモデル化する。脚本が何度も書き直されるように、数え切れないほどのプロトタイプが作製された。きちんと生物学的に根拠のある形にしたいというデル・トロのひと声で、マイク・ヒルとともに、クリーチャースーツ制作チーム全員が荒涼館のアート工房に通い詰めた。『ヘルボーイ』のエイブ・サピエンはコミックの世界で生きているが、この水陸両生生物は我々と同じ世界を住処としている、と彼はスタッフに説いたという。日本の版画にインスパイアされ、黄色がかったアイボリーと、淡いクリーム系の牡蠣色に緑を足したオイスターグリーンを基調とした色が設定された。デルトロとヒルはクリーチャーの筋や血流について話し合い、映像で「彼」の生物発光を見せる方法を考えていく。

ヒルは、二枚目俳優にありがちな、大きな目、高い頬骨、がっちりとした四角い顎と主演女優にキスをするのにふさわしい官能的な唇をこの生き物に与えた。引き締まった形のいい尻も不可欠で、デル・トロ家の女性陣全員が相談に乗ってくれたそうだ。

デル・トロがストーリーテリングの「言語」をどのように考えているのかを示す例として、クリーチャーを観客に初めてお披露目するシーンを見てみよう。彼は、どうすべきか「わかっていた」[24]。カメラ位置は水面の高さと同じにし、不思議な生物が貯水槽から顔を半分だけ出すのだ。しかし、観客が「本当に生き物だったんだと知る」[25]のは、「彼」の目が水平に瞬きする瞬間である。このような微かな表情は、『ブレイド2』の制作で初めて使われたCGテクノロジーの成せる技。実際に人間が着るスーツにCGでニュアンスを加えるという、アナログとデジタルの組み合わせでベストな結果を得たのだった。

このメキシコ人マエストロの10作目となる長編監督作は、素晴らしきスーツアクター、ダグ・ジョーンズとともに、蜘蛛が精密で正確な巣をリズミカルに作り上げるがごとく、緻密に仕上げていったデル・トロの頂点となる1作だ。とうとう、過去のデル・トロ作品で顔を出さずに数々のモンスターを演じてきた「彼（ジョーンズ）」が主役になった。ずっと頭の片隅に存在し続けてきたこの異形の存在のことをデル・トロがジョーンズに打ち明けたのは、2014年にふたりが『クリムゾン・ピーク』を作っているときだった。主役は「ケイリー・グラント〔『ヒズ・ガール・フライデー』(1940)や『シャレード』(1963)など多数の主演作を持つハリウッド・スター。その実績から1970年にアカデミー名誉賞を授与された〕の水陸両生バージョン」だと、デル・トロは真面目な顔で訴え、間違いなく演技力が物を言うことになると念を押す。「ヒロインの心とつながらなくてはいけないんだ」[26]。ジョーンズは、クリーチャーの必須な要素、欲求、魂を考慮する必要があった。「彼」の胸中で、一体何が起きているのかを理解しないといけないのだ。

「異質な何かを一瞬でも見ることができるのは、唯一、アートを介してだけ」[27]と、デル・トロは創作ノートの1冊にしたためている。彼のメモ書きやデザインスケッチ、過去の監督作にある全てが、懐かしく意味深い奇妙な存在を作るという最終目標へ通じていく。

「子供の頃でさえ、モンスターは、『いい人』の内面に巣食う化け物よりもずっと穏やかで魅力的だと、僕は知っていた」。彼はそう説明する。「思うに、モンスターになること、自分がモンスターだと受け入れることで、化け物のような振る舞いをしない余裕が生まれるんじゃないかな」[28]

水陸両生の「彼」――デル・トロ版の伝説のギルマン――は、チャーミングかつパワフルで、何よりも、好感が持てる存在だ。デル・トロは、闘牛士の

上：狡猾な男たちが登場するスパイ映画──ストリックランド大佐（マイケル・シャノン）は、研究員ホフステトラー（マイケル・スタールバーグ）と話をする。ホフステトラーは、外見だけで判断できない人物だ

威厳ある佇まいに絡めて「彼」について語っている。

　マイケル・シャノンは、「物腰とは、精神的なことなんだ」[29]と話し、ジョーンズがこの生き物に吹き込んだ優美さとこの世のものとは思えない存在感を目の当たりにし、畏敬の念に打たれたという。「彼」は、意図的にキリストに似た設定になっており、死者を蘇らせる能力を持つ、人間に鎖でつながれしまった神である。

　いつも通り、デル・トロはメインキャラクターたちの詳細なバックグラウンドを書いていた。イライザのおしゃべり好きな仕事仲間のゼルダ（オクタヴィア・スペンサー）は、ラジオでキング牧師の話を聞くのが好きで、不幸な子供時代を経て、不幸な結婚生活を送っている。さらに厭世家のジャイルズ（リチャード・

ジェンキンス）は、元恋人から辛うじて仕事をもらっている広告アーティストで、彼が描く絵のスタイルはとっくに時代遅れになっていた。「イライザを一番よく知っている人間にしようと思った」[30]と、デル・トロはジャイルズについて言及している。『デビルズ・バックボーン』のハチント、『パンズ・ラビリンス』のヴィダル大尉から続き、さらに冷酷さを増したシャノン扮するストリックランドは、人間の顔を持つ、本作の悲劇的な怪物だ。シャノンは、『マン・オブ・スティール』（2013）のゾッド将軍のような狂気じみた悪役でも、深みを与えられる繊細な演技が可能な俳優である。デル・トロは、ストリックランドには力強さと哀愁の両方を漂わせることを求めた。この男は政府の人間で、アメリカへの献身にひどくこだ

わっているものの、同時に、暴力を振るう冷酷な父親のせいで刻まれてしまった傷痕を抱えている人物でもあるのだ。

『シェイプ・オブ・ウォーター』は、『ミミック』を除けば、デル・トロが自身の移民先となったアメリカを舞台にし、この国の人々が囚われている精神的不安を意味深い手法で表現する機会を得た初めての映画だ。1962年、冷戦が本格化していた時代、米国内には、ベッドの下に共産主義者が潜んでいるのではないかという怯えが広がっていた。SFというジャンルには、原子爆弾や侵略のメタファーが埋め込まれ、モンスターは共産主義者の象徴であり、一般の人々を別人格の何かに変えようと目論む——

といった路線が典型だった。デル・トロは、そのようなB級映画の常識を覆す。マイケル・シャノンが演じた、観客の共感を呼ぶホフステトラー博士は、「CIAの貴重品」[31]と呼ばれる何かを兵器化するというアメリカ側の計画を阻止すべく行動する共産主義者のスリーパー〔活動予定地で一般人として生活し、「覚醒」の時期を待つスパイ〕だという事実が、やがて明かされる。ホフステトラーとて、このコンクリートでできた施設内に囚われた「よそ者」なのだ。

デル・トロはイライザのバックグラウンドを書く必要はなかった。彼と主演女優の間で、このキャラクターの内面についてとことん深く話し合っていたため、すでにヒロインの背景を知るという作業は済

上：魂までそぼ濡れて——錯乱したストリックランド（マイケル・シャノン）は、降りしきる雨など気にもせず、自分に責任がある行方不明の実験対象を追う。ギレルモ・デル・トロ作品の悪役の例に漏れず、このキャラクターも悲劇的要素を抱えている

上：1962年が舞台ではあるが、『シェイプ・オブ・ウォーター』は、現在高まっている国の分断危機への警告として書かれた物語だ

んでいたのである。サリー・ホーキンスは、イライザを誰よりも理解していた。デル・トロは、『ハッピー・ゴー・ラッキー』（2008）やドラマ『荊の城』でホーキンスが演じていた、おしゃべりだが中心からは外れている役柄に惹かれ、この小鳥のような英国女優を念頭に入れてイライザを書き上げていたのだ。ホーキンスは内に秘めた輝きがあり、それが彼女を繊細かつ優美で、どこか不可思議だが、決して世間知らずではない存在にしていた。しかも、言動からは女性らしさが滲み出ている。

エージェントから、デル・トロがあなたを想定して映画を執筆していると言われたホーキンスは、己の身にそんなことが起きるとはにわかに信じられなかった。しかも奇遇にも、彼女は、自分が魚である

ことを知らない女性を描く短編映画の脚本を書いているところだったのだ。この説明がつかない偶然の一致は、運命のようなものが働いたとしか言いようがない。こうして監督と女優のメールでのやり取りが始まり、デル・トロは脚本ができ上がっていく過程から、彼女に意見を求めるようになる。

ストリックランドがデル・トロの過去作のファシズム的悪党に立ち返った人物だとしたら、イライザは『クロノス』のしゃべらない少女アウロラの成長した姿だろう（『パンズ・ラビリンス』のオフェリアも然り）。「彼」を救い出すという人生の存在意義を懸けた欲求が生まれたイライザの感情の高まりをリアルに、そしてごく自然に表現するため、ホーキンスは、アメリカの手話を十分に使いこなす必要があった。デ

上：夢の追求が実を結ぶ──メキシコ出身のモンスター好きの少年だったデル・トロは、ついにアカデミー賞監督賞と作品賞を受賞する

ル・トロは彼女に、サイレント映画のスターコメディアン、ローレル＆ハーディ、バスター・キートン、ハロルド・ロイド、チャールズ・チャップリンの全出演作を箱に詰めて送ったという。映画黎明期におけるサイレント映画での伝統的演技──ボディランゲージ──が感動や興奮を生み出す効果を、デル・トロは求めていた。撮影中のほしんど毎日、ホーキンスは自分が口を利けないキャラクターを演じていることさえ忘れていたという。スクリーン上で見ると、イライザの目はキラキラと輝いて感情を伝え、まなざしが変化する意味が手に取るようにわかる。首には傷痕が残っているが、彼女が言葉を発しなくなった原因であること以外、負傷の詳細は謎のままだ。ただし最後に、その傷痕はエラになる。

「愛に形はない」[32] と、デル・トロは主張する。この世で愛以外に、水のごとく自由に形を変えられ、加圧下で信じられないほどの力を発揮できるものはない。ラストショットは、おそらく彼の作品で最も幸せに満ちたエンディングであろう。愛し合うふたりが水の深みで抱き合い、イライザの片方の赤い靴が脱げて静かに漂って落ちていく。もう靴が脱げても誰にも何も言われない世界に、彼女はいるのだ。

のちにデル・トロは、見終わった後に「息を吐いた」[33] のは、本作が初めてだったと打ち明けている。これまでの監督作は皆、喪失感を伴うものだった。まるで何かが解放されたかのように、『シェイプ・オブ・ウォーター』は完結したのだ。

メキシコ出身の大物

映画の監督だけでは、ギレルモ・デル・トロの想像力は生かし切れそうにもなかった。そこで彼は仕事の幅を広げ、映画以外でも、デル・トロ風味を加えた数多くの作品を生み出している

小説家として

『ザ・ストレイン』3部作 (2009 – 2011)

作家のチャック・ホーガンと共同で執筆した、デル・トロ初めての小説。『沈黙のエクリプス』(2009) から始まる『ザ・ストレイン』は、感染症予防の専門家たちがヴァンパイア・ウイルスの感染爆発を止めるべく奔走する物語だ。2作目『暗黒のメルトダウン』(2010) と3作目『永遠の夜』(2011) で3部作が完結する。

『Trollhunters（トロールハンターズ／未）』(2015)

ティーンエイジャー向けの小説で、ダニエル・クラウスとの共著。どこにでもあるようなカリフォルニアのある街で、地下に潜むトロールにかどわかされた少年ジムが、トロールハンターになって活躍する姿を描く。

『シェイプ・オブ・ウォーター』(2018) および『Pan's Labyrinth : The Labyrinth of the Faun（パンズ・ラビリンス：ファウヌスの迷宮／未）』(2019)

通常の映画のノベライズ作品ではなく、前者はダニエル・クラウス、後者はコーネリア・フンケと協力し、デル・トロは自身の最も大切な映画2作を文学的に表現した。

『The Hollow Ones（ホロウ・ワンズ／未）』(2020)

チャック・ホーガンとの新たな共著シリーズ。人間に憑依する力を持つ幽霊に対峙していく若きFBI捜査官の姿を追う。

テレビプロデューサーとして

『ストレイン 沈黙のエクリプス』(2014-2017)

デル・トロが製作総指揮（および数話分の監督、脚本）を務めた、法医学ドラマ系ヴァンパイア小説のテレビドラマ化作品。彼は本作のコミック化も手掛けている〔作画はマイク・ハドルストンが担当〕。ドラマ版の主演は、コリー・ストール、デヴィッド・ブラッドリー。全4シーズン。

『トロールハンターズ：アルカディア物語』(2016-2018)

デル・トロとダニエル・クラウスによる小説が原作のNetflixのCGアニメシリーズ。デル・トロは、製作（および数話分の監督、脚本）を務める。本シリーズの成功により、2作のスピンオフ『ミッシング・スリー：アルカディア物語』と『ウィザード：アルカディア物語』が作られた。現在のアメリカと中世のキャメロットに追放された地球外生命体の姉弟が登場。

映画プロデューサーとして

『永遠のこどもたち』(2007)

J・A・バヨナが、1970年代のスペイン映画に敬意を表して監督した作品。幽霊が出る孤児院で起こる数々の失踪事件と超自然的な導きを描く。

『ダーク・フェアリー』(2011)

1973年のテレビ映画『地下室の魔物』のリメイクで、ラヴクラフト的なおぞましさを持つ1作。荒れ果てた屋敷の地下に棲むゴブリンのような化け物が、ガイ・ピアースとケイティ・ホームズ演じる新たな家主を餌食にしようとする。

『MAMA』(2013)

原案、監督のアンディ・ムスキエティの出世作となった刺激的な新感覚ホラー。叔父（ニコライ・コスター＝ワルドー）と暮らすことになった野生児姉妹が、奇怪で母性的な何かを連れてきてしまう。

『ブック・オブ・ライフ〜マノロの数奇な冒険〜』(2014)

デル・トロと同郷のホルヘ・グティエレスが監督したメキシコ寓話を描くCGアニメーション作品。プロデューサーのラテン系民話への傾倒に壮大なオマージュを捧げており、可愛らしい質感を追求。声優として参加したロン・パールマンのバリトンボイスが印象的だ。

『パシフィック・リム：アップライジング』(2018)

巨大ロボット大作の続編。やや精彩に欠け、デル・トロがハリウッド的な作品を作ったからと言って、その特徴は簡単にコピーできないことが証明された。

『スケアリーストーリーズ 怖い本』(2019)

アルヴィン・シュワルツの人気児童文学をベースに、デル・トロ監督作を彷彿とさせる多様なモチーフ──何が起こるか疑うことなどしないティーンエイジャー、不可思議な本、幽霊屋敷──が盛り込まれた作品で、全編を通して鮮烈な映像で物語が綴られる。デル・トロは一時期監督することを考えていたものの、ジャンル作品を得意とするノルウェー人アンドレ・ウーヴレダルに任せた。

最高のテキーラ提供者として

『パトロン×ギレルモ・デル・トロ』

メキシコの老舗蒸溜酒製造所のひとつであるパトロン社がデル・トロとコラボレーションした限定品。5年の熟成を経て、デル・トロがデザインした手作りの瓶に入れられたテキーラは、キャラメルの芳醇な香り、豊かな柑橘系のアロマ、極めてダークな後味が称賛されている。

夢を紡ぐ者

『ナイトメア・アリー』（2021）＆
『ギレルモ・デル・トロのピノッキオ』（2022）

孤独なメキシコ人の少年が、いかにしてメジャーな映画監督としての地位
を築き、立て続けに2本の映画を作ることになったのか。ひとつは、忘れ
去られた小説をベースにした神秘的な趣を持つ豪華スター共演のフィルム
ノワール。もうひとつは、児童文学の古典をストップモーションアニメーシ
ョンで作り直した贅沢な1作である

　021年、ギレルモ・デル・トロはいまや完全に花開いたアーティス
2　トだ。そして、本著の執筆は終わりに近づいている。2018年、アカ
　デミー賞受賞の余韻に浸りつつ、彼は敢えて1年間、映画作りを休
んだ。しかし、彼の人生の大半がそうであったように喜びには悲しみがつ
きもので、オスカーの栄光の晩からまもなく、父親が他界した。突然、あ
らゆる物ごとが脳裏を駆けめぐり、彼は悟ったのだ。いかに我々の時間が
短いか。そして、いかに自分たちの人間関係がやるせないものなのかを。
理由はその都度異なるだろうが、デル・トロは心の奥底では、どの映画も
父のために作ってきたのだ。それは今後も変わることはない。

　そこでデル・トロは、休業後に文字通り仕事を倍増させ、2021年内に
新作2本の公開を目指した。対照的な映画となるその2作は、我々がデル・
トロらしいと思っている要素が進化し、意義深い新境地を開くことになる
だろう。とはいえ、どちらの映画にも、彼のいつもの奇妙なこだわりが刻
まれ、ファンを安心させてくれるはずだ。

　前者の作品は、作家ウィリアム・リンゼイ・グレシャムが母国アメリカ
への送還を待っていたスペイン、バレンシア郊外の村に端を発する。時は
1938年。全てがうまくいくはずだったのに——。米国で職を転々として
いたグレシャムは、1937年の恐慌下で苦悩し、スペイン内戦で劣勢の共
和国を守るという虚しい希望を持って国際ボランティアに登録した〔結果

右：『ギレルモ・デル・トロのピノッキオ』の人形を見つめるデル・トロ。古典文学をストップモーション
アニメーションで描くデル・トロ版は、自叙伝的な観点を持つ。彼は、数々のクリーチャー、つまり「パペ
ット」に命を吹き込むことに全キャリアを費やしてきた

としては、スペイン内戦で共和国政府は破れ、フランシスコ・フランコ率いる反乱軍が勝利。スペインにファシズム政権が誕生することになった〕。

　デル・トロは、このグレシャムの略歴、歴史のせいで実を結ばず失意の中にいながらも、ドン・キホーテのごとく無謀な彼の歩みに惹かれていたのだろう。しかしグレシャムは、それ以上の魅力を有していた。ボルチモア生まれ、ニューヨーク育ちの彼は、マルクス主義や精神分析を学んでいたが、降霊術にも同じくらい興味を持っており、答えを求めて理性とオカルト両方の世界を探索したのだ。少年の頃には、ニューヨーク州コニーアイランドの見世物小屋で大盛況だった占い師や自称「神秘主義者」の余興に魅せられていた。

　スペインで帰国船を待つ間、一杯やっていたグレシャムのテーブルには、ジョセフ・ダニエル "ドク"・ハリデイも座っていた。この仲間のアメリカ人は、大恐慌の悲惨な状況から少しでも気を逸らそうと、かつて州から州へと移動する巡業見世物ショーで働いていたという。ハリデイは、ある見世物の奇怪な獣人〔谷口誠訳『ナイトメア・アリー――悪夢小路』（扶桑社、2020年）の表記に倣いギーク（geek）を「獣人」と訳した〕についてグレシャムに話し始める。その芸人は最低ランクのパフォーマンスを披露する奴で、安酒を飲ませると約束してくれるならばと、檻の中に座ってニワトリやヘビの頭を平気で嚙みちぎる

ほどの絶望的な酒飲みだった。堕ちるところまで堕ちた人間の成れの果てだったのだ。

　グレシャムはそのイメージ――ゾッとするような笑みを浮かべた痩せこけた愚か者――を払拭することができなかった。グレシャム自身、酒瓶を口に運びたくなる衝動とそれに続く金欠状態を知っていた。おそらく、この堕落した男を己に重ね、身につまされたのだろう。「頭から嫌なイメージを叩き出すには、紙に書き出さないといけない」[1]とグレシャムは心を決め、スペインから帰国するや小説を書き始める。それこそが、グレシャムの代表作であり、デル・トロの次の監督作の原作なのだ。

　1946年に出版されて一時期は絶賛された、大恐慌時代を背景とするグレシャムの同名小説が原作の映画『ナイトメア・アリー』は、滑らかな口調と巧みな話術で人々を惑わす才能を持つスタントン・カーライル（ブラッドリー・クーパー）の物語。ステージに立つ旅回りの見世物ショーの読心術師の助手から、霊能力者さながらに読心術の妙技を駆使して手の込

右：『ナイトメア・アリー』の共同脚本家で現在の妻であるキム・モーガンと、2017年のアカデミー賞授賞式に揃って出席したデル・トロ。モーガンはかつて映画評論家として様々な媒体に寄稿しており、前夫で、シュルレアリスムに影響を受けたカナダ人映画監督ガイ・マッディンのホラー映画『The Forbidden Room（未）』では脚本と出演を務めている

んだ詐欺行為を行うまでになったスタントンは、最も思い切った標的──大富豪の実業家エズラ・グリンドル（リチャード・ジェンキンス）──を見つける。一方でスタントンは、いかにも「魔性の女」といった感じの魅惑的な精神科医リリス・リッター（ケイト・ブランシェット）と、完全には信頼を得ないままパートナーシップを結ぶことに。

　長年苦しんできた著者の写し鏡とも取れるスタントンには、母親が他の男と家を出たため、酒に溺れた父親と過ごさざるを得なかった子供時代が常について回る。両親の罪は息子に受け継がれ、彼は心優しい妻モリー（ルーニー・マーラ）を放っておき、リリスが張りめぐらせた複雑な人間関係に取り込まれてしまう。またスタントンは、巡回ショーで見たギークがずっと忘れられないのであった。退廃的な雰囲気、シニカルな主人公、謎めいた女（ファムファタール）といった要素がある本作は、まさに、暗鬱で非情なタッチのフィルムノワールの領域だ。

　グレシャムの小説はかつて、1947年にモノクロの正統派ノワール作品として映画化〔邦題は『悪魔の往く町』とされた〕されており、主演のタイロン・パワーが、ステレオタイプ的な二枚目役ばかりを演じるのに嫌気が差し、『怪傑ゾロ』（1940）や『激闘』（1942）、『海の征服者』（1942）といった冒険アクションヒーローのイメージをなんとか払拭したいとして臨んだ1作

であった。しかし、20世紀フォックスのトップ、ダリル・F・ザナックは、映画の結末が悲惨だったことを不安視して公開を制限し、しばらく深夜上映枠で放置されていた。

　当然のことながら、デル・トロは、こうした正当な扱いを受けなかったジャンル作品に愛情を覚える。2020年までに、ホラー、スーパーヒーロー、おとぎ話、SFの世界を映画で描いてきた彼は、『パシフィック・リム』の偉大なイェーガーのように、それぞれのジャンルの境界をまたいで立っていた。ストレートなドラマ作品を作る気はないのかという質問に対し、「それは僕のDNAにはないんじゃないかな」[2]と答えている。デル・トロは、「どうせB級映画だろう」と見下されていたジャンル作品を尊敬に値するレベルに押し上げたのだ。かつて彼はこう言っていた。ホラーは踏み石ではなく、大聖堂並みの建築物だ、と。

　しかしデル・トロは、フィルムノワールに挑戦したくてうずうずしていた。ノワールは位置づけが難

左上：カリスマ的な読心術師スタントン・カーライル役に、ブラッドリー・クーパーは理想的なキャスティングであった。2020年、パンデミックで撮影が中断。その後、クーパーは、『ナイトメア・アリー』より先に、ポール・トーマス・アンダーソンが監督する『リコリス・ピザ』の撮影を終えた

右上：かつてトッド・ヘインズ監督作『キャロル』で共演していたケイト・ブランシェットとルーニー・マーラ。『ナイトメア・アリー』では、それぞれリリス・リッターとモリー・ケイヒルというスタントンの運命を左右する女性キャラクターを演じている

しい。ジャンルでもあり、スタイルでもある。一般的にノワール映画といえば、緊張感のある心理描写、閉所恐怖症を引き起こすような表現、特定の型にはめた設定、人間性に対する虚無的な捉え方などを特徴とする戦後スリラー映画の数々を指す。

ノワール作品に登場する暗い影が覆う都市では、悪役もヒーローも似たような格好をしている。「第二次世界大戦で世界が変わった1930年代後半から40年代半ばにかけての時代に、僕はものすごく惹かれているんだ」と、デル・トロは2015年に述べ、ノワールの奥深さに思いを馳せている。「とにかく歴史ドラマをやりたいんだが、少なくとも、

自分の想像力を十分掻き立てられる奇妙な逸話が必要だ。運が味方して、いつか実現するといいなと思ってる」[3]

実はこの時点で、彼は完璧に突飛なノワール映画のアイデアを持っていた。1992年の『クロノス』制作中に、ロン・パールマンがデル・トロに『ナイトメア・アリー』の本を1冊渡していたのだ。デル・トロは、その野蛮で殺伐としたトーンとアメリカンドリームの行く末を予言するような内容に衝撃を受けた。「あの本には、ある意味、資本主義神話の崩壊と、俗に言う『都市環境の文明』に対する幻滅が書かれていた」と、彼は明かす。「男女の関係も熱気と緊張感を帯びて綴られているし、見世物小屋の精神とアメリカの心理学の誕生を見事なほど直感的に結びつけつつ、アメリカを痛烈に描いている本だと思ったんだ」[4]

2017年、彼はキム・モーガン（2015年の『The Forbidden Room（未）』に脚本とキャストとして参加）とともに、この小説の脚色化に乗り出す。「今こそ、『社会の真の暗部』をえぐる映画を作る最初のチャンスなんだ」[5]

と、彼は熱く語っている。

サーチライト・ピクチャーズ製作の映画『ナイトメア・アリー』は、またしても（予算的に）控えめな作品となった。とはいえ、デル・トロは世間をあっと言わせるキャストを集めている。今では間違いなく尊敬の対象となっている彼は、当初、弁舌の巧みな主人公スタントン役にはレオナルド・ディカプリオを据えていたものの、スケジュールの都合で不可能になったため、開いた穴をブラッドリー・クーパーで埋めた。クーパーの脇を固める配役として、デル・トロは旧友で幸運のお守り的存在のロン・パールマンや『シェイプ・オブ・ウォーター』で熱演を披露したリチャード・ジェンキンスを重要なキャラクターに充てた。さらに、ケイト・ブランシェット、ルーニー・マーラ、トニ・コレット、ウィレム・デフォー、デヴィッド・ストラザーンなどデル・トロ作品初参加の俳優陣が、本作というカンバスに興味深い新しい彩りを加えている。

ノワールはときにホラーの雰囲気を醸し出し、掴みどころのない、悪夢的で暴力的、そして非現実的な物語を提供するも、デル・トロによれば、「超自然的な要素はない」[6]とのことだ。今までの彼の映画と比べると、これは大きな特徴となる。だが『ナイトメア・アリー』は単なるドラマ作品ではない。映画を見れば、彼の過去作につながる要素がすぐにわかるだろう。たとえ超常現象が出てこなくとも、本作がギレルモ・デル・トロ映画であることに変わりはないのだ。

ひとつには、スタントンが彼の芸を見るために集まった客を騙す複雑なトリックと、観客に映画の世界観を信じ込ませるのに洗練された手練手管を弄するフィルムメイキングそのものには、著しい類似性がある。高校時代、デル・トロは手の込んだイタズラを仕掛ける生徒として有名だった。彼は今でも同じことをしているのだ。ゆえに、知恵を絞って生き

る本作の（詐欺師まがいの）アーティストには、デル・トロの自伝的な要素が投影されている。

とうとう悪魔に支配されたのか、1962年、原作小説の著者グレシャムは自ら命を絶つ。ニューヨークの寂れたホテルの一室で、冷たくなった彼が発見されたのだ。H・P・ラヴクラフト同様、生前は日の目を見なかったが、グレシャムの辛辣な語り口のフィクションは長年カルト的な人気を博してきた。彼もまた、デル・トロが親近感を抱く、謎に包まれていて、悲劇的で、誤解された文学界の末端にいた人間だ。興味深いことに、グレシャムの最初の妻、詩人のジョイ・デヴィッドマンは、のちに『ナルニア国物語』の著者であるC・S・ルイスと再婚し、若くして亡くなっている。イギリスの映画監督リチャード・アッテンボローが『永遠の愛に生きて』（1993）で、病に倒れたジョイとルイスの永遠の別れまでを感動的に描き出している。

そして、グレシャムの小説『ナイトメア・アリー』には、神秘的な何かがぼんやりと存在している。執筆時、彼はタロットカードに夢中になっていた。正しいやり方ならば、未来を予言できるとされているイラスト入りの占いカードのことだ。

物語の中で読心術師のジーナが使用しているだけでなく、小説そのものも、大アルカナ〔タロットカードひと組78枚のうち寓意画が描かれた22枚を指す〕で構成されている。各章の冒頭で、1枚ずつ「愚者」、「吊るされた男」、「恋人たち」など、カード名と簡単な説明が絵とともに紹介されているのだ。これらは、ストーリーに背後の意味（サブテキスト）を添えている。もしかしたら、作品により大きな力を働かせているのかもしれない。言い換えれば、これは、神秘的なものにチューニングされたフィルムノワールだ。巡回ショーの見世物芸人に騙されるみすぼらしい農夫から、スタントンに魅了された信者たち、金持ちのカモに至るまで、誰もがこの世の真意を求めている。心理的にせよ、

精神的にせよ、スタントンには逃れられない宿命がある。人生そのものが、人の信頼に付け込む詐欺なのだ。

「予想外の展開は、いつだって1枚のカード先にある」と、デル・トロは言う。「その点で、タロットは人生みたいなものだ」[7]。フロイトなどの精神分析に傾倒していたグレシャムだったが、やがてその関心は神秘主義へ移り、タロットを知るようになる。とはいえ、神秘主義に懐疑的だったフロイト自身も、タロットを含む「いわゆるオカルト的な事実の研究」[8]はもはや否定することはできないと明言していたのだ。

この象徴的なカードに注目すると、デル・トロの子供時代に重なるものが見えてくる。「僕の母は、頼まれた相手にタロット占いをしていた。時と場所を問わずにね」と、彼は振り返った。「ベルベットのポーチにしまったカード一式を、常にハンドバッグの中に入れて持ち歩き、大切に、そして注意深く扱っていた。頻繁に使っていたため、カードの端が擦り切れて汚れていたよ」[9]

また彼の母親は、易経、手相占い、茶葉占いの仕方も教えてくれたという。こうしたダークアート〔魔法の世界に存在する黒魔術や邪悪な呪文、秘伝のしきたり〕は、実利を重んじる父の世俗的な教訓や熱心なカトリック信者である祖母の信条よりも、年若いデル・トロの想像力にはずっと魅力的だったのだ。

タロットには、秘密のシンボルで表した暗号がある。デル・トロはそれらを自身の映画にも取り入れ、占いと同じように読めるようにした。「シンボルは、我々の存在の宇宙的な根源に触れるんだ」と、彼は主張する。「タロットカードを、ストーリーテリングの手段としてだけでなく、僕のストーリーテリング能力に磨きをかけるのにも使い始めた」[10]。実際に、『ギレルモ・デル・トロのタロット』なる製品が2020年に発売された。彼の監督作を基にした、ス

ペイン人アーティスト、トマス・イホによるリノリウム版画絵をあしらったカードだ（イホは、ラヴクラフトやトールキン作品を題材にしたアートで有名）。デル・トロ自身も、「魔術師」のカードで、魔術師に扮した姿で絵のモチーフになっており、同封のブックレットには、「夢を紡ぐ者」だと説明されている。

さらには、小説には文字通りの意味での「モンスター」は1匹も出てこないのだが、フリークショーの常連芸人たちの数々が登場する。映画版では、デル・トロが彼らに命を吹き込み、観客の共感を得るような生き生きとした描写を披露。その中には、怪力男や、四肢を自在に回転させられる蛇男、鳥女フィフィの名で通っているキャラクターも含まれている。

トッド・ブラウニング監督作『フリークス』が、デル・トロの『ナイトメア・アリー』に重要なインスピレーションを与えているのは言うまでもない。人々の記憶に刻まれている1932年のこのホラー映画は、本物の先天的な肢体不自由者や障害者の見世物小屋の芸人を起用。膨大な遺産を相続した小人のハンスと偽装結婚し、のちに彼を殺して財産を奪おうとした二枚舌の空中ぶらんこ乗りのクレオパトラに、ハンスが芸人仲間と組んで仕返しをする壮絶な復讐劇だ。公開されるや世間の顰蹙を買い、興行的にもさんざんな結果に終わったものの、この分類不能の作品には、極めて好みにうるさいファンが付き、カルト化して人気が衰えることがなかった。もちろんデル・トロも、熱烈なファンのひとりだ。

デル・トロは自身のツイッターアカウントで発言し、間違った認識を正そうと、忘れ去られた映画たちのために奮闘しているが、『フリークス』を特異な作品だと表現している。「これまで、このような映画は作られたことがなかったし、今後、二度と作られることはないだろう」[11]と、彼は断言した。

基準の破壊、キャラクター主導のドラマ、幾重に

も層を成す詐欺の仕掛け、アメリカを映し出す描写、存在意義を見出すための暗澹（あんたん）たる旅、複数のナイフをジャグリングするかのごとくジャンルを操る新たな試み——そうした要素全てが合わさり、『ナイトメア・アリー』は魅力的な矛盾に満ちた作品になっているのだ。

撮影は、2020年1月に開始され、舞台となるニューヨークや見世物小屋の様々なシーンがトロントでカメラに収められることとなる。ところが、デル・トロのストーリーよろしく（特に『ストレイン 沈黙のエクリプス』）不吉な出来事がやまびこのように世界に広がり出したため、同年3月、映画の半分も撮り終わっていない状態で、撮影は唐突に中断を余儀なくされてしまう。COVID-19というウイルスによるパンデミックが起こり、ハリウッドのスケジュールは大混乱に陥ったのだ。

「本当に、素晴らしいシーンの途中だった」と、デル・トロは打ち明ける。「ランチを食べに行き、スタジオ側と話をして撮影現場に戻ると、『みんな、道具を置いて今すぐに出ていってくれ』と言われたんだ」[12]

やがて撮影再開の許可は出るも、デル・トロは、少し前に撮影が開始されていた別の映画（ポール・トーマス・アンダーソン監督作『リコリス・ピザ』）が終了するまでブラッドリー・クーパーを待たねばならなかった。しかしデル・トロは、その間何もしなかったわけではない。自分の創造力を持て余してイライラするのではなく、『ギレルモ・デル・トロのピノッキオ』に全力を注ぐことができたのだ。

『ナイトメア・アリー』の複雑な実写化と並行して、彼は、全く異なる映画作りに挑戦していた。レイ・ハリーハウゼンやチェコのアニメーション監督ヤン・シュヴァンクマイエルの超現実的な世界への憧れを抱いていたデル・トロは、ストップモーション映画

左：本物の見世物小屋の芸人を起用し、物議を醸した1932年のトッド・ブラウニング監督作『フリークス』は、長い間デル・トロを魅了し続け、『ナイトメア・アリー』に登場する旅回りの見世物小屋関係者たちの描写に大きなインスピレーションを与えている

の制作を切に望んでいたのだ。すでに『ヘルボーイ／ゴールデン・アーミー』冒頭のプロローグ場面で機械兵士群の製造風景を描くのに、この技術を使っていた上、ロアルド・ダール原作の映画『魔女がいっぱい』(2020) を監督するなら、ストップ・モーション作品にしたいとデル・トロは考えていたそうだ。結局、同作は、ロバート・ゼメキスが監督し、デル・トロは脚本で参加。2020年に、アニメチックなCG描写と実写を掛け合わせた映画となった (残念ながら、興行的には今ひとつの結果に終わる)。

「これまでの人生、僕はずっと物語に命を吹き込む人間だった」と、彼は強く訴える。「僕が最初にスーパー8カメラで作った映画は、ストップモーション作品。僕はこの方法が大好きなんだ」[13]

『ギレルモ・デル・トロのピノッキオ』は当然ながら長い構想期間を経ており、デル・トロは長年の協力者でもあり、良き助言者でもあるマシュー・ロビンスと一緒に脚本を書き始めた。1970年代の革命的な Movie Brat 〔演劇、小説、テレビを経由せず、直接、映画を学んだ最初の世代の映画人たちのこと。フランシス・フォード・コッポラ、ジョージ・ルーカス、ポール・シュレイダー、ブライアン・デ・パルマ、ジョン・ミリアス、スティーヴン・スピルバーグらを指す〕が活躍した時代に、ロビンスはスピルバーグやルーカス、コッポラと仕事をしていた。またロビンスは、デル・トロお気に入りの痛快ファンタジー『ドラゴンスレイヤー』(1981) の監督も務めている。グアダラハラに招かれ、新進の脚本家たちと一連のワークショップの運営を手伝ったロビンスは、この「29歳の型破りな変った青年」[14] の担当になったと振り返り、それ以来、ふたりのやり取りは途切れることなく続いているという。

『ミミック』で初めて本格的に手を組んだロビンスとデル・トロは、これまでに5本以上の脚本を共同執筆してきた。その中には、デル・トロが『ホビット』でニュージーランド滞在時に作業を進めた『ピ

上：デル・トロによる新たな『ピノッキオの冒険』の映画版は、1881年に雑誌に初掲載され、1883年に書籍化されたカルロ・コッローディのオリジナルストーリーというシュールな素材にインスパイアされている

ノッキオの冒険』の映画版も含まれる。ロビンスの意見では、「ディズニー版『ピノキオ』(1940) とはほど遠い内容」[15] のようだ。

デル・トロは自身の作品を、伝統に従ってアニメーション化された1940年製作のディズニー映画を再構築したものと捉えており、ウォルト・ディズニーを批判するつもりは毛頭ないらしい。「彼はストーリーを語る方法を変えた人物。心の底からそう思ってるよ」[16]。そう話すデル・トロの想像力の片隅は、ディズニーのアニメーション作品が占拠している。ディ

作業を続けていた。「主人公ピノキオは、幻覚に近い明晰夢を見る奇妙な瞬間をたびたび経験する。彼が遭遇する多くの災難には、危うく死にそうになる間一髪の体験も含まれ、（ディズニー作品よりも）かなり恐ろしい出来事が起こるんだよ」[18]。デル・トロにはありがちなことだが、彼がコッローディの作品で政治的な側面として捉えた要素も強調しているようだ。映画は、1930年代、ムッソリーニ政権下でファ

本作には、デル・トロの自伝的な色合いも加えられている。子供の頃、彼はピノキオに親近感を抱いていた。「ピノキオが彼自身でいられるかどうか、そして愛されるかどうかにすごく興味を覚えたんだ。愛されるために、彼は本物の少年にならないといけないんだろうか？」[20]

デル・トロは、不完全な存在でも祝福したかったのだ。

左：ゼペットがピノキオを紹介し、猫がびっくりする様子が描かれた、イタリアの画家アッティロ・ムッシーノによる有名な1911年のイラスト。デル・トロは、これまでの様々なピノキオの姿を参考にしたが、彼独自のルールを取り入れている

言うまでもなく、そうなると、『フランケンシュタイン』の怪物が醜くも美しい頭部をもたげてくる。つまり、否応でも「創り出された人間」というコンセプトを考えてしまう。「フランケンシュタインの怪物は、自然に反する方法で父親に創造されたクリーチャーだ。怪物は父親とは距離を置く。そして、失敗、痛み、孤独から世の慣わしを学ばないといけない」[21]と説明する彼は、自身の映画が一般的なピノキオのイメージから乖離していることを喜んでいるように思える。デル・トロのアプローチは、完全に、自分の人生を投影させるというものだった。

考えてみてほしい。物語の中で、ゼペットは命を宿した人形を作る人物だ。ピノキオは実際に人形であって、生きている何かを演じる人形ではない。これは、デル・トロのライフワークを物語の姿にした変異型——この映画監督の大掛かりな創作プロセス——と言える。そして、我々がすでにパペットを「生き物」として見るのが前提のストップモーションアニメーションの世界で、「生きている」パペットを描くのは、二重にシュールなことなのだ。

こうした要素は全て、映画スタジオならば投資したいとは思えないような辛辣な皮肉や万人向けではない質感といったものをずばり生み出しているのだが、デル・トロは己の信念を貫いた。本作に登場するのは、非常に個性的なキャラクターばかりだ。たとえ3500万ドルがかかったとしても、彼は手作り感を出すべく、基本的に（CGではなく）本物の素材を使用したいと考えた。

「ハリウッドの映画スタジオをひとつひとつ当たったけど、どこも答えは『ノー』だった」[22]とデル・トロは明かす。そんな彼を救ったのかNetflixだった。ストリーミング配信業界の巨頭である同社は、Netflixオリジナル作品の選択に関しては冒険的な姿勢をとっている。例えば、コーエン兄弟の『バスターのバラード』（2018）やデル・トロの旧友アルフォンソ・キュアロンの『ROMA／ローマ』は、どちらもNetflixオリジナル作品で、デル・トロが大絶賛した映画だ。さらに彼は、すでに3DCGアニメーション『トロールハンターズ』シリーズ（トロールハンターに選ばれ、モンスターと戦うことになる郊外に住む少年ジムが主人公の『ヘルボーイ』的な物語）でNetflixとタッグを組み、同シリーズを成功させている。たとえ映画館での公開を断念しなければいけなくても、Netflixでは、幽霊のように極度に白い顔をしている日本の文楽（人形浄瑠璃文楽）を参考にパペットを生み出すなど、デル・トロのやり方で映画を作ることができるのだ。しかも、ミュージカル要素も加味されているという。ロビンスの執筆後、パトリック・マクヘイルが脚本をリライト。デル・トロが作詞、『シェイプ・オブ・ウォーター』でアカデミー賞作曲賞を受賞したアレクサンドル・デスプラが音楽を担当し、ミュージカル部分が加えられた。

2020年1月31日、オレゴン州ポートランドのアニメーションスタジオであるシャドウマシン・スタジオで制作がスタート。厳重に管理されたスタジオ環境下で、パンデミックの最中も中断することなく作業が続けられた。ストップモーションでの制作は本当に根気が要る仕事で、1日がかりでも数秒の映像を仕上げるのがやっとだ。そこでデル・トロは、共同監督としてマーク・グスタフソンを起用し、この手間がかかる過程を支えてもらうことにした。グス

次ページ左：クリストフ・ヴァルツは、ピノキオを騙すペテン師コンビ、狐と猫の両方の声を担当。コッローディの原作では、この2匹は哀れなピノキオを呼び止め、殺そうとする

次ページ中：ティルダ・スウィントンは、ターコイズブルーの髪をした妖精にその滑らかな声を当てている。1000歳のこの妖精は、最終的にピノキオの救世主となるのだ

次ページ右：デヴィッド・ブラッドリーは、ミスター・ゼペットに重厚なトーンを与えている。貧しい木彫り職人のゼペットは、パイン材の塊からピノキオを創り出す

タフソンは、ウェス・アンダーソンによるストップモーションアニメーション映画『ファンタスティック Mr.FOX』（2009）でアニメーション監督を務めた経験を持ち、作品の監督が思いついたアイデアを掬い取ることに長けている。

『ティム・バートンのコープスブライド』（2005）、『コララインとボタンの魔女 3D』（2009）、『ボックストロール』（2014）といった映画でゴシック調のミニチュアキャラクターを提供してきた英国のパペットメーカー、マッキノン&サンダース社が、『ギレルモ・デル・トロのピノッキオ』の人形を作製した。その特徴的なデザインは、ダークで風変わりな子供向け本の著者であり、イラストレーターでもあるグリス・グリムリー（本企画の初期の段階では監督を務める予定だったが、脚本で参加）の作品をベースにしている。グリムリーは、エドガー・アラン・ポーの作品や、『スリーピー・ホロウの伝説』、そして『ピノッキオの冒険』を独特なタッチで描いたアートで有名だ。彼もまた、ギレルモ・デル・トロの「周波数」に同調できる本作の協力者である。グリムリーの奇々怪々でありな

がらもコミックブック的な華やかさを有する描写は、『アダムス・ファミリー』の生みの親として知られるカートゥーン作家チャールズ・アダムス、残酷かつアイロニカルな世界をモノクロームの線画で描く絵本作家エドワード・ゴーリー、可愛らしくも不気味なキャラクターのアートでも知られるティム・バートンをはじめとするアーティストの作品を彷彿とさせる。また、ゴッホやムンクの影響を受けた、画家の心の中の世界を表現するというドイツ表現主義の悪夢バージョンと言ってもいいだろう。

糸巻の芯棒（スピンドル）を思わせる手足、球形の頭を持つデル・トロ版のピノッキオ（声を担当するのは、新人のグレゴリー・マン）は、『パンズ・ラビリンス』で昆虫から変身し、鳥のさえずりのごとく話す妖精や、『ヘルボーイ／ゴールデン・アーミー』の歯の妖精にどことなく似ている。もの言うコオロギ（ディズニー版では、「ジミニー・クリケット」と呼ばれ、原作にない「ジミニー」という名前が付けられた）は、ユアン・マクレガーが声優を務める。まさに「しゃべる虫」だ。大きなコーラ瓶の底のようなメガネをかけ、薄い口髭を生やしたゼペット（デ

ヴィッド・ブラッドリー）は、『ヘルボーイ』のブルーム・ブルッテンホルム教授をみすぼらしくした感じだ。

　声優陣には、デル・トロ映画お馴染みのメンバーに加え、ティルダ・スウィントン、ティム・ブレイク・ネルソン、クリストフ・ヴァルツ、ジョン・タトゥーロらデルトロの実写作品に参加するのも時間の問題だった俳優たちと、ファンがニヤリとすること間違いなしの、心地よい雷鳴のような声の持ち主ロン・パールマンといった豪華な面々が名を連ねている。

　2020年12月14日にようやくクランクアップした『ナイトメア・アリー』は、当初、全米公開が2021年12月3日の予定だったが、12月17日に変更。2021年公開作品が対象となる映画賞レースに食い込むべく、競合作が次々リリースされるシーズンに、自信を持って参戦した。『ピノキオ』も2021年内の配信予定で、デル・トロの注目すべきキャリアで最も実り多き1年を完結するはずだったものの、2022年12月に配信が延期された。

　57歳にして、己の世界を確立したオタクであり、異彩を放つフィルムメーカーである彼は、ひと言では言い表せない自分の作品の現実を喜んでいる。「僕の作品は、無難な映画のカテゴリーには属さない。本格的な夏映画には不可思議すぎるし、アートシアター系の映画にしてはポップカルチャー愛が強すぎるし、ハードコア作品ファンには難解すぎる。実のところ、僕が心惹かれる物語のアイデアには、『失敗する』という特有のリスクがつきものなんだ。なんでもっと楽な道を選べないのだろうと自分でも不思議に思うことがあるよ」[23]

　しかし、奇妙な迷宮の中で本能に従ってきたからこそ、現代映画の中で最も特異で、素晴らしい表現手段を持つ監督として頭角を現せたのだ。デル・トロは、ハリウッドの最もハリウッドらしくない、あるいは最もメキシコ人らしい監督だと言えるだろう。

彼は、何を作るかだけでなく、どうやって作るかも注目され続ける、仲間との結束の固いフィルムメーカーのひとり。そして、我々が高い期待を寄せるとのデル・トロ作品も、部分的な要素はグリム兄弟だったり、H・P・ラヴクラフトだったり、レイ・ハリーハウゼンだったり、ルイス・ブニュエルだったり、マルクス兄弟だったり、ロジャー・コーマンだったりしつつも、常に彼自身であるという、とてつもない創造物なのだ。

　未来の可能性を占うべくカードを読んでみると、デル・トロが向きを変えられる方向は無数にあり、荒涼館の磨かれた棚には、スクリプトやトリートメント、アイデア（とモンスター）でびっしり埋め尽くされた創作ノートがいくつも並んでいる。だが、企画を練ったり、儲かるオファーを受けたり、神のお告げを待ったりするとき、彼はあることを心に留めているという。

「僕はいつも自問するんだ。『この映画は、僕が作らなかったとしても（誰かが代わりに作って）存在するのだろうか？』ってね。で、その答えが『存在する』なら、僕は作らない」[24]

右：2019年、デル・トロは、
ハリウッド・ウォーク・オブ・
フェームに、名前が刻まれ
た星型プレートを埋め込ん
だ2669人目のスターとなっ
た。ハリウッド殿堂入りの栄
誉を受けた彼は、自身のプ
レートの前で緑、白、赤の
3色のメキシコ国旗を握り締
め、感極まって旗にキスをし
た

出典

*1 書籍が出典の場合、初出時に限り〔 〕内に邦訳のあり・なしの区別を記した上で、邦訳があるものは日本版の情報を、ない場合は原書の情報を併記した。以降、同じ書籍が出典となる場合、原書情報のみを記載した。

*2 雑誌・新聞記事、ウェブ動画、記者会見等が出典の場合、初出時に限り〔 〕内に日本語での情報も記した。以降、同じ記事等が出典となる場合、英語の情報のみを記載している。

*3 邦訳のある資料が引用されている場合、訳者が文脈に合わせて新たに訳出した。

*4 出典先のウェブページ等が確認できなかったものには[Not Found]と記した。

イントロダクション

1 *The Merriam-Webster Dictionary*, Merriam Webster, 2016〔未邦訳：『メリアム＝ウェブスター・ディクショナリー』、2016年〕

2 Guillermo del Toro and Marc Scott Zicree, *Guillermo del Toro, Cabinet of Curiosities : My Notebooks, Collections, and Other Obsessions*, Titan Books, 2013〔邦訳：ギレルモ・デル・トロ、マーク・スコット・ジクリー（著）、阿部清美（訳）、『ギレルモ・デルトロ 創作ノート──驚異の部屋［普及版］』、DU BOOKS 刊、2018年〕

3 Gilbert Cruz, *10 Questions for Guillermo del Toro, Time*, 5 September 2011〔ギルバート・クルーズによるインタビュー「ギレルモ・デル・トロへの10の質問」、『タイム』、2011年9月5日〕

4 Nick Nunziata, Mark Cotta Vaz, and Guillermo del Toro, *Guillermo del Toro's Pans Labyrinth*, Titan Books, 2016〔邦訳：ニック・ナンジアータ、マーク・コッタ・バズ、ギレルモ・デル・トロ（著）、阿部清美（監修）、富永晶子（訳）、『ギレルモ・デル・トロのパンズ・ラビリンス──異色のファンタジー映画の裏側』、DU BOOKS 刊、2018年〕

昔々、メキシコで
幼少期と『クロノス』

1 *Pan's Labyrinth* Blu-ray Edition, The Criterion Edition, 2016〔クライテリオン版『パンズ・ラビリンス』ブルーレイ、2016年〕

2 Mark Kermode, *Guillermo del Toro – Guardian Interviews at the BFI*, 21 November 2006〔マーク・カーモードによる英国映画協会でのギレルモ・デル・トロへのインタビュー、『ザ・ガーディアン』、2006年11月21日〕

3 Nick Nunziata, Mark Cotta Vaz, and Guillermo del Toro, *Guillermo del Toro's Pans Labyrinth*, Titan Books, 2016

4 Ibid.（同上）

5 Stephen Galloway, *Guillermo del Toro on Confronting Childhood Demons and Surviving a Real-life Horror Story, Hollywood Reporter*, 3 November 2017〔スティーヴン・ギャロウェイによる記事「ギレルモ・デル・トロが語る 幼少期の悪魔と対峙し、現実のホラーストーリーを生き抜くということ」、『ハリウッド・リポーター』、2017年11月3日〕

6 Nick Nunziata, Mark Cotta Vaz, and Guillermo del Toro, *Guillermo del Toro's Pan's Labyrinth*, Titan Books, 2016

7 *Guillermo del Toro – Cronos Interviews*, The Criterion Edition, 7 December 2010〔クライテリオン版『クロノス』DVD収録のギレルモ・デル・トロへのインタビュー、2010年12月7日〕

8 *Guillermo del Toro Masterclass*, Lumière Festival, Lyon, France on 16 October 2017〔仏リヨンで開催されたリュミエール映画祭でのギレルモ・デル・トロによるマスタークラス、2017年10月16日〕

9 Mark Kermode, *Guillermo del Toro – Guardian Interviews at the BFI*, 21 November 2006

10 *Guillermo del Toro – Cronos Interviews*, The Criterion Edition, 7 December 2010

11 Ibid.

12 Mar Diestro-Dópido, *Pan's Labyrinth – BFI Film Classics*, Bloomsbury, 2013〔未邦訳：マール・ディエストロ＝ドピド、『パンズ・ラビリンス』、2013年〕

13 *Guillermo del Toro Interview – Blade II, Capture Magazine* via Vimeo, 2012〔『ブレイド2』に関するギレルモ・デル・トロへのインタビュー、『キャプチャー・マガジン』（Vimeoより）、2012年〕

14 Nick Nunziata, Mark Cotta Vaz, and Guillermo del Toro, *Guillermo del Toro's Pan's Labyrinth*, Titan Books, 2016

15 Ibid.

16 Guillermo del Toro and Marc Scott Zicree, *Guillermo del Toro, Cabinet of Curiosities : My Notebooks, Collections, and Other Obsessions*, Titan Books, 2013

17 Matt Zoller Seitz & Simon Abrams, *Guillermo del Toro's The Devil's Backbone*, Titan Books, 2017〔未邦訳：マット・ゾラー・サイツ、サイモン・エイブラムス、『ギレルモ・デル・トロのデビルズ・バックボーン』、2017年〕

18 Guillermo del Toro and Marc Scott Zicree, *Guillermo del Toro, Cabinet of Curiosities : My Notebooks, Collections, and Other Obsessions*, Titan Books, 2013

19 Matt Zoller Seitz & Simon Abrams, Guillermo del Toro's The Devil's Backbone, Titan Books, 2017

20 Guillermo del Toro and Marc Scott Zicree, *Guillermo del Toro, Cabinet of Curiosities : My Notebooks, Collections, and Other Obsessions*, Titan Books, 2013

21 Matt Zoller Seitz & Simon Abrams, *Guillermo del Toro's The Devil's Backbone* Titan Books, 2017

22 Daniel Zalewski, *Show The Monster, The New Yorker*, 31 January 2011〔ダニエル・ザレフスキーによる記事「ショウ・ザ・モンスター」、『ザ・ニューヨーカー』、2011年1月31日〕

23 Guillermo del Toro and Marc Scott Zicree, *Guillermo del Toro, Cabinet of Curiosities : My Notebooks, Collections, and Other Obsessions*, Titan Books, 2013

24 Ibid.

25 Directors Guild of America, *The Craft of the Director: Guillermo del Toro*, via YouTube, 7 May 2018〔全米監督協会インタビュー『監督の技能：ギレルモ・デル・トロ』（YouTubeより）、2018年5月7日〕

26 Guillermo del Toro and Marc Scott Zicree, *Guillermo del Toro, Cabinet of Curiosities : My Notebooks, Collections, and Other Obsessions*, Titan Books, 2013

27 *Guillermo del Toro – Cronos Interviews*, The Criterion Edition, 7 December 2010

28 Ibid.

29 Ibid.

30 Ibid.

31 Ibid.

32 Ibid.

33 *Cronos Interview Part 1*, Studiocanal via YouTube, 11 May 2008 [Not Found]〔スタジオカナル製DVD『クロノス』収録インタビュー パート1（YouTubeより）、2008年5月11日〕

34 Ibid.

35 Guillermo del Toro and Marc Scott Zicree, *Guillermo del Toro, Cabinet of Curiosities : My Notebooks, Collections, and Other Obsessions*, Titan Books, 2013

36 *Cronos Interview Part 1*, Studiocanal via YouTube, 11 May 2008 [Not Found]

37 Nick Nunziata, Mark Cotta Vaz, and Guillermo del Toro, *Guillermo del Toro's Pan's Labyrinth*, Titan Books, 2016

38 *Cronos Interview Part 1*, Studiocanal via YouTube, 11 May 2008 [Not Found]

39 Kenneth Turan, *Cronos: Alive With Charms Eternal, The Los Angeles Times*, 22 April 1994〔ケネス・トゥーランによる記事「クロノス：永遠の魔力とともに生きる」、『ロサンゼルス・タイムズ』、1994年4月22日〕

40 Nick Nunziata, Mark Cotta Vaz, and Guillermo del Toro, *Guillermo del Toro's Pan's Labyrinth*, Titan Books, 2016

41 Ibid.

42 *Guillermo del Toro – Cronos Interviews,* The Criterion Edition, 7 December 2010

43 Matt Zoller Seitz & Simon Abrams, *Guillermo del Toro's The Devil's Backbone,* Titan Books, 2017

44 *Cronos Interview Part 1,* Studiocanal via YouTube, 11 May 2008 [Not Found]

45 Guillermo del Toro and Marc Scott Zicree, *Guillermo del Toro, Cabinet of Curiosities : My Notebooks, Collections, and Other Obsessions,* Titan Books, 2013

46 Ibid.

47 Matt Zoller Seitz & Simon Abrams, *Guillermo del Toro's The Devil's Backbone,* Titan Books, 2017

48 *Guillermo del Toro – Cronos Interviews,* The Criterion Edition, 7 December 2010

49 Guillermo del Toro and Marc Scott Zicree, *Guillermo del Toro, Cabinet of Curiosities : My Notebooks, Collections, and Other Obsessions* Titan Books, 2013

50 *Cronos Interview Part 1,* Studiocanal via YouTube, 11 May 2008 [Not Found]

51 Guillermo del Toro and Marc Scott Zicree, *Guillermo del Toro, Cabinet of Curiosities : My Notebooks, Collections, and Other Obsessions,* Titan Books, 2013

52 Glenn Heath Jr., *Blu-ray Review: Guillermo del Toro's Cronos on the Criterion Collection, Slant,* 10 December 2010〔グレン・ヒース Jr による記事「ブルーレイ・レビュー：クライテリオン・コレクション ギレルモ・デル・トロの『クロノス』」、『スラント』、2010年12月10日〕

53 Mar Diestro-Dópido, *Pan's Labyrinth – BFI Film Classics,* Bloomsbury, 2013

54 *Guillermo del Toro – Cronos Interviews,* The Criterion Edition, 7 December 2010

55 Ibid.

56 Ibid.

57 *Guillermo del Toro Q&A, deltorofilms.com,* 2003 [Not Found]〔「ギレルモ・デル・トロ Q&A」、オフィシャル・ファンサイト「deltorofilms.com」、2003年〕

トンネルビジョン
『ミミック』

1 Geoffrey Macnab, *Guillermo del Toro Interview, Independent,* 7 February 2018〔ジェフリー・マクナブによるギレルモ・デル・トロへのインタビュー、『インデペンデント』、2018年2月7日〕

2 Peter Biskind, *Down and Dirty Pictures,* Simon & Schuster, 2004〔未邦訳：ピーター・ビスキンド、『ダウン・アンド・ダーティ・ピクチャーズ』、2004年〕

3 Guillermo del Toro and Marc Scott Zicree, *Guillermo del Toro, Cabinet of Curiosities : My Notebooks, Collections, and Other Obsessions,* Titan Books, 2013

4 Ibid.

5 Matt Zoller Seitz & Simon Abrams, *Guillermo del Toro's The Devil's Backbone,* Titan Books, 2017

6 Peter Biskind, *Down and Dirty Pictures,* Simon & Schuster, 2004

7 Jason Wood, *The Faber Book of Mexican Cinema,* Faber & Faber, 2006〔未邦訳：ジェイソン・ウッド、『フェイバー・ブック シリーズ：メキシカン・シネマ』、2006年〕

8 Zack Sharf, *Guillermo del Toro 'Hated the Experience' of Working With Harvey Weinstein on 'Mimic', IndieWire,* 12 October 2017〔ザック・シャーフによる記事「ギレルモ・デル・トロ、『ミミック』でハーヴェイ・ワインスタインと仕事をした経験を嫌悪」、『インディワイヤー』、2017年10月12日〕

9 Guillermo del Toro and Marc Scott Zicree, *Guillermo del Toro, Cabinet of Curiosities : My Notebooks, Collections, and Other Obsessions,* Titan Books, 2013

10 Ibid.

11 Mark Kermode, *Guillermo del Toro – Guardian Interviews at the BFI,* 21 November 2006

12 Matt Zoller Seitz & Simon Abrams, *Guillermo del Toro's The Devil's Backbone,* Titan Books, 2017

13 Peter Biskind, *Down and Dirty Pictures,* Simon & Schuster, 2004

14 Matt Zoller Seitz & Simon Abrams, *Guillermo del Toro's The Devil's Backbone,* Titan Books, 2017

15 Mark Kermode, *Guillermo del Toro – Guardian Interviews at the BFI,* 21 November 2006

16 Owen Gleiberman, *Mimic review, Entertainment Weekly,* 7 September 2011〔オーウェン・グレイバーマンによる『ミミック』レビュー記事、『エンターテインメント・ウィークリー』、2011年9月7日〕

17 *Guillermo del Toro – Cronos Interviews,* The Criterion Edition, 7 December 2010

18 Roger Ebert, *Mimic review, Chicago Sun-Times,* 22 August 1997〔ロジャー・エバートによる『ミミック』レビュー記事、『シカゴ・サンタイムズ』、1997年8月22日〕

19 Nicholas Braccia, *Guillermo del Toro interview Feo Armante's Horrorthriller.com,* undated〔ニコラス・ブラッチャによるギレルモ・デル・トロへのインタビュー、「フェオ・アーマンテのホラースリラー・ドット・コム」、日付不詳〕

20 Chris Holt, *Mimic Director's Cut Blu-ray review, Starburst,* 11 May 2011〔クリス・ホルトによるブルーレイ『ミミック ディレクターズ・カット版』レビュー記事、『スターバースト』、2011年5月11日〕

21 Charlie Rose, *Guillermo del Toro and Mira Sorvino interview,* 11 August 1997〔チャーリー・ローズによるギレルモ・デル・トロ、ミラ・ソルヴィノへのインタビュー、ウェブサイト「チャーリーローズ・コム」、1997年8月11日〕

22 Guillermo del Toro and Marc Scott Zicree, *Guillermo del Toro, Cabinet of Curiosities : My Notebooks, Collections, and Other Obsessions,* Titan Books, 2013

23 Ibid.

24 Ibid.

25 Nick Nunziata, Mark Cotta Vaz, and Guillermo del Toro, *Guillermo del Toro's Pans Labyrinth,* Titan Books, 2016

26 Geoffrey Macnab, *Guillermo del Toro Interview, Independent,* 7 February 2018

未完の仕事
『デビルズ・バックボーン』

1 Chris Hewitt, *Empire Meets Guillermo del Toro, Empire,* 8 October 2015〔クリス・ヒューイットによるギレルモ・デル・トロへのインタビュー記事「エンパイア・ミーツ・ギレルモ・デル・トロ」、『エンパイア』、2015年10月8日号〕

2 Matt Zoller Seitz & Simon Abrams, *Guillermo del Toro's The Devil's Backbonc,* Titan Books, 2017

3 Guillermo del Toro and Marc Scott Zicree, *Guillermo del Toro, Cabinet of Curiosities : My Notebooks, Collections, and Other Obsessions,* Titan Books, 2013

4 Anthony Kaufman, *Interview: No Mimic; Guillermo del Toro Declares His Independence with 'Devil's Backbone', IndieWire,* 27 November 2001〔アンソニー・カウフマンによるインタビュー記事「ノー・ミミック：ギレルモ・デル・トロ、自身の監督作『デビルズ・バックボーン』からの独立を宣言」、『インディワイヤー』、2001年11月27日〕

5 Matt Zoller Seitz & Simon Abrams, *Guillermo del Toro's The Devil's Backbone,* Titan Books, 2017

6 Ibid.

7 Guillermo del Toro and Marc Scott Zicree, *Guillermo del Toro, Cabinet of Curiosities : My Notebooks, Collections, and Other Obsessions,* Titan Books, 2013

8 Stephen Applebaum, *Guillermo del Toro interview – The Devil's Backbone, BBC.com,* archived 28 October 2014〔スティーヴン・アップルバウムによる『デビルズ・バックボーン』に関するギレルモ・デル・トロへのインタビュー記事、『BBC ドット・コム』、2014年10月28日〕

9 Michael Guillen, *Pan's Labyrinth – Interview with Guillermo del Toro, Screen Anarchy*, 17 December 2006〔マイケル・ギレンによる『パンズ・ラビリンス』に関するギレルモ・デル・トロへのインタビュー記事、『スクリーン・アナーキー』、2006年12月17日〕

10 Matt Zoller Seitz & Simon Abrams, *Guillermo del Toro's The Devil's Backbone*, Titan Books, 2017

11 Ibid.

12 Ibid.

13 Guillermo del Toro and Marc Scott Zicree, *Guillermo del Toro, Cabinet of Curiosities : My Notebooks, Collections, and Other Obsessions*, Titan Books, 2013

14 *The Devil's Backbone* Blu-ray, The Criterion Edition, 30 July 2013〔クライテリオン版『デビルズ・バックボーン』ブルーレイ、2013年〕

15 Stephen Applebaum, *Guillermo del Toro interview – The Devil's Backbone*, BBC.com, archived 28 October 2014

16 Matt Zoller Seitz & Simon Abrams, *Guillermo del Toro's The Devil's Backbone*, Titan Books, 2017

17 Ibid.

18 Ibid.

19 Ibid.

20 Ibid.

21 Gilbert Cruz, *10 Questions for Guillermo del Toro, Time*, 5 September 2011

22 Anthony Kaufman, *Interview: No Mimic; Guillermo del Toro Declares His Independence with 'Devil's Backbone'*, IndieWire, 27 November 2001

23 Ibid.

24 Ibid.

25 Matt Zoller Seitz & Simon Abrams, *Guillermo del Toro's The Devil's Backbone*, Titan Books, 2017

26 Ibid.

27 Guillermo del Toro and Marc Scott Zicree, *Guillermo del Toro, Cabinet of Curiosities : My Notebooks, Collections, and Other Obsessions*, Titan Books, 2013

28 Matt Zoller Seitz & Simon Abrams, *Guillermo del Toro's The Devil's Backbone*, Titan Books, 2017

29 Kevin Thomas, *The Devil's Backbone review, The Los Angeles Times*, 14 December 2001〔ケヴィン・トーマスによる『デビルズ・バックボーン』レビュー記事、『ロサンゼルス・タイムズ』紙、2001年12月14日〕

30 Matt Zoller Seitz & Simon Abrams, *Guillermo del Toro's The Devil's Backbone*, Titan Books, 2017

血の滾り
『ブレイド2』

1 James Mottram, *Guillermo del Toro interview – Blade II, BBC.com*, archived 24 September 2014〔ジェームズ・モットラムによる『ブレイド2』に関するギレルモ・デル・トロへのインタビュー記事、『BBCドット・コム』、2014年9月24日〕

2 Ibid.

3 Steve'Frosty'Weintraub, *Guillermo del Toro Interviewed – Pan's Labyrinth, Collider*, 3 January 2007〔スティーヴ・"フロスティ"・ワイントローブによる『パンズ・ラビリンス』に関するギレルモ・デル・トロへのインタビュー記事、『コリダー』、2007年1月3日〕

4 Mark Kermode, *Guillermo del Toro – Guardian Interviews at the BFI*, 21 November 2006

5 Ibid.

6 *Guillermo del Toro Interview – Blade II, Capture Magazine* via Vimeo, 2012

7 Daniel Zalewski, *Show The Monster, The New Yorker*, 31 January 2011

8 Steve'Frosty'Weintraub, *Guillermo del Toro Interviewed – Pan's Labyrinth, Collider*, 3 January 2007

9 Ibid.

10 *Guillermo del Toro Interview – Blade II, Capture Magazine* via Vimeo, 2012

11 *Guillermo del Toro Interview, Daily Motion* via YouTube, 5 November 2011 [Not Found]〔ギレルモ・デル・トロへのインタビュー、「デイリー・モーション」(Youtubeより)、2011年11月5日〕

12 Mike Freeman, *Jim Brown: the Fierce Life of an American Hero*, Harper Collins, 2007〔未邦訳：マイク・フリーマン、『ジム・ブラウン：アメリカン・ヒーロの熱き人生』、2007年〕

13 James Mottram, *Guillermo del Toro interview – Blade II, BBC.com*, archived 24 September 2014

14 *Guillermo del Toro Interview – Blade II, Capture Magazine* via Vimeo, 2012

15 Mark Kermode, *Guillermo del Toro – Guardian Interviews at the BFI*, 21 November 2006

16 Ibid.

17 Nic Reuben, *Guillermo del Toro's 15 Year Video Game Saga, The Face*, 4 October 2019〔ニック・ルーベンによる記事「ギレルモ・デル・トロの15年に及ぶビデオゲーム・サーガ」、『ザ・フェイス』、2019年10月4日〕

18 Ibid.

19 Ibid.

20 *Blade II* Blu-ray, Entertainment-video, 2007〔エンターテインメントビデオ『ブレイド2』ブルーレイ、2007年〕

21 James Mottram, *Guillermo del Toro interview – Blade II, BBC.com*, archived 24 September 2014

22 *Guillermo del Toro Interview – Blade II, Capture Magazine* via Vimeo, 2012

23 Ibid.

24 Ibid.

25 Mark Kermode, *Guillermo del Toro – Guardian Interviews at the BFI*, 21 November 2006

26 Guillermo del Toro and Marc Scott Zicree, *Guillermo del Toro, Cabinet of Curiosities : My Notebooks, Collections, and Other Obsessions*, Titan Books, 2013

27 James Mottram, *Guillermo del Toro interview – Blade II, BBC.com*, archived 24 September 2014

28 Guillermo del Toro and Marc Scott Zicree, *Guillermo del Toro, Cabinet of Curiosities : My Notebooks, Collections, and Other Obsessions*, Titan Books, 2013

29 Roger Ebert, *Blade II review, Chicago Sun-Times*, 22 March 2002〔ロジャー・エバートによる『ブレイド2』レビュー記事、『シカゴ・サンタイムズ』、2002年3月22日〕

30 *Blade II* Blu-ray, Entertainment-video, 2007

31 Roger Ebert, *Blade II review, Chicago Sun-Times*, 22 March 2002

32 Matt Zoller Seitz & Simon Abrams, *Guillermo del Toro's The Devil's Backbone*, Titan Books, 2017

33 Ed Gonzalez, *Blade II review*, Slant, 10 March 2002〔エド・ゴンザレスによる『ブレイド2』レビュー記事、『スラント』、2002年3月10日〕

34 *Guillermo del Toro Interview – Blade II, Capture Magazine* via Vimeo, 2012

35 Paul Fischer, *Interview: Guillermo del Toro, Moviehole*, 2008 [Not Found]〔ポール・フィッシャーによるギレルモ・デル・トロへのインタビュー記事、『ムービーホール』、2008年〕

36 Guillermo del Toro and Marc Scott Zicree, *Guillermo del Toro, Cabinet of Curiosities : My Notebooks, Collections, and Other Obsessions*, Titan Books, 2013

37 Ibid.

38 Gilbert Cruz, *10 Questions for Guillermo del Toro, Time*, 5 September 2011

39 Guillermo del Toro and Marc Scott Zicree, *Guillermo del Toro, Cabinet of Curiosities : My Notebooks, Collections, and Other Obsessions*, Titan Books, 2013

40 Ibid.

41 Mark Kermode, *Guillermo del Toro – Guardian Interviews at the BFI*, 21 November 2006

スリー・アミーゴス

1 Helen Barlow, *Exclusive: Guillermo del Toro on Netflix, 'Roma', and Why He's Making 'Pinocchio'*, Collider, 21 December, 2018〔ヘレン・バーロウによる独占記事「ギレルモ・デル・トロは語る。Netflixと『ROMA／ローマ』について。そして、なぜ『ギレルモ・デル・トロのピノッキオ』を作ることになったのか」、『コリダー』、2018年12月21日〕

2 Ibid.

3 BFI Screen Talk: Guillermo del Toro, BFI London Film Festival 2017 via YouTube, 6 December 2017〔BFIロンドン映画祭における「BFIスクリーントーク:ギレルモ・デル・トロ」(YouTubeより)、2017年12月6日〕

4 Helen Barlow, *Exclusive: Guillermo del Toro on Netflix, 'Roma', and Why He's Making 'Pinocchio'*, Collider, 21 December, 2018

ビッグ・レッド
『ヘルボーイ』&『ヘルボーイ／ゴールデン・アーミー』

1 unattributed, *Pan's Labyrinth: A Story that Needed Guillermo del Toro*, Awardsdaily.com, 2006〔執筆者不明、『パンズ・ラビリンス』:ギレルモ・デル・トロを必要とする物語」、『アワーズデイリー・ドット・コム』、2006年〕

2 Guillermo del Toro and Marc Scott Zicree, *Guillermo del Toro, Cabinet of Curiosities : My Notebooks, Collections, and Other Obsessions* Titan Books, 2013

3 Ibid.

4 Jonathan Romney, *Guillermo del Toro: The Monster Man*, Independent, 19 November 2006〔ジョナサン・ロムニーによる記事「ギレルモ・デル・トロ:モンスター・マン」、『インデペンデント』、2006年11月19日〕

5 Nick Nunziata, Mark Cotta Vaz, and Guillermo del Toro, *Guillermo del Toro's Pans Labyrinth*, Titan Books,2016

6 *Hellboy presentation*, Comic-Con 2002〔2002年コミコン、『ヘルボーイ』プレゼンテーション〕

7 *Guillermo del Toro Q&A*, deltorofilms.com, 2003 [Not Found]

8 Guillermo del Toro, *How I Made Hellboy in My Image*, The Guardian, 27 July 2008〔ギレルモ・デル・トロによるコメント記事「いかにして私は自分のイメージで『ヘルボーイ』を作り上げたのか」、『ガーディアン』、2008年7月27日〕

9 *Hellboy presentation*, Comic-Con 2002

10 Jeff Otto, *A Conversation with Guillermo del Toro*, IGN, 21 May 2012〔ジェフ・オットーによるインタビュー記事「ギレルモ・デル・トロとの会話」、『IGN』、2012年5月31日〕

11 Guillermo del Toro and Marc Scott Zicree, *Guillermo del Toro, Cabinet of Curiosities : My Notebooks, Collections, and Other Obsessions*, 2013

12 *Hellboy presentation*, Comic-Con 2002

13 Ibid.

14 Ibid.

15 Zack Sharf, *Guillermo del Toro: What Allowed 'Hellboy' Films to Be Made No Longer Exists*, IndieWire, 27 April 2020〔ザック・シャーフによる記事「ギレルモ・デル・トロ:映画『ヘルボーイ』シリーズを可能にしたものは、もはや存在しない」、『インディワイヤー』、2020年4月27日〕

16 Ibid

17 *Guillermo del Toro Q&A*, deltorofilms.com, 2003 [Not Found]

18 *Hellboy presentation*, Comic-Con 2002

19 Guillermo del Toro and Marc Scott Zicree, *Guillermo del Toro, Cabinet of Curiosities : My Notebooks, Collections, and Other Obsessions*, Titan Books, 2013

20 *Hellboy Blu-ray 4K*, Sony Pictures, 14 October 2019〔ソニー・ピクチャーズ製『ヘルボーイ』ブルーレイ4K、2019年10月14日〕

21 Matt Zoller Seitz & Simon Abrams, *Guillermo del Toro's The Devil's Backbone*, Titan Books, 2017

22 Ibid.

23 Guillermo del Toro and Marc Scott Zicree, *Guillermo del Toro, Cabinet of Curiosities : My Notebooks, Collections, and Other Obsessions*, Titan Books, 2013

24 Daniel Zalewski, *Show The Monster*, The New Yorker, 31 January 2011

25 Jeff Otto, *A Conversation with Guillermo del Toro*, IGN, 31 May 2012

26 Ibid.

27 Ibid.

28 David Edelstein, *Monster's Ball*, Slate, 1 April 2004〔デヴィッド・エドルスタインによる記事「モンスターズ・ボール」、『スレート』、2004年4月1日〕

29 Horatia Harrod, *Guillermo del Toro Interview for The Book of Life: What is it With Mexicans and death?*, The Telegraph, 25 October 2014〔ホレイシア・ホラッドによる『ブック・オブ・ライフ〜マノロの数奇な冒険〜』に関するギレルモ・デル・トロへのインタビュー記事「メキシコ人と死の関係とは?」、『ザ・テレグラフ』、2014年10月25日〕

30 Mark Kermode, *Guillermo del Toro – Guardian Interviews at the BFI*, 21 November 2006

31 Ibid.

32 Jason Adams, *Set Visit: Interview with Hellboy II Director Guillermo del Toro*, JoBlo.com, 8 February 2008〔ジェイソン・アダムスによるインタビュー記事「セット訪問:ギレルモ・デル・トロ監督に訊く『ヘルボーイ／ゴールデン・アーミー』」、『ジョーブロ・ドット・コム』、2008年2月8日〕

33 Ibid.

34 Ibid.

35 Guillermo del Toro, *How I Made Hellboy in My Image*, The Guardian, 27 July 2008

36 Guillermo del Toro and Marc Scott Zicree, *Guillermo del Toro, Cabinet of Curiosities : My Notebooks, Collections, and Other Obsessions*, Titan Books, 2013

37 Rick Marshall, *Mike Mignola on Hellboy's Hollywood future – and Which Character Almost Debuted in 'Hellboy' 2*, mtv.com, 18 April 2010〔リック・マーシャルによる記事「マイク・ミニョーラ『ヘルボーイ』のハリウッドでの未来を語る。そして、『ヘルボーイ／ゴールデン・アーミー』ではどのキャラクターがデビューしたのか」、『MTVドット・コム』、2010年4月18日〕

38 Jason Adams, *Set Visit: Interview with Hellboy II Director Guillermo del Toro*, JoBlo.com, 4 February 2008

39 Christopher Orr, *Monster Mash*, The New Republic, 27 July 2004〔クリストファー・オールによる記事「モンスター・マッシュ」、『ザ・ニューリパブリック』、2004年7月27日〕

通過儀礼
『パンズ・ラビリンス』

1 Lisa Schwarzbaum, *Pan's Labyrinth*, Entertainment Weekly, 17 January 2007〔リサ・シュワルツバウムによる記事「『パンズ・ラビリンス』」、『エンターテインメント・ウィークリー』、2007年1月17日〕

2 A.O. Scott, *In Gloom of War, a Child's Paradise*, The New York Times, 29 December 2006〔A・O・スコットによる記事「戦争の暗闇の中、子供の楽園が」、『ニューヨーク・タイムズ』、2006年12月29日〕

3 Mar Diestro-Dópido, *Pan's Labyrinth – BFI Film Classics*, Bloomsbury, 2013

4 Nick Nunziata, Mark Cotta Vaz, and Guillermo del Toro, *Guillermo del Toro's Pans Labyrinth*, Titan Books, 2016

5 Ibid.

6 Hanna Flint, *Harry Potter at 20: Guillermo del Toro Regrets Turning Down the Chance to Direct*, Independent, 26 June 2017〔ハンナ・フリントによる記事「ハリー・ポッター20周年:ギレルモ・デル・トロ、監督のチャンスを断ったことを後悔」、『インデペンデント』、2017年6月16日〕

7 Matt Zoller Seitz & Simon Abrams, *Guillermo del Toro's The Devil's Backbone*, Titan Books, 2017

8 *Pan's Labyrinth Blu-ray Edition*, The Criterion Edition, 2016

9 Steve 'Frosty' Weintraub, *Guillermo del Toro Interviewed – Pan's Labyrinth*, Collider, 3 January 2007

10 Mar Diestro-Dópido, *Pan's Labyrinth – BFI Film Classics*, Bloomsbury, 2013

11 Ibid.

12 Nick Nunziata, Mark Cotta Vaz, and Guillermo del Toro, *Guillermo del Toro's Pans Labyrinth*, Titan Books, 2016

13 Mark Kermode, *Guillermo del Toro – Guardian Interviews at the BFI*, 21 November 2006

14 Ibid.

15 Nick Nunziata, Mark Cotta Vaz, and Guillermo del Toro, *Guillermo del Toro's Pans Labyrinth*, Titan Books, 2016

16 Mark Kermode, *Guillermo del Toro – Guardian Interviews at the BFI*, 21 November 2006

17 Mar Diestro-Dópido, *Pan's Labyrinth – BFI Film Classics*, Bloomsbury, 2013

18 Steve'Frosty'Weintraub, *Guillermo del Toro Interviewed – Pan's Labyrinth*, Collider, 3 January 2007

19 Nick Nunziata, Mark Cotta Vaz, and Guillermo del Toro, *Guillermo del Toro's Pans Labyrinth*, Titan Books, 2016

20 Michael Guillen, *Pan's Labyrinth – Interview with Guillermo del Toro, Screen Anarchy*, 17 December 2006

21 *Pan's Labyrinth* Blu-ray Edition, The Criterion Edition, 18 October 2016

22 Steve'Frosty'Weintraub, *Guillermo del Toro Interviewed – Pan's Labyrinth*, Collider, 3 January 2007

23 *Pan's Labyrinth* Blu-ray Edition, The Criterion Edition, 18 October 2016

24 Ibid.

25 Ibid.

26 Ibid.

27 Guillermo del Toro and Marc Scott Zicree, *Guillermo del Toro, Cabinet of Curiosities : My Notebooks, Collections, and Other Obsessions*, Titan Books, 2013

28 Ibid.

29 Steve'Frosty'Weintraub, *Guillermo del Toro Interviewed – Pan's Labyrinth*, Collider, 3 January 2007

30 Nick Nunziata, Mark Cotta Vaz, and Guillermo del Toro, *Guillermo del Toro's Pans Labyrinth*, Titan Books, 2016

31 *Pan's Labyrinth* Blu-ray Edition, The Criterion Edition, 18 October 2016

32 Mar Diestro Dópido, *Pan's Labyrinth – BFI Film Classics*, Bloomsbury, 2013

33 Daniel Zalewski, *Show The Monster, The New Yorker*, 31 January 2011

34 Guillermo del Toro and Marc Scott Zicree, *Guillermo del Toro, Cabinet of Curiosities : My Notebooks, Collections, and Other Obsessions*, Titan Books, 2013

35 Mark Kermode, *Girl Interrupted, Sight & Sound*, 2 December 2006〔マーク・カーモードによる記事「遮られた少女」、『サイト・アンド・サウンド』、2006年12月2日〕

36 Matt Zoller Seitz & Simon Abrams, *Guillermo del Toro's The Devil's Backbone*, Titan Books, 2017

37 Ibid.

38 Guillermo del Toro and Marc Scott Zicree, *Guillermo del Toro, Cabinet of Curiosities : My Notebooks, Collections, and Other Obsessions*, Titan Books, 2013

39 Michael Guillen, *Pan's Labyrinth – Interview with Guillermo del Toro, Screen Anarchy* , 17 December 2006

40 Guillermo del Toro and Marc Scott Zicree, *Guillermo del Toro, Cabinet of Curiosities : My Notebooks, Collections, and Other Obsessions*, Titan Books, 2013

41 Michael Guillen, *Pan's Labyrinth – Interview with Guillermo del Toro, Screen Anarchy*, 17 December 2006

42 Guillermo del Toro and Marc Scott Zicree, *Guillermo del Toro, Cabinet of Curiosities : My Notebooks, Collections, and Other Obsessions*, Titan Books, 2013

43 Dylan Kai Dempsey, *Guillermo del Toro Dazzles With 'The Shape of Water'*: 'Inspiration is a Mystery for Everyone', *Nofilmschool.com*, 13 September 2017〔ディラン・カイ・デンプシーによる記事『『シェイプ オブ・ウォーター』で輝くギレルモ・デル・トロ：『インスピレーションは誰にとってもミステリー』』、『ノー・フィルム・スクール』、2017年9月13日〕

44 Nick Nunziata, Mark Cotta Vaz, and Guillermo del Toro, *Guillermo del Toro's Pans Labyrinth*, Titan Books, 2016

45 Ibid.

46 Directors Guild of America, *The Craft of the Director: Guillermo del Toro*, via YouTube, 7 May 2018

47 Guillermo del Toro and Marc Scott Zicree, *Guillermo del Toro, Cabinet of Curiosities : My Notebooks, Collections, and Other Obsessions*, Titan Books, 2013

48 Ibid.

49 Nick Nunziata, Mark Cotta Vaz, and Guillermo del Toro, *Guillermo del Toro's Pans Labyrinth*, Titan Books, 2016

50 Ibid.

51 Mar Diestro-Dópido, *Pan's Labyrinth – BFI Film Classics*, Bloomsbury, 2013

52 Nick Nunziata, Mark Cotta Vaz, and Guillermo del Toro, *Guillermo del Toro's Pans Labyrinth*, Titan Books, 2016

53 Michael Guillen, *Pan's Labyrinth – Interview with Guillermo del Toro, Screen Anarchy*, 17 December 2006

ハイ・コンセプト
『パシフィック・リム』

1 Guillermo del Toro and Marc Scott Zicree, *Guillermo del Toro, Cabinet of Curiosities : My Notebooks, Collections, and Other Obsessions*, Titan Books, 2013

2 Matt Zoller Seitz & Simon Abrams, *Guillermo del Toro's The Devil's Backbone*, Titan Books, 2017

3 Simon Brew, *The Den of Geek Interview: Guillermo del Toro, Den of Geek*, 14 July 2008〔サイモン・ブリューによるギレルモ・デル・トロへのインタビュー記事、『デン・オブ・ギーク』、2008年7月14日〕

4 Guillermo del Toro and Marc Scott Zicree, *Guillermo del Toro, Cabinet of Curiosities : My Notebooks, Collections, and Other Obsessions*, Titan Books, 2013

5 Harry Knowles, *Guillermo del Toro's Monte Cristo inspired project called The Left Hand of Darkness!, Ain't It Cool News*, 5 July 2002〔ハリー・ノウルズによる記事『『モンテ・クリスト伯』にインスパイアされたギレルモ・デル・トロのプロジェクト『The Left Hand of Darkness』!』、『エイント・イット・クール・ニュース』、2002年7月5日〕

6 Ibid.

7 Ibid.

8 Simon Brew, *The Den of Geek Interview: Guillermo del Toro, Den of Geek*, 14 July 2008

9 Vinnie Mancuso, *Guillermo del Toro's Frankenstein Monster was 'Hauntingly Beautiful,' Says Doug Jones, Collider*, 29 October 2020〔ヴィニー・マンキューソによる記事「ギレルモ・デル・トロのフランケンシュタインの怪物は『忘れられないほど美しい』と、ダグ・ジョーンズは語る」、『コリダー』、2020年10月29日〕

10 Daniel Zalewski, *Show The Monster, The New Yorker*, 31 January 2011

11 Ibid.

12 Simon Brew, *The Den of Geek Interview: Guillermo del Toro, Den of Geek*, 14 July 2008

13 Ian Nathan, *Anything You Can Imagine: Peter Jackson and the Making of Middle-earth*, Harper Collins, 2018〔未邦訳：イアン・ネイサン、『エニシング・ユー・キャン・イマジン──ピーター・ジャクソンと中つ国作り』、2018年〕

14 Daniel Zalewski, *Show The Monster, The New Yorker*, 31 January 2011

15 Ibid.

16 Ibid.

17 Steve'Frosty'Weintraub, *Guillermo del Toro Interviewed – Pan's Labyrinth*, Collider, 3 January 2007

18 Daniel Zalewski, *Show The Monster, The New Yorker*, 31 January 2011

19 Ibid.

20 Mike Fleming Jr., *Q&A: Guillermo del Toro On Why He Will Next Direct Pacific Rim After At The Mountains Of Madness Fell Apart*, Deadline, 9 March 2011〔マイク・フレミング・Jrによる記事「Q&A:ギレルモ・デル・トロ なぜ彼は『狂気の山脈にて』頓挫後、次に『パシフィック・リム』を監督したのか」、『デッドライン』、2011月3月9日〕

21 Daniel Zalewski, *Guillermo del Toro: 'Madness has gone Dark'*, The New Yorker, 8 March 2011〔ダニエル・ザレフスキーによる記事「ギレルモ・デル・トロ:『"狂気" は消えてしまった』」、『ザ・ニューヨーカー』、2011年3月8日〕

22 Neeraj Chand, *Guillermo del Toro Will Fight to His Grave to Get At the Mountains of Madness Made*, Movieweb, 2 July 2020〔ニーラジ・チャンドによる記事「ギレルモ・デル・トロは『狂気の山脈にて』を作るために死ぬ気で闘う」、『ムービー・ウェブ』、2020年7月2日〕

23 Eric Eisenberg, *Guillermo del Toro Explains What Happened To At The Mountains Of Madness, Pacific Rim Is Next*, Cinemablend, 9 March 2011〔エリック・アイゼンバーグによる記事「ギレルモ・デル・トロが明かす『狂気の山脈にて』に何が起こったのか。『パシフィック・リム』の次の作品は何か」、『シネマブレンド』、2011年3月9日〕

24 David S. Cohen, *Pacific Rim. Man, Machines & Monsters*, Titan Books, 2013〔邦訳:デヴィッド・S・コーエン(著)、富原まさ江、堂田和美(訳)、『パシフィック・リム ビジュアルガイド』、小学館集英社プロダクション刊、2013年〕

25 Ryan Lambie, *Guillermo del Toro interview: Pacific Rim, Monsters and More*, Den of Geek, 12 July 2013〔ライアン・ランビーによるギレルモ・デル・トロへのインタビュー記事「『パシフィック・リム』、モンスターなど」、『デン・オブ・ギーク』、2013年7月12日〕

26 Ibid.

27 *Pacific Rim* Blu-ray, Warner Home Video, 11 November 2015〔ワーナー・ブラザース・ホームビデオ製『パシフィック・リム』ブルーレイ、2015年11月11日〕

28 Carolyn Cox, *Interview: Guillermo del Toro on the Future of Pacific Rim 2, His Dream to Make a Noir, and Why He Flipped the Gender Script for Crimson Peak*, The Mary Sue, 15 October 2015〔キャロリン・コックスによるインタビュー記事「ギレルモ・デル・トロ『パシフィック・リム 2』、ノワール映画を作る夢、『クリムゾン・ピーク』の脚本でジェンダーの "反転" を起こした理由を語る」、『ザ・メアリー・スー』、2015年10月15日〕

29 Ibid.

30 Ryan Lambie, *Guillermo del Toro interview: Pacific Rim, Monsters and More*, Den of Geek, 12 July 2013

31 Ibid.

32 Steve 'Frosty' Weintraub, *Guillermo del Toro Interviewed – Pan's Labyrinth*, Collider, 3 January 2007

33 David S. Cohen, *Inside 'Pacific Rim' with Guillermo del Toro*, Variety, 29 May 2013〔デイヴィッド・S・コーエンによる記事「ギレルモ・デル・トロ『パシフィック・リム』の舞台裏」、『バラエティ』、2013年5月29日〕

34 Ibid.

35 Steve Weintraub, *Guillermo del Toro Talks Getting Back in the Director's Chair, the Evolution of the Script, Creating the World on a Giant Scale, and More on the Set of Pacific Rim*, Collider, 19 June 2013〔スティーヴ・ワイントローブによる記事「ギレルモ・デル・トロ『パシフィック・リム』で監督業へのカムバック、脚本の進化、大スケールの世界の創造、セットなどについて語る」、『コリダー』、2013年6月19日〕

36 Max Nelson, *Review: Pacific Rim*, Film Comment, 11 July 2013〔マック・ネルソンによる『パシフィック・リム』レビュー、『フィルム・コメント』、2013年7月11日〕

37 Ibid.

38 Ryan Lambie, *Guillermo del Toro interview: Pacific Rim, Monsters and More*, Den of Geek, 12 July 2013

39 Dana Stevens, *Pacific Rim*, Slate, 11 July 2013〔ダナ・スティーヴンスによる『パシフィック・リム』のレビュー記事、『スレート』、2013年7月11日〕

さらなる未完プロジェクト

1 Anthony Kaufman, *Interview: No Mimic; Guillermo del Toro Declares His Independence with 'Devil's Backbone'*, IndieWire 27 November 2001

2 unattributed, *Guillermo del Toro Talks 'Tarzan'*, Comicbookmovie.com, 15 February 2007〔執筆者不詳、「ギレルモ・デル・トロ『ターザン』を語る」、『コミックブックムービー・ドット・コム』、2007年2月15日〕

フリークハウス
『クリムゾン・ピーク』

1 Guillermo del Toro and Marc Scott Zicree, *Guillermo del Toro, Cabinet of Curiosities : My Notebooks, Collections, and Other Obsessions*, Titan Books, 2013

2 *Crimson Peak* Blu-ray, Arrow Video, 2019〔アロービデオ製『クリムゾン・ピーク』ブルーレイ、2019年〕

3 Eric Betts, *The Guillermo del Toro Haunted Mansion Remake We Never Got To See*, Looper.com, 25 September 2020〔エリック・ベッツによる記事「ギレルモ・デル・トロ版『ホーンテッドマンション』リメイク映画は二度と見られない」、『ルーパー』、2020年9月25日〕

4 Ibid.

5 Ibid.

6 Ibid.

7 *Crimson Peak* Blu-ray, Arrow Video, 2019

8 Meredith Woerner, *Guillermo del Toro Describes his Real-life Encounter with a Ghost*, Gizmodo, 25 January 2013〔メレディス・ウェルナーによる記事「ギレルモ・デル・トロ、実際に幽霊に遭遇した話を語る」、『ギズモード』、2013年1月25日〕

9 Ibid.

10 H.P. Lovecraft, *At the Mountains of Madness*, 1931〔邦訳:H・P・ラヴクラフト(著)、南條竹則(訳)、『狂気の山脈にて──クトゥルー神話傑作選』、新潮社刊、2020年〕

11 Ryan Turek, *Exclusive: Crimson Peak 'Shockingly Different' for del Toro, Guillermo On Kinky Nature of Gothic Tale*, Comingsoon.net, 30 June 2013〔ライアン・トゥーレクによる独占記事「デル・トロ作品では "ショッキングなほど異色の"『クリムゾン・ピーク』、ゴシック物語の異常な性質をデル・トロが語る」、『カミングスーン・ネット』、2013年6月30日〕

12 Carolyn Cox, *Interview: Guillermo del Toro on the Future of Pacific Rim 2, His Dream to Make a Noir, and Why He Flipped the Gender Script for Crimson Peak*, The Mary Sue, 15 October 2015

13 Ibid.

14 Editor by James Bell, *Gothic: The Dark Heart of Film*, BFI, 2013〔未邦訳:ジェームズ・ベル(編)、ギレルモ・デル・トロ他多数(寄稿)、『ゴシック──映画の暗澹たる心』、2013年〕

15 Ibid.

16 Tom Huddleston, *Guillermo del Toro on England giving him the creeps and setting 'Crimson Peak' in the UK*, Time Out, 13 October 2015〔トム・ハドルストンによるインタビュー記事「ギレルモ・デル・トロ不気味さを与えた国、『クリムゾン・ピーク』の舞台となったイギリスを語る」、エンターテインメントメディア『タイムアウト』、2015年10月13日〕

17 David Thomson, *The New Biographical Dictionary of Film*, Little Brown, 2002〔未邦訳：デヴィッド・トムソン、『新映画人名辞典』、2002年〕

18 Ryan Turek, *Exclusive: Crimson Peak 'Shockingly Different' for del Toro, Guillermo On Kinky Nature of Gothic Tale*, Comingsoon.net, 30 June 2013

19 David Crow, *Crimson Peak: New Poster of the Guillermo del Toro Horror*, Den of Geek, 5 August 2015〔デヴィッド・クロウによる記事「クリムゾン・ピーク」：ギレルモ・デル・トロ ホラーの新たな1作」、『デン・オブ・ギーク』、2015年8月5日〕

20 Matt Mulcahey,'*Guillermo's Got a Wonderfully Unhealthy Obsession with Insects': Screenwriter Matthew Robbins on Crimson Peak*, Filmmaker, 26 October 2015〔マット・マルカヘイによる記事「ギレルモ・デル・トロの素晴らしく不健康な昆虫への執着：『クリムゾン・ピーク』の脚本家マシュー・ロビンス」、『フィルムマーカー』、2015年10月26日〕

21 Brendon Connelly, *Guillermo del Toro Talks Crimson Peak, Pacific Rim 2*, Den of Geek, 13 October 2015〔ブランドン・コネリーによる記事「ギレルモ・デル・トロ『クリムゾン・ピーク』と『パシフィック・リム2』について語る」、『デン・オブ・ギーク』、2015年10月13日〕

22 Ibid.

23 Editor by James Bell, *Gothic: The Dark Heart of Film*, BFI, 2013

24 Ibid.

25 Carolyn Cox, *Interview: Guillermo del Toro on the Future of Pacific Rim 2, His Dream to Make a Noir, and Why He Flipped the Gender Script for Crimson Peak*, The Mary Sue, 15 October 201

26 Steve Weintraub, *Guillermo del Toro Talks Crimson Peak, Building a Massive 3-Story House, Crafting a 'Kinky and Violent' Gothic Romance, Creating Ghosts, and More on Set*, Collider, 17 July 2014〔スティーヴ・ワイントロープによる記事「ギレルモ・デル・トロ『クリムゾン・ピーク』、巨大な3階建の屋敷の建設、奇妙で暴力的な"ゴシック・ロマンス"の制作、ゴーストの創造、セットについて語る」、『コリダー』、2014年7月17日〕

27 Sandy Schaefer, *Guillermo del Toro To Direct 'Crimson Peak'; Could 'Mountains of Madness' Happen?*, Screen Rant, 4 December 2012〔サンディ・シェーファーによる記事「ギレルモ・デル・トロ『クリムゾン・ピーク』を監督することに：映画版『狂気の山脈にて』は起こり得るのか?」、『スクリーン・ラント』、2012年12月4日〕

28 Editor by James Bell, *Gothic: The Dark Heart of Film*, BFI, 2013

29 Brad Miska, *Guillermo del Toro on Serenading Crews, 'Silent Hills' and 'Crimson Peak'*, Bloody Disgusting, 2 October 2015〔ブラッド・ミスカによる記事「ギレルモ・デル・トロ ハーモニーを奏でるスタッフ、『サイレント・ヒル』

と『クリムゾン・ピーク』を語る」、『ブラディ・ディスカスティング』、2015年10月7日〕

30 *Crimson Peak* Blu-ray, Arrow Video, 2019

31 Tom Huddleston, *Guillermo del Toro on England giving him the creeps and setting 'Crimson Peak' in the UK*, Time Out, 13 October 2015

32 David Sims, *Crimson Peak: a Gothic romance to Die For*, The Atlantic, 16 October 2015〔デヴィッド・シムズによる記事「『クリムゾン・ピーク』：命懸けのゴシック・ロマンス」、『アトランティック』、2015年10月16日〕

33 Violet Lucca, *Review: Crimson Peak*, Film Comment, 21 October 2015〔ヴァイオレット・ルッカによる『クリムゾン・ピーク』のレビュー記事、『フィルム・コメント』、2015年10月21日〕

34 Stuart Klawans, *She's Leaving Home*, The Nation, 5 November 2015〔スチュアート・クローアンによる『クリムゾン・ピーク』に関する記事「彼女は家を出る」、『ザ・ネイション』、2015年11月5日〕

ラブ・アクアティック
『シェイプ・オブ・ウォーター』

1 Andrew Pulver, *Guillermo del Toro Wins Best Director Award for Shape of Water at Oscars 2018*, The Guardian, 5 March 2018〔アンドリュー・パルヴァーによる記事「2018年のアカデミー賞にて、ギレルモ・デル・トロが『シェイプ・オブ・ウォーター』で監督賞を受賞」、『ザ・ガーディアン』、2018年3月5日〕

2 Kristopher Tapley, *Guillermo del Toro on His Oscar Wins and How to Push for Inclusion in Hollywood*, Variety, 7 March 2018〔クリストファー・テイプレイによる記事「ギレルモ・デル・トロ、オスカー受賞とハリウッドに受け入れられるための努力を語る」、『バラエティ』、2018年3月7日〕

3 Borys Kit, *How Guillermo del Toro's 'Black Lagoon' Fantasy Inspired 'Shape of Water'*, The Hollywood Reporter, 3 November 2017〔ボリス・キットによる記事「ギレルモ・デル・トロが夢想し続けた『大アマゾンの半魚人』がいかに『シェイプ・オブ・ウォーター』に影響を与えたか」、『ハリウッド・リポーター』、2017年11月3日〕

4 Joey Paur, *Guillermo del Toro Talks Frankenstein and The Creature from the Black Lagoon*, Geek Tyrant, 2014〔ジョーイ・パウアによる記事「ギレルモ・デル・トロ『フランケンシュタイン』と『大アマゾンの半魚人』について語る」、『ギーク・タイラント』、2014年〕

5 Ibid.

6 Ibid.

7 Christina Radish, *Guillermo del Toro On The Shape of Water, the Beauty of Monsters, and Connecting with Lady Bird*, Collider, 12 February 2018〔クリスティーナ・ラディッシュによる記事「ギレルモ・デル・トロ『シェイプ・オブ・ウォーター』、モンスターの美しさ、そして映画『レディ・バード』とのつながりを語る」、『コリダー』、2018年2月12日〕

8 Ibid.

9 Borys Kit, *How Guillermo del Toro's 'Black Lagoon' Fantasy Inspired 'Shape of Water'*, The Hollywood Reporter, 3 November 2017

10 Ibid.

11 Ibid.

12 '*The Shape of Water' with Guillermo del Toro*, The New York Times Events via YouTube, 28 November 2017〔「ギレルモ・デル・トロと『シェイプ・オブ・ウォーター』、『ニューヨーク・タイムズ・イベント』チャンネル（Youtubeより）、2017年11月28日〕

13 Rob Field, *Beauty and the Beasts*, DGA.org, Winter 2014〔ロブ・フィールドによるギレルモ・デル・トロへのインタビュー記事「美女と野獣たち」、全米監督協会（DGA）季刊誌、2014年冬号〕

14 Ibid.

15 Gina McIntyre, *The Shape of Water: Creating a Fairy Tale for Troubled Times*, Titan Books, 2017〔邦訳：ジーナ・マッキンタイヤー（著）、阿部清美（訳）、『ギレルモ・デル・トロのシェイプ・オブ・ウォーター ──混沌の時代に贈るおとぎ話』、DU BOOKS刊、2018年〕

16 Anthony Lane, *The Genre-Fluid Fantasy of 'The Shape of Water'*, The New Yorker, 11 December 2017〔アンソニー・レーンによる記事「『シェイプ・オブ・ウォーター』という水のように流動するジャンル・ファンタジー」、『ザ・ニューヨーカー』、2017年12月11日〕

17 Ibid.

18 Matt Zoller Seitz & Simon Abrams, *Guillermo del Toro's The Devil's Backbone*, Titan Books, 2017

19 Christina Radish, *Guillermo del Toro on The Shape of Water, the Beauty of Monsters, and Connecting with Lady Bird*, Collider, 12 February 2018

20 Ibid.

21 Gina McIntyre, *The Shape of Water: Creating a Fairy Tale for Troubled Times*, Titan Books, 2017

22 Ibid.

23 Ibid.

24 '*The Shape of Water' with Guillermo del Toro*, The New York Times Events via YouTube, 28 November 2017

25 Ibid.

26 Ibid.

27 Guillermo del Toro and Marc Scott Zicree, *Guillermo del Toro, Cabinet of Curiosities : My Notebooks, Collections, and Other Obsessions*, Titan Books, 2013

28 unattributed, Like *his Blue-collar Demon Hero Hellboy, Guillermo del Toro has a Few Issues with Authority, The Scotsman*, 15 August 2008〔執筆者不詳、「労働階級の悪魔のヒーロー、ヘルボーイ同様、ギレルモ・デル・トロは権威との間にいくつか問題を抱えている」、『ザ・スコッツマン』、2008年8月15日〕

29 Gina McIntyre, *The Shape of Water: Creating a Fairy Tale for Troubled Times*, Titan Books, 2017

30 Ibid.

31 *The Shape of Water* Blu-ray, 20th Century Fox, 2018〔20世紀フォックス製『シェイプ・オブ・ウォーター』ブルーレイ、2018年〕

32 Tom Butler, *The Shape of Water': Guillermo del Toro Defends the Full-Frontal Nudity of his Oscar-nominated Film, Yahoo Movies*, 14 February 2018〔トム・バトラーによる記事『シェイプ・オブ・ウォーター』：アカデミー賞候補となった自身の映画のヘアヌードシーンをギレルモ・デル・トロが擁護」、『ヤフー映画』、2018年2月14日〕

33 *'The Shape of Water' with Guillermo del Toro, The New York Times Events* via YouTube, 28 November 2017

夢を紡ぐ者
『ナイトメア・アリー』&
『ギレルモ・デル・トロのピノッキオ』

1 *Nightmare Alley*, William Lindsay Gresham, The New York Review of Books, 1976 edition〔1976年版ウィリアム・リンゼイ・グレシャム著『ナイトメア・アリー』のレビュー、『ザ・ニューヨーク・レビュー・オブ・ブックス』〕

2 Ethan Gilsdorf, *Guillermo del Toro: The interview, Part II, Wired*, 23 August 2011〔イーサン・ギルスドルフによるギレルモ・デル・トロへのインタビュー パート2、『ワイアード』、2011年8月23日〕

3 Carolyn Cox, *Interview: Guillermo del Toro on the Future of Pacific Rim 2, His Dream to Make a Noir, and Why He Flipped the Gender Script for Crimson Peak, The Mary Sue*, 15 October 2015

4 Andrew Barker, *Guillermo del Toro Talks 'Scary Stories,' 'Nightmare Alley,', and Bringing His Fantasies to Life, Variety*, 6 August 2019〔アンドリュー・バーカーによる記事「ギレルモ・デル・トロ『スケアリーストーリーズ 怖い本』、『ナイトメア・アリー』、そして自身の空想物語に命を吹き込むことについて語る」、『バラエティ』、2019年8月6日〕

5 Gary Collinson, *Guillermo del Toro Talks Nightmare Alley and Pinocchio, Flickering Myth*, 15 August 2019〔ゲイリー・コリンソンによる記事「ギレルモ・デル・トロ『ナイトメア・アリー』と『ギレルモ・デル・トロのピノッキオ』を語る」、『フリッカリング・ミス』、2019年8月15日〕

6 Ibid.

7 Guillermo del Toro & Tomas Hijo, *Tarot del Toro*, Insight Editions, 2020〔未翻訳：ギレルモ・デル・トロ（原案）、トマス・イホ（絵）、『タロット・デル・トロ』、2020年〕

8 Nick Tosches, Introduction of NYRB edition of *Nightmare Alley* novel, NYRB Classics, April 2010〔未邦訳：ニック・トーシュによる『ナイトメア・アリー』NYRBエディションの序文、2010年4月〕

9 Guillermo del Toro & Tomas Hijo, *Tarot del Toro*, Insight Editions, 2020

10 Ibid.

11 Guillermo del Toro, *Righting a Wrong*, Twitter, 9 October 2015〔ギレルモ・デル・トロによるツイート「間違いを正す」、「ツイッター」、2015年10月9日〕

12 Ryan Lattanzio, *Guillermo del Toro's'Nightmare Alley' Wraps Production with Cooper, Blanchett, Mara, and More, IndieWire*, 12 December 2020〔ライアン・ラッタンツィオによる記事「ギレルモ・デル・トロの『ナイトメア・アリー』：クーパー、ブランシェット、マーラの撮影を終了」、『インディワイヤー』、2020年12月12日〕

13 Helen Barlow, *Exclusive: Guillermo del Toro on Netflix, 'Roma', and Why He's Making 'Pinocchio', Collider*, 21 December 2018

14 Matt Mulcahey, *'Guillermo's Got a Wonderfully Unhealthy Obsession with Insects': Screenwriter Matthew Robbins on Crimson Peak, Filmmaker*, 26 October 2015

15 Josh Weiss, *Guillermo del Toro's Pinocchio'As Far as You Can Get' From The Disney Version' Says One of Film's Writers, SyFy Wire*, 14 January 2021〔ジョシュ・ウェスによる記事「ギレルモ・デル・トロの『ピノキオ』は、『ディズニー映画のようにはならない』と脚本家が語る」、『サイファイ・ワイヤー』、2021年1月14日〕

16 Guillermo del Toro and Marc Scott Zicree, *Guillermo del Toro, Cabinet of Curiosities : My Notebooks, Collections, and Other Obsessions*, Titan Books, 2013

17 Sandy Schaefer, *Guillermo del Toro Working on Darker Version of 'Pinocchio', Screen Rant*, 17 February 2011〔サンディ・シェーファーによる記事「ギレルモ・デル・トロ、ダークな『ピノキオ』映画版を制作中」、『スクリーン・ラント』、2011年2月17日〕

18 Ibid.

19 Josh Weiss, *Guillermo del Toro's Pinocchio'As Far as You Can Get From the Disney Version' Says One of Film's Writers, SyFy Wire*, 14 January 2021

20 Helen Barlow, *Exclusive: Guillermo del Toro on Netflix, 'Roma', and Why He's Making 'Pinocchio', Collider*, 21 December 2018

21 Rhonda Richford, *Marrakech: Guillermo del Toro Talks "Political" 'Pinocchio,' Confirms 'Terrified' Remake, The Hollywood Reporter*, 1 December 2018〔ロンダ・リッチフォードによる記事「マラケシュ国際映画祭にて：ギレルモ・デル・トロが"政治"と『ギレルモ・デル・トロのピノッキオ』を語り、アルゼンチン映画『テリファイド』の英語版リメイクの製作を認める」、『ハリウッド・リポーター』、2018年12月1日〕

22 Helen Barlow, *Exclusive: Guillermo del Toro on Netflix, 'Roma', and Why He's Making 'Pinocchio', Collider*, 21 December 2018

23 Matt Zoller Seitz & Simon Abrams, *Guillermo del Toro's The Devil's Backbone*, Titan Books, 2017

24 Andrew Barker, *Guillermo del Toro Talks 'Scary Stories,' 'Nightmare Alley,', and Bringing His Fantasies to Life, Variety*, 6 August 2019

謝辞

　好評を博している本シリーズは、今回ギレルモ・デル・トロを取り上げた。言うまでもなく彼は、インスピレーションの塊で、喜び、恐怖、(意図的な)反発、スリルといった思考の「ご馳走」に満ちあふれた人物だ。なんと大きなテーマなのだろう。デル・トロの監督作を紹介するだけでなく、各作品に対する彼の趣意を明かすことで、その膨大な知識、底無しの好奇心、表には見えない映画作りへの思いの深さを解明するのだから。私はかれこれ何ヶ月も、嬉々として「ギレルモ・デル・トロ　ワールド」という迷宮に迷い込んだままでいる。もしかしたら、もう二度と元の世界に戻れないかもしれない。だから、はばかることなく感謝の気持ちをこの巨匠に送ろう── *Nunca dejes que se aleje la luz*〔「その光を絶対に手放さないで」の意〕。本書が、今後きっと書かれるはずの他の様々なデル・トロ賛美本とともに、図書館や皆の書斎の書棚に並び続ける1冊であってほしいと願うばかりだ。また、励ましの言葉をかけ続け、力強いリーダーシップで牽引してくれた私の編集者であるクアトロ社のジェシカ・アレックスにお礼を述べたい。締め切りを示唆するという気の進まない仕事を引き受けてくれたジョー・ホールスワース、あらゆる強調表現を吟味し、全ての難解な単語の綴りまで正しくチェックする大変な作業を引き受けてくれた共同編集者のニック・フリース、さらには、「目のタンパク質」である美しいグラフィックデザインを再び提供してくれたストーンキャッスル・グラフィック社のショー・プレスリーに謝意を伝えたい。助言をしてくれた人、さりげなく助けてくれた人たちのことも、私はこれからも忘れないだろう。最後に、愛しのキャットに私の心と永遠の感謝を捧げる。君は、妖精の存在なんて全く信じていないけれどね。

イアン・ネイサン

訳者あとがき

　私が携わったギレルモ・デル・トロ関連本10作目となる本書『ギレルモ・デル・トロ──モンスターと結ばれた男』は、メキシコ生まれの鬼才ギレルモ・デル・トロの軌跡を、生い立ちから最新監督作まで時系列に追い、各々の作品の分析や制作時の背景、その映画史的な位置づけや彼の人となりを綴っていく。デル・トロの詳しい入門書としても、熱烈なファンがさらなる理解を深める解説書としても機能する、画期的な評伝なのだ。

　日本では主に、『パンズ・ラビリンス』、『パシフィック・リム』、『シェイプ・オブ・ウォーター』あたりが代表作として知られているが、実は、デル・トロの全映画に「モンスター」というキーワードがついて回る。本書では、彼がなぜモンスターに魅せられるようになったのか、モンスターが彼の中でいかに息づいているのか、そして、各作品にどのような形で出てくるのかを明かしている。デル・トロは少年の頃、『フランケンシュタイン』の小説を読み、人間が勝手に作り出したのに、見た目があまりにも醜悪だからと追放される怪物の末路に心を痛めた。幼少期の彼は、その姿と己の境遇とを重ね、迫害される側のモンスターに次第に心を寄せていく。大人になってフィルムメーカーとなった今は、モンスター、あるいはモンスターと同じ居場所を失った「よそ者」に共鳴し、彼らに寄り添った映画を作っている。だからなのか、彼の物語で最も残酷なのは、一見何不自由のない人間だったりするのだ。

　どのデル・トロ映画にも、異形の存在への想いが散りばめられているが、『ヘルボーイ／ゴールデン・アーミー』ほど、彼のモンスター愛が込められた作品は他にないかもしれない。特に、無数の種々様々なクリーチャーがところ狭しと行き交うトロール市場は圧巻だ。登場するモンスターの造形や所作がどれも素晴らしく、デル・トロが嬉々として彼らを作り上げたのが容易に想像できる楽しいシーンとなっている。数年前、米国ミネアポリスで開催された「Guillermo del Toro: At Home with Monsters」展に足を運んだ私は、そこに陳列されている全てに感嘆した。彼の「荒涼館」にある彫像や装置、映画で使用したプロップ類の緻密な作り込みは半端ではなかったのである。そのとき私は確信した。デル・トロ自身の頭の中こそがトロール市場で、好きなものであふれ返り、際限なく広がっているのだろう、と。そして、彼は映画という手段を用い、奇妙奇天烈で不気味、かつ興味深いトロール市場の各所を我々に見せてくれているのだ。

　ぜひ本書をお供にギレルモ・デル・トロの映画をいろいろ見て、お気に入りの1作、お気に入りのモンスターを見つけてほしい。思い切りダークだが、ときに愉快で、何よりもモンスターフレンドリーな「デル・トロワールド」の扉は、あなたのために開いている。

2022年2月　阿部清美

著者

イアン・ネイサン　Ian Nathan

映画ライター。著書に『クエンティン・タランティーノ──映画に魂を売った男』『ウェス・アンダーソン──旅する優雅な空想家』(以上、フィルムアート社)『エイリアン・コンプリートブック』『スティーヴン・キング──映画＆テレビ コンプリートガイド』(以上、竹書房)『ティム・バートン──鬼才と呼ばれる映画監督の名作と奇妙な物語』(玄光社)などがある。映画雑誌『エンパイア』の編集者およびエグゼクティブ・エディターを務めた後、現在は『エンパイア』誌の他、『タイムズ』紙、『インデペンデント』紙、『メール・オン・サンデー』紙、『カイエ・デュ・シネマ』誌などに寄稿を行っている。

訳者

阿部清美　あべ・きよみ

翻訳家。『シェイプ・オブ・ウォーター』(竹書房)『クリムゾン・ピーク』(扶桑社)『ギレルモ・デル・トロ 創作ノート──驚異の部屋 [普及版] 』『スケアリーストーリーズ 怖い本──ギレルモ・デル・トロ＆アンドレ・ウーヴレダルの世界』『SF映画術──ジェームズ・キャメロンと6人の巨匠が語るサイエンス・フィクション創作講座』(以上、DU BOOKS)などギレルモ・デル・トロに関連した書籍を多数翻訳。他に『クリストファー・ノーランの世界──メイキング・オブ・インターステラー BEYOND TIME AND SPACE』『ドゥニ・ヴィルヌーヴの世界──アート・アンド・ソウル・オブ・DUNE/デューン 砂の惑星』(以上、DU BOOKS)といった映画に関する多くの書籍を翻訳している。

ギレルモ・デル・トロ
モンスターと結ばれた男

2022年3月11日　初版発行

著者　　　　　　イアン・ネイサン
翻訳　　　　　　阿部清美
ブックデザイン　石島章輝(イシジマデザイン制作室)
編集　　　　　　伊東弘剛(フィルムアート社)
発行者　　　　　上原哲郎
発行所　　　　　株式会社フィルムアート社
　　　　　　　　〒150-0022
　　　　　　　　東京都渋谷区恵比寿南1-20-6
　　　　　　　　第21荒井ビル
　　　　　　　　Tel. 03-5725-2001
　　　　　　　　Fax. 03-5725-2626
　　　　　　　　http://filmart.co.jp

印刷・製本　　　シナノ印刷株式会社